KB049005

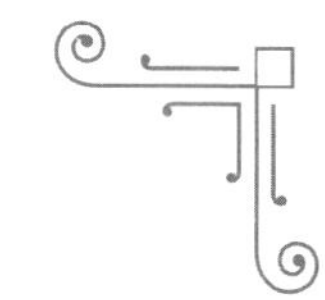

제2판

신화, 성경, 문학과 서양 정치사상

진미경

Myth, Bible, Literature & The Western Political Theory

박영사

추천사

진미경 교수가 1980년에 미국 캘리포니아 버클리 대학교 대학원 정치학과에 유학 왔을 때 추천자는 그를 처음 만났다. 그 후 유학생활의 애환을 함께 나누고 학업을 격려하면서 각별한 우애와 학연을 쌓았다. 귀국 후에는 각자 다른 대학에 몸을 담게 되어 서로 자주 만나지는 못하고 있지만, 두 사람 사이의 우정은 오랜 고향 친구처럼 여전히 변함없이 남아 있다. 그런 진 교수가 자신의 연구와 강의를 토대로 『신화, 성경, 문학과 서양 정치사상』이라는 역저를 이번에 출간하게 되었다. 동학이자 벗으로서 신간의 출간을 진심으로 기뻐하고 축하해 마지않는다.

이 저서에서 진 교수가 서양의 고대 정치사상을 고대 그리스 로마 신화부터 분석하고 있는 점은 매우 독특하고 흥미롭다. 그리고 저자가 선별한 신화를 정치사상의 여러 중요한 주제와 연결시켜 해석한 시도는 매우 참신하다. 특히 프시케 신화와 신데렐라 신화의 유사성을 지적하면서 남녀 불평등 이론을 재조명하는 대목은 여성학자로서 여성학에 대한 저자의 각별한 관심을 보여준다. 고대 그리스 정치사상의 검토에서 저자는 플라톤과 아리스토텔레스를 이상주의와 현실주의 정치사상을 대표하는 사상가로 대비하여 분석함으로써 정치사상의 오랜 주제인 이상주의와 현실주의가 고대 그리스 사상에 뿌리를 두고 있다는 점을 새롭게 환기시키고 있다.

우리 학계의 정치사상 연구자들 사이에서 서양 중세 정치사상은 소홀히 다루어진 감이 있다. 그러나 저자는 서양 중세 정치사상으로 기독교에 주목하고 나사로의 죽음과 부활을 인간 해방 선언, 『로마서』를 왕권신수설의 관점에서 새롭게 해석한다. 이어서 저자가 고대 그리스의 휴머니즘과 기독교의 신본주의를 대비시키고 있는 부분 역시 음미해 볼만한 대목이다. 서양의 근대 정치사상을 마키아벨리의 『군주론』을 중심으로 살펴본 것도 서양 근대 정치사상의 진수를 이해하는 데 필수적인 작업이라 생각된다.

저자가 정치사상사에서 반복적으로 나타난 주제인 이상주의와 현실주의의 교차를 문학작품을 통해 검토하고 있는 마지막 장은 이 책의 백미라 할 수 있다. 저자는 특히 테네시 윌리암스의 『욕망이라는 이름의 전차』, 조지 오웰의 『동물농장』, 손톤 와일더의 『우리 읍내』를 선택하여 이 주제를 집중적으로 분석하고 있다. 나아가 단순히 서양 문학작품만이 아니라 우리나라 문단의 대표적 작가인 최인훈의 『광장』이나 이문열의 『영웅시대』 등을 주제와 관련시켜 분석하는 대목 역시 학부에서 정치학이 아니라 문학을 전공한 저자의 남다른 소양을 보여준다. 정치사상의 중요한 주제를 문학작품에 투영하여 분석하는 저자의 작업은 한국학계의 정치사상 연구에서는 전례 없는 작업으로서 독창적인 기여라 할 수 있다. 저자는 1990년대 초부터 '정치와 문학'이라는 과목을 국내 최초로 대학교 정규과목으로 개설하여 강의하면서 정치사상 연구와 문학작품 분석을 농밀하게 융합하는 학문적 실험을 해왔다. 이러한 노력을 통해 저자가 보여준 성과와 분석기법은 국내 정치사상 연구의 영역과 방법을 새롭게 확장하고 심화하는 의미를 갖는다. 저자의 이러한 기여는 후학들이 본받아야 하는 지속가능한 업적으로 남을 것이다.

다시 한 번 저자의 멋진 개정판의 출간을 축하드리고 후속작업을 통해 국내 정치사상학계에 남다른 족적을 남기길 기원하면서 추천사를 마친다.

서강대학교 정치외교학과
강정인 교수

감사의 글

-개정판을 내며-

녹자층이 얇은 사회과학 분야에서 개정판을 내게 되어 정치학자로서 보람을 느낀다. 이 책의 구성과 내용에 관한 아이디어는 필자가 정치학을 처음 접할 때부터 시작되었다. 희망과 기대감으로 정치학이란 과목을 수강했을 때 생전 처음 읽어본 정치학 교재는 너무 어렵고 딱딱해서 무슨 뜻인지 이해하기가 힘들었다. 특히 정치사상 과목은 구름 잡는 이야기라는 평판대로 어려운 용어에 어려운 내용까지 겹쳐 골치가 아팠다. 정치학을 평생 탐구할 학문으로 삼아야 하는가에 대해 깊은 회의가 들었고 정치학 전공을 포기해야 하나 고민도 하였다. 필자는 정치사상 관련 학술서적은 왜 이렇게 난해한 문장과 전문적인 용어jargon으로 가득 차야 하는지 의문이 들었다.

그 이후 정치학을 어떻게 하면 좀 더 쉽고 재미있게 풀어쓸 수 있을까 하는 생각이 떠나지 않았다. 교수로 학생들을 가르치기 시작한 후에 학생들이 정치학, 특히 정치사상 과목에 겁을 집어먹고 의기소침해지는 것을 보면서 재미있는 방법을 통해 학생들을 정치학으로 인도하고 싶은 생각이 더욱 깊어졌다. 선친이 저술한 『민법총론』 서문에서 이 책을 저술한 목적은 아무쪼록 평이하게 민법을 국민에게 전하려는 것이 저자의 모토이다[1]라는 글을 읽고 용기를 내게 되었다.

우리 사회에서 인문학 붐이 일어나기 훨씬 전인 1990년대 초에 '정치

1) 진승록, 『민법총론』, 서울: 대성출판사, 1949, p. 2.

와 문학'이라는 과목을 우리나라 최초로 대학교 정규과목으로 개설하였다. 정치사상과 이상사회의 추구와 같은 주제를 조지 오웰의『동물농장』, 테네시 윌리암스의『욕망이라는 이름의 전차』등의 문학 작품을 통해 정치사상을 어렵지 않게 가르치려고 시도하였다. 수강 학생들은 정치학에 대한 두려움을 버리고 흥미를 느끼며 관심을 갖기 시작하는 것으로 보였다.

이에 고무되어 문학 작품에 내재된 정치학 이론과 정치사상을 풀어내어 전문용어가 최소한으로 포함된 정치학 전문서적을 저술하게 되었다. 이 책이 정치학 전공자는 물론 일반인도 쉽게 읽을 수 있는 책이 되기를 바란다. 필자는 이 책을 저술하면서 인간은 앞선 세대 사람과 현재와 미래의 만나지 않은 사람이 책을 통해 지적으로 교류하는 것이 가능하다는 마키아벨리의 주장을 실감하게 되었다.

지금은 인문학의 중요성, 인문과학과 사회과학의 융합 필요성이 우리 사회에 널리 인식되어 있어 필자가 시도하는 문학과 정치학의 결합이 어색하지 않으리라고 생각한다. 인간의 본성이란 무엇인가? 사람들은 현실에 만족하는가? 이상사회의 실현은 가능한가? 이러한 질문들은 인류가 탄생한 이래로 줄기차게 추구되어 왔던 질문이다.

개혁과 혁명을 거치며 이상사회로 발전시키려는 시도가 이루어졌고 소중한 목숨이 희생되었다. 그러나 아직도 우리 사회는 빈부 격차와 소득 불평등, 정치지도자의 부패와 무능력 등으로 혼란을 겪고 있다. 우리는 왜 이러한 혼란을 겪고 있으며 앞으로 우리의 미래는 어떻게 될 것인가 등의 중요한 문제들이 아직도 산더미처럼 쌓여있다. 필자는 이러한 난제를 해결하는 데 조금이라도 도움이 되었으면 하는 마음으로 이 책을 쓴다.

본 개정판은 최근의 연구 결과를 참고하여 내용과 자료를 보강하였다. 그럼에도 불구하고 독자들이 부담을 갖지 않도록 적절한 분량을 유지하려고 노력하였다.

이 책이 나오게 되기까지 많은 도움을 주신 분들에게 지면을 통하여 간단하게나마 감사를 드리고 싶다. 박사학위 논문 지도교수님으로 학문하는 즐거움을 가르쳐 주시고 학자로서의 삶을 몸소 실천하신 미국 버클리

대학교 정치학과의 Chalmers Johnson 교수님, 지금은 작고하셔서 뵐 수 없는 교수님께 그리움과 감사함을 표하고 싶다.

학교와 가정을 병행하는 것을 가능하게 해 준 소중한 우리 가족에게 고마움을 표한다. 본 저서 개정판 발행을 축하해주시고 정성스럽게 출판해 주신 박영사 여러분들께도 감사드린다.

마지막으로 작고하신 부모님께 이 책을 바친다. 여성이라는 한계를 넘어설 수 있게 해주시고 어렸을 때부터 항상 인격체로 존중해주고 격려해주신 아버지, 세속적인 가치를 버리고 진리를 탐구하는 학문의 가치를 일깨워 주신 아버지, 그리고 일제강점기에 신여성으로 일본 유학을 다녀오셨지만 자식들을 위해 커리어를 희생하신 부드럽고 다정하고 아름다운 어머니에게 이 책을 바친다.

2023년 1월 진미경

차
례

CHAPTER ONE

01 정치학과 정치사상

CHAPTER TWO

02 고대 정치사상

CHAPTER FIVE

05 문학 속의 이상과 현실

CHAPTER SIX

06 인류 역사의 발전

Chapter 01

정치학과 정치사상

MYTH · BIBLE · LITERATURE
& THE WESTERN POLITICAL THEORY

Chapter 01

정치학과 정치사상

01 신화, 성경, 문학과 서양 정치사상

서양 정치사상은 서양문명의 원조인 고대 그리스 로마 신화에서 시작되었다. 기원전 6세기부터 고대 그리스에서는 신화의 시대가 서서히 끝나가고 사물의 이치를 탐구하는 철학자들이 등장하면서 지식의 혁명이 일어나기 시작하였다. 고대 그리스 사람들은 변덕스럽고 예측하기 어려운 신에 의존하는 관습에서 벗어나 인간의 이성에 의해 사물의 이치를 발견하려고 시도하였다.[1] 탈레스, 피타고라스, 헤라클리투스 같은 사람이 나타나 그리스 계몽시대가 출현하였다. 특히 헤라클리투스는 만물이 끊임없이 변화한다고 주장함으로써 헤겔 변증법의 기초를 마련하였다.[2] 고대 그리스 계몽 사상가들의 진리 탐구 정신은 소크라테스와 플라톤으로 이어졌다. 눈에 보이지 않는 진리를 발견하려는 노력은 플라톤에 의해 정점에 이르게 되었다.

---

1) C. M. Bowra, *The Greek Experience*, New York: New American Library, 1957, pp. 177-179.
2) Bowra, 1957, p. 183.

고대가 끝나고 중세가 시작되면서 서양 정치사상은 기독교 사상이 지배하게 되었다. 이 책에서는 성경을 정치적으로 해석하려고 시도한다. 근대 정치사상은 중세 기독교 사상을 부정하고 철저하게 세속적인 정치사상을 출현시킨 마키아벨리에 의해 시작되었다. 마키아벨리의 여러 저작 중에서 그의 대표적 저서인 『군주론』을 중심으로 근대 정치사상을 살펴보고자 한다.

마지막으로 정치사상이 추구하는 목표인 이상사회의 실현이 문학 작품 속에서 실제로 어떻게 나타났는지 살펴보려고 한다. 플라톤 이래로 정치학자들의 가장 중요한 문제인 이상사회의 실현에 대해 아주 세속적인 접근법을 취한 테네시 윌리암스의 『욕망이라는 이름의 전차』를 통해 탐구하려 한다. 다음으로 특별히 공산주의 사상에 대해 우화적 방법을 써서 비판한 조지 오웰의 『동물농장』을 분석하려고 한다. 마지막으로 이상사회의 추구에 대해 다른 견해를 보이고 있는 손톤 와일더의 『우리 읍내』에 대해 살펴보려고 한다.

아무쪼록 필자는 이 책이 정치사상을 공부하는 정치학도뿐만 아니라 정치학에 관심이 있는 일반 독자들이 정치사상에 대한 경외감과 두려움을 버리고 정치학과 정치사상이 얼마나 재미있고 유용한 학문인가를 깨닫는 데 도움이 되기를 바란다. 그리고 정치사상에 관한 저작물들이 옛날에 출판된 쓸모없는 낡은 지식창고가 아니라 오늘날 우리의 현실 문제도 해결해 주는 답을 제공하는 보물 상자라는 사실도 인지하는 계기가 되기를 바란다.

02 정치학의 연구 주제

정치학은 모든 학문 중에 가장 역사가 오래되었다고 볼 수 있다. 정치학과 사촌 간인 사회학은 19세기 콩

트에 의해 시작되었고 경영학, 컴퓨터 공학 등은 최근에 시작된 학문이다. 기원전 5세기에 살았던 플라톤Platon, BC 427-347은 모든 학문의 원조라고 할 수 있다. 플라톤은 정치학뿐만 아니라 철학, 논리학, 교육학, 여성학 등 거의 모든 학문에 기초를 제공하였다. 플라톤의 저서 중 대표적인 저서는 『국가론』이다.[3] 『국가론』에서 플라톤은 이상 국가의 탐구에 심혈을 기울였고 정치학은 바로 여기서 시작한다.

정치학자들의 공통 관심사와 연구 주제는 대체로 다음의 네 가지로 나눌 수 있다. 첫째, 인간의 본성에 대한 탐구이다. 정치학의 주요 연구 주제인 국가의 형태, 정치 지도자의 행위, 법과 정책의 기원, 전쟁과 평화 등의 문제는 근본적으로 인간의 본성과 관계가 있다고 본다.

동양에서 인간의 본성을 성선설과 성악설로 구분하였듯이 서양에서는 인간의 본성을 공동체적cooperative 본성과 원자적atomic, 또는 이기적 본성으로 구분하였다. 고대와 중세의 서양 정치사상은 인간의 본성을 공동체적이라고 보았다. 인간을 공동체적 존재로 이해하는 서양의 인간관은 동양의 성선설과 일치한다. 왜냐하면 인간이 공동체를 이루고 살 수 있는 이유는 인간이 선해서 다른 사람들과 갈등을 일으키지 않고 살 수 있다는 점을 의미하기 때문이다.

인간의 본성을 공동체적으로 이해하는 대표적 학자로는 아리스토텔레스를 들 수 있다. 아리스토텔레스Aristoteles, BC 384-322는 『정치학』에서 인간을 정치적 동물이라고 정의하였다.[4] 정치적 동물이라는 의미는 인간은 혼자서는 살 수 없고 여러 사람이 모여 살아야 하는 본성을 갖고 있으므로 여러 사람이 모여서 정치적인 공동체, 즉 국가를 만들어 살아야 한다는 뜻이다.

정치적 동물이라는 뜻에는 또 다른 의미가 포함되어 있다. 인간은 혼

---

3) Plato, *The Republic of Plato*, translated with introduction and notes by Francis MacDonald Conford, London: Oxford University Press, 1941.

4) Aristotle, *The Politics of Aristotle*, edited and translated by Ernest Barker, London: Oxford University Press, 1958.

자서는 도덕적으로 되기 어렵기 때문에 국가라는 정치공동체 안에서 다른 사람과 같이 살아야 타인의 눈을 의식해서 도덕적으로 된다는 뜻이다. 이런 의미에서 아리스토텔레스는 혼자 사는 인간은 신이거나 짐승이라고 하였다.[5] 다시 말하면 혼자 고립되어 사는 인간은 도덕적으로 완전한 신이거나 또는 도덕에 신경을 쓸 필요가 없는 짐승이라는 뜻이다. 국가는 인간이 천성적by nature로 가지고 있는 도덕적 특성을 완성시켜 주므로 아리스토텔레스는 시간상으로는 개인이나 가족이 국가보다 우선하지만 천성적으로는 국가가 가족이나 개인보다 우선한다고 보았다.[6]

인간의 본성을 선하고 공동체적으로 이해하는 인간관은 중세까지 전해 내려왔다. 중세를 지배했던 기독교 사상에서도 하나님의 뜻에 따라 선한 인간으로 살 것을 가르친다.

고대로부터 내려오는 공동체적 인간관은 근대에 이르러 홉스Thomas Hobbes, 1588-1679에 의해 완전히 바뀌게 된다. 홉스는 인간의 본성을 원자적이라고 보았다. 인간의 상상력을 발휘하여 인류가 처음 생겨난 자연 상태로 거슬러 올라가면 인간은 원래 이기적인 본성을 지닌 존재로 사익을 추구하며 혼자 살게 되어 있다. 그러므로 자연 상태는 만인의 만인에 대한 전쟁상태이다.[7] 홉스는 고대로부터 내려오는 서양 정치사상의 흐름을 완전히 바꿔놓았고 이런 점에서 사회과학의 코페르니쿠스라고 할 수 있다.

정치학자들의 두 번째 연구 주제는 불평등한 정치적 권위의 기원에 관한 문제이다. 정치는 지배와 복종을 전제로 하는 불평등한 관계이다. 사람들은 모두 평등을 원하는 것 같지만 실제로는 정치적 불평등을 기꺼이 받아들인다. 정치학자들은 이러한 모순에 의문을 가졌고 따라서 불평등한 관계인 정치적 권위가 어떻게 생겨나게 되었는지에 대해 탐구하기 시작하였다.

---

5) Aristotle, 1958, p. 6.

6) Aristotle, 1958, p. 6.

7) Thomas Hobbes, *Leviathan*, edited by Michael Oakeshott, New York: Collier Books, 1962, p. 103.

지배 복종의 불평등한 문제는 정치적 권위가 자연적으로 발생한 것으로 보느냐, 아니면 사람들이 인위적으로 만들었다고 보느냐에 따라 달라진다. 고대와 중세의 정치사상가들은 불평등한 정치적 권위가 자연에 의해 또는 신에 의해 주어진 것이므로 바꿀 수 없고 저항할 수 없는 절대적인 관계로 생각하였다. 애초에 사람들 사이에 지배 복종의 불평등한 관계가 자연적으로 생겨났고 신에 의해 사람들이 태어날 때부터 어떤 사람은 왕으로, 어떤 사람은 노예로 태어났다는데 누가 감히 권위에 도전할 수 있을 것인가? 자연이나 신과 같은 절대적 권위를 가진 주체가 불평등한 정치적 권위를 만들었다고 보면 정치적 권위와 지배자에게 당연히 복종해야 하고 저항할 수 없다는 논리가 발생한다. 이러한 논리는 절대 권력론과 연결된다.

정치적 권위의 기원에 대한 고대와 중세의 이론 역시 홉스에 의해 뒤바뀌게 된다. 홉스는 불평등한 정치적 권위는 거역할 수 없는 자연이나 신이 만든 것이 아니라 인간이 편의를 위해서, 인간의 자유로운 의사에 따른 계약에 의해서 만들어졌다고 본다. 인간은 원래 자연 상태에서 평등하고 자유롭게 태어났지만 모든 사람이 자기 마음대로 할 수 있는 자유를 갖고 있고 다른 사람의 생명을 위협할 수 있으므로 위험하다.[8] 그러므로 모든 사람을 구속할 수 있는 공통의 정치적 권위를 만들어 모든 사람이 여기에 구속되면 오히려 안전하기 때문에 자연 상태의 자유와 평등을 버리고 불평등한 관계로 들어갔다.[9] 홉스의 정치적 권위에 대한 기원은 오늘날까지 이어져 자유민주주의의 기반이 되고 있다

정치학자들의 세 번째 탐구 주제는 공익과 사익에 관한 문제이다. 위의 두 가지 문제와 마찬가지로 이 문제에 대해서도 고대와 중세의 정치사상가들과 근대 이후의 정치사상가들의 이론이 구분된다. 고중세 정치사상가들은 정치적 권위와 국가가 모든 사람의 이익, 즉 공익을 위해

8) Hobbes, 1962, pp. 98－112.
9) Hobbes, 1962, p. 100; pp. 129－133.

만들어졌다고 믿는다. 처음으로 공익과 사익을 구분한 아리스토텔레스는 지도자가 공익을 추구하는 국가를 좋은 국가로, 사익을 추구하는 국가를 나쁜 국가로 규정하고 있다. 아리스토텔레스는 국가 형태를 공익과 사익의 기준으로 구분하는 동시에 지도자의 수에 따라 한 명, 소수, 다수로 구분한다. 위의 두 가지 기준에 따라 국가를 여섯 가지로 구분한, 그 유명한 아리스토텔레스의 6분법이 나온다.

표 1.1

아리스토텔레스의 국가 6분법 분류표

구 분	공 익	사 익
1인	군주제(monarchy)	참주제(tyranny)
소수	귀족제(aristocracy)	과두제(oligarchy)
다수	공화제(polity)	민주제(democracy)

정치학자들이 추구하는 네 번째 문제는 국가와 사회의 관계에 관한 문제이다. 다른 말로 말하면 국가가 자율성을 갖고 있느냐, 아니면 사회가 자율성을 갖고 있느냐의 문제이다. 고중세 사상가들은 국가가 자율성을 갖고 있다고 생각하였고 근대 이후의 학자들은 사회가 자율성을 갖고 있다고 생각하였다. 국가가 자율성을 갖고 있다는 주장은 아리스토텔레스로부터 시작한다. 아리스토텔레스는 국가의 구성원인 개인도 중요하지만 국가, 공동체가 더 중요하다고 보았다. 예를 들면 손이나 발은 몸에 붙어 있을 때만 의미가 있고 그 역할을 한다. 그 자체로는 아무런 의미가 없다. 손이나 발을 몸에서 따로 떼어 놓는다면 손과 발의 기능은 없어진다. 손은 몸에 붙어 있을 때만 물건을 집는 등의 손의 역할을 하고 발도 몸에 붙어 있을 때만 몸을 지탱하는 등의 역할을 할 수 있다. 그러므로 손, 발에 해당하는 개인이나 사회보다 몸 전체에 해당하는 국가가 더 중요하다는 것이다.

따라서 사회는 국가의 지시를 받아야 하고 국가는 사회에 종속되지 않는 자율성을 지니고 있다는 것이다. 아리스토텔레스는 플라톤보다 민주주의에 대해 더 긍정적으로 지지를 표명하였다. 그러나 개인보다 국가를 더 중요하게 생각하였다는 점에서 민주주의와 반대되는 유기체적 국가론과 전체주의 국가론의 창시자로 평가받기도 한다.

사회의 자율성을 강조하는 대표적 이론가로는 경제학자이면서 정치학의 내용을 풍부하게 해준 아담 스미스를 들 수 있다. 아담 스미스는 『국부론』에서 그 당시 중상주의 정책이 국가가 소유한 금은의 양을 국가 전체의 부로 측정하는 이론에 반기를 들었다.[10] 아담 스미스는 국가의 부는 개인이 양질의 상품을 얼마나 싼 값에 살 수 있느냐에 달려있다고 주장하며 생산량을 늘리기 위해 분업을 강조하였고 국가 간에 자유무역을 주장하였다. 아담 스미스는 자유주의자로 인간은 이성을 소유하고 있으므로 국가가 시장, 즉 사회에 개입할 필요가 없다고 하였다. 상품의 가격은 수요와 공급의 양에 따라 보이지 않는 손에 의해 조절되므로 국가가 개입할 필요가 없다. 그러므로 사회가 국가에 앞선 자율성을 가져야 한다고 주장하였다. 아리스토텔레스의 국가 자율성 이론과 아담 스미스의 사회 자율성 이론은 그 후 정치학자들에게 중요한 논쟁거리를 제공하였다.

03 정치학의 세부 분야와 정치사상

정치학은 위와 같은 커다란 연구 주제를 갖고 있고 위 주제들을 어떻게 어떤 방법으로 연구하느냐에 따라 일반적으로 정치사상, 비교정치, 국제정치, 정치학 방법론으로 세분된다. 정치

10) Adam Smith, *The Wealth of Nations*, New York: Penguin Books, 1982.

학 중에서도 정치사상은 역사가 가장 오래된 분야로 플라톤에 의해 시작되었다. 정치사상은 이상 국가의 모습에 대해 연구하는 학문이다. 현재의 국가는 불완전하고 모순으로 가득 차 있으므로 지금보다 더 나은 국가를 어떻게 하면 이룩할 수 있을지를 연구하는 분야이다. 즉 미래에 어떠해야 한다는 당위성ought to, 또는 미래 사회를 이룩하기 위해서는 어떤 정치, 경제, 사회 제도가 필요한지를 처방하는 분야이다. 우리가 아파서 의사에게 갔을 때 의사는 환자에게 어디가 어떻게 아픈가를 진단하고 약 처방을 내준다. 이와 마찬가지로 정치사상은 현재의 정치, 경제, 사회가 어떠한 상태에 있는지 먼저 진단한다. 그다음에 원인과 결과의 인과관계를 분석하고 미래에 어떤 제도를 도입해야 한다는 처방을 제시한다. 정치사상의 대표적 이론으로는 플라톤의 철인 왕 이론과 칼 막스의 공산주의 이론 등을 들 수 있다.

플라톤의 정치사상 정립에 큰 영향을 미친 사건은 펠로폰네소스 전쟁BC 431-404이라고 할 수 있다. 플라톤은 부강했던 조국인 아테네가 펠로폰네소스 전쟁에서 스파르타에 패한 이유는 국민이 지배하는 민주주의에 의해 통치되었기 때문이라고 보았다. 플라톤은 몰락한 아테네를 다시 살리고 이상 국가를 이룩하기 위해 소수의 현명한 철학자가 지배자가 되어야 한다는 처방을 제시하였다. 막스는 당시 자본주의 사회는 불평등이 심화되고 빈부 격차와 같은 모순으로 가득 찬 나쁜 사회이므로 혁명에 의해 자본주의 사회를 붕괴시키고 공산주의 사회를 이룩해야 한다는 처방을 제시하였다. 이와 같이 정치사상가들의 공통적인 목표는 현재보다 더 나은 이상사회를 추구하는 데에 있다.

비교정치는 말 그대로 서로 다른 여러 나라들을 비교하는 분야이다. 비교정치 분야는 제2차 세계대전 이후 급속도로 발전하였다. 그 이전에 비교정치 연구의 지역적 대상은 주로 영미 지역, 즉 민주주의를 신봉하는 서유럽과 미국 위주로 제한되어 있었다. 제2차 세계대전이 끝나고 식민지 상태에 있던 지역에서 기존의 이념과는 다른 이념을 따르는 신생국들이 출현하면서 비교의 대상이 늘어났고 비교정치학은 이들 지역을 바탕으로 확장되었다.

비교 정치학자들은 대개 이념에 따라 국가를 구분한다. 지구상에서 제일 먼저 출현한 이념은 고대 그리스의 민주주의라고 보고 민주주의를 채택한 국가들을 제1 세계라고 부른다. 여기에 속하는 국가들은 영미 국가와 서유럽의 국가들이다. 1917년에 러시아에서 막스의 공산주의 이념을 따르는 공산주의 혁명이 발발하였다. 그 후 공산주의 이념은 소련의 강요에 의해, 또는 중국과 베트남처럼 자생적인 발생에 의해 동유럽과 아시아, 아프리카의 여러 나라들에 전파되었다. 이들 국가들을 제2 세계라고 한다.

다른 한편으로 식민지에서 해방된 아시아, 아프리카, 남미의 일부 국가에서 여태까지 보던 이념과는 다른 형태를 갖춘 국가들이 나타났다. 이들은 민주주의를 따르는 국가도 아니고 공산주의를 따르는 국가도 아니었다. 이들 국가들은 공통적으로 식민지에서 해방되었다는 역사적 배경을 갖고 있고 대부분 짧은 시일 내에 선진 국가들을 따라잡으려는 목표를 갖고 있어 군부독재가 출현하였다. 이들 국가들, 제1 세계에도 속하지 않고 제2 세계에도 속하지 않는 이들 나머지 국가residual countries들을 묶어 제3 세계, 또는 권위주의 국가라고 한다.

국제정치 분야는 국가와 국가 사이의 관계를 연구하는 분야로 전쟁, 외교, 안보 연구가 이 분야에 속한다. 국제정치 분야는 크게 두 분야로 다시 세분될 수 있다. 국제 정치학자들은 처음에는 주로 국가들 사이에서 일어나는 전쟁이나 한 국가의 외교와 안보 정책 등에 관하여 연구하였다. 이러한 경향을 우리는 '힘의 정치'power politics라고 부른다. 이 분야의 대표적인 학자로 한스 모겐소와 케네스 왈츠가 있다.[11]

그러나 국가 사이의 관계는 반드시 전쟁만 있는 게 아니라 경제적인 협력관계도 있다. 또한 행위의 주체자가 국가만이 아니라 각 나라의 시민

---

11) Hans Morgenthau, *Politics among Nations*, New York: Knopf, 1961; Kenneth Waltz, *Man, the State and War*, New York: Columbia University Press, 1954.

단체와 같은 비정부단체도 있다. 이와 같은 경향을 반영하여 국제 정치학자들은 분석의 시각을 넓혀 국가 사이에 일어나는 경제적 협력, 즉 '상호 의존성의 정치'interdependence와 비정부 조직 사이에서 일어나는 교류 현상을 새롭게 연구하기 시작하였다. 또한 이념이 다른 국가들 사이에서 일어나는 전쟁뿐만 아니라 이념이 같은 국가들 사이에서 일어나는 경제적 분쟁도 다루기 시작하였다. 이와 같은 새로운 분야를 '힘의 정치'와 구분하여 '상호 의존성의 정치'라고 부른다. 이 흐름의 대표적 선두 학자로는 로버트 코헤인Robert Keohane과 조셉 나이Joseph Nye 등을 들 수 있다.[12]

정치학 방법론은 일반 사람들이 널리 알고 있는 여론조사 등을 포함한다. 엄밀히 말하면 방법론은 두 가지로 구분할 수 있다. 하나는 질적 방법론이고 다른 하나는 양적 방법론이다. 질적 방법론은 인식론epistemology라고 하며 무엇이 진리인가를 탐구하는 분야이다. 양적인 방법론은 계량 정치라고 하며 여론조사, 선거 분석 등이 여기에 속한다.

정확한 근거 자료가 부족하여 단언할 수는 없지만 우리나라 정치학자들을 위에 분류한 세부 분야로 나눈다면 비교 정치학자가 제일 많을 것으로 추정된다. 그다음이 국제정치일 것 같다. 요새는 컴퓨터 기법의 발달로 계량 정치를 전공하는 정치학자들의 수도 증가하고 있다.

정치사상은 아마도 역사가 가장 오래되고 읽을 자료가 방대해서 그런지 정치학 분야 중에서 가장 어려운 분야로 인식되고 있다. 플라톤, 마키아벨리, 루소, 막스 등 이름만 들어도 압도되어 정치사상을 기피하는 경우가 많다. 그러나 사실 비교정치나 국제정치 등 정치학의 인기 있는 분야의 뿌리는 정치사상에 있으므로 정치사상을 알아야 정치학을 안다고 할 수 있다.

예를 들면 현대 정치학의 가장 중요한 이론 중의 하나인 립셋Seymour Martin Lipset의 근대화 이론은 아리스토텔레스의 사상에 바탕을 두고 있다.

---

12) Robert Keohane and Joseph Nye, *Power and Interdependence*, Boston: Little & Brown, 1977.

립셋의 대표적 저작으로 근대화 이론의 효시가 되는 『Political Man』 책의 제목은 아리스토텔레스의 '인간은 정치적 동물'이라는 주장에서 따온 것이다.[13] 국제정치 분야의 대표적 필독서인 케네스 왈츠의 『인간, 국가, 그리고 전쟁』은 루소의 정치사상에서 출발하고 있다.[14] 아직도 많은 계량 정치학자들이 연구하고 있는 전쟁에 대한 연구, 즉 이념이 같은 국가들 사이에서는 전쟁이 적게 일어난다는 이론도 칸트의 사상에 기초를 두고 있다.[15] 국제정치의 중요한 개념인 세력균형balance of power 이론은 기원전 5세기 고대 그리스의 펠로폰네소스 전쟁을 기술한 투키디데스의 책 『펠로폰네소스 전쟁』에 그 기원을 두고 있다.[16] 정치사상이 정치학 모든 분야의 기초이므로 정치사상에 대한 올바른 이해와 지식이 있어야 정치학을 제대로 이해할 수 있다.

정치사상의 분량이 방대하기 때문에 이 책에서는 근대정치 사상의 효시인 마키아벨리까지 다루었다. 그리고 정치사상을 문학 작품에 녹여낸 작품 등을 살펴볼 것이다. 문학 작품을 통해 독자들은 이상사회가 실현 가능한지 아니면 현실에 충실해야 하는지에 대해 깊이 있게 생각하는 기회를 얻을 수 있을 것이다.

---

13) Seymour Martin Lipset, *Political Man*, Baltimore: Johns Hopkins University Press, 1981.

14) Waltz, 1954.

15) Immanuel Kant, *Perpetual Peace*, tr. Mary Campbell Smith, New York: Cosimo, 2010.

16) Thucydides, *The Peloponnesian War*, the unabridged Crawley translation with an introduction by John H. Finley, Jr., New York: Modern Library, 1951.

Chapter 02

고대 정치사상

MYTH · BIBLE · LITERATURE
& THE WESTERN POLITICAL THEORY

Chapter 02

고대 정치사상

01 고대 그리스 로마 신화

서양 문명은 크게 고대 그리스 로마 문명과 기독교 문명으로 이루어져 있다. 고대 그리스 로마 신화에 나타나는 신은 기독교의 전지전능하고 도덕적으로 완전한 신이 아니라 인간과 같이 결점과 실수가 많은 신이다. 물론 고대 그리스 로마 신화의 신은 인간에 비해 전능한 힘을 갖고 있고 예지력도 있다. 그러나 신이 인간과 똑같은 본능과 욕망을 갖고 있다는 점은 인간이 모델이 되어 인간의 특성을 신에게 부여했다는 점에서 인간 중심의 인본주의 사상을 내포하고 있다는 것을 알 수 있다. 기독교에서는 신이 중심이고 신은 인간이 모방해야 할 모델이므로 신본주의 사상이다.

고대 그리스 로마 신화와 기독교는 인간 중심 사상이냐 신 중심 사상이냐 하는 점에서 기본적으로 차이가 있다. 또 하나의 중요한 차이점은 고대 그리스 로마 신화는 여러 신을 믿는 다신교이나 기독교는 유일신을 믿는 종교라는 점이다. 그런데 이와 같이 근본적으로 다른 두 개의 흐름이 현재 서양 문명에 동시에 커다란 영향을 끼쳤다.

고대 그리스 로마 신화는 인물과 스토리의 다양성을 고려할 때 상상력이 풍부하여 후대의 문학 작품뿐만 아니라 사상, 종교, 도덕, 윤리, 과학, 미술, 음악, 건축 등에 많은 영향을 끼쳤다. 제우스, 헤라, 아폴론, 아프로디테 등 올림푸스 산에 사는 12신은 실제 역사에 나타나는 인물이 아니라 인간의 상상 속에 나오는 신화적 신들이다. 그러므로 고대 그리스 로마 신화는 인간의 풍부한 상상력이 만들어낸 이야기인 신화라고 생각되어 왔다.

그러나 독일의 부유한 사업가이며 고고학도인 하인리히 슐리만Heinrich Schliemann, 1822-1890이 1871년부터 트로이 유적을 발견하였다. 이로써 트로이 전쟁과 같은 신화의 일부분이 인간이 상상력을 발휘하여 지어낸 이야기가 아니라 고대에 엄연히 실제로 존재했던 역사임이 증명되었다. 슐리만은 어렸을 때 고대 그리스 로마 신화를 읽고 크게 감명받아 트로이 유적을 직접 찾아보려고 결심하였다. 슐리만은 터키의 히살리크 언덕에서 트로이 유적을 발견하였고 '트로이의 헥토르'라고 쓰인 동전도 발견하였다.[1] 트로이 유적의 발굴에도 불구하고 그리스 로마 신화의 어느 부분이 신화이고 어느 부분이 역사인지를 구분하기는 매우 어렵다.

슐리만과 관련된 재미있는 일화가 있다. 슐리만은 고대 그리스 문명에 매료되어 그리스 여성과 재혼을 하여 딸과 아들을 낳았다. 슐리만은 신화에 심취하여 딸의 이름은 트로이 왕자 헥토르의 부인 이름을 따라 안드로마케라고 지었고 아들의 이름은 그리스 장군의 이름을 따라 아가멤논으로 지었다.[2] 아이들이 세례를 받을 때는 호메로스의 『일리아드』 책을 아이들의 머리 위에 올려놓았다.[3]

기독교도 고대 그리스 로마 신화와 마찬가지로 어느 부분이 신화이고 어느 부분이 실제로 존재했던 역사적 사실인지 구분하기 어렵다. 이 점은

---

1) http://classics.uc.edu/troy/coins/ 검색일 2020. 4. 12.
2) John Edwin Sandys, *A History of Classical Scholarship(Volume III): The Eighteenth Century in Germany, and the Nineteenth Century in Europe and the United States of America*, Cambridge: Cambridge University Press, 1908, p. 224.
3) https://alchetron.com/Heinrich–Schliemann 검색일 2022. 6. 2.

특히 구약을 볼 때 더 혼란스럽다. 어떤 학자들은 구약이 고대 그리스 로마 신화와 마찬가지로 유대 민족의 신화이며 역사가 아니라고 주장한다.

성경 첫 부분에 나오는 창세기를 보면 언제인지 모르지만 아주 먼 옛날에 하나님의 말씀에 의해 우주가 시작되었다. 하나님이 맨 처음 인간인 아담을 만드셨고 그다음에 그의 짝인 이브를 만들었다. 고대 그리스 로마 신화와 성경이 다른 점은 성경에는 아담을 시조로 해서 예수님까지 내려오는 계보가 차례대로 나열되어 있어 우리나라 조선시대의 족보를 연상시킨다는 점이다. 이것을 근거로 성경은 단순히 유대인의 신화가 아니라 역사라고 주장하는 학자도 있다.

고대 그리스 로마 신화와 기독교는 인본주의와 신본주의라는 점에서 근본적으로 차이가 있지만 놀라울 정도로 유사한 점도 적지 않다. 고대 그리스 로마 신화에서는 세상이 만들어지기 전에 혼돈chaos 상태에 있어서 땅과 바다와 하늘이 모두 혼합되어 있다고 묘사한다.[4] 어떤 신인지 모르지만 신과 자연이 간섭해서 이 혼돈을 끝내고 땅을 바다로부터 갈라놓았고 하늘을 땅과 바다로부터 갈라놓았다.[5]

마찬가지로 성경에도 태초에 혼돈이 있었으나 하나님이 하늘과 땅과 바다를 갈라놓았다고 기술되어 있다.[6] 창세기 1장에서 하나님이 하늘과 땅을 창조하였고 땅은 형태가 없이 공허하였다고 묘사하고 있는데 이것이 곧 혼돈을 의미한다.[7]

인간 창조에 대해서도 고대 그리스 로마 신화와 성경을 보면 유사한

---

4) 혼돈(chaos)와 반대되는 개념은 질서(cosmos)이다.

5) Thomas Bulfinch, *Bulfinch's Mythology: The Age of Fable or Stories of Gods and Heroes,* New York: Doubleday & Company, 1948, p. 12.

6) 『성경』, 서울: 아가페, 2005, 창세기 1장 1–10절, p. 1. 이후부터는 성경의 장과 절을 따로 표시하지 않고 콜론(:)으로 표시하려고 한다. 예로 창세기 1장 1절은 1:1로 표시한다.

7) 『성경』, 2005, 창세기 1:1–2, p. 1.

점이 많다. 고대 그리스 로마 신화는 인간이 만들어지기 전에 지구에 살고 있던 거신족 타이탄의 일원인 프로메테우스가 인간을 만들었다고 한다. 프로메테우스는 대지의 흙에 물을 부어 우주를 지배하는 신을 본떠 인간을 만들었다. 프로메테우스는 모든 동물들을 땅을 내려다보게 만들었지만 인간만은 직립하게 만들어 하늘을 올려다볼 수 있게 하였다.[8] 이는 인간은 동물을 내려다보게 만들어졌으므로 동물보다 우월하다는 점을 의미한다.

프로메테우스의 인간 창조론, 특히 인간을 흙으로 만들었고 신의 이미지를 따라서 만들었다는 신화는 성경에서 하나님이 흙으로 하나님의 형상을 따라 최초의 인간인 아담을 만들었다는 것과 똑같다.[9] 다른 점이 있다면 신화에서는 인간을 단지 흙으로 만들었다고 한 반면에 성경에서는 하나님이 생기를 인간의 코에 불어 넣었다고 한 점이다.[10] 이 점은 인간이 단지 흙이라는 물질, 즉 육체만을 가진 존재가 아니라 생기, 즉 정신도 소유한 존재라는 것을 의미한다.

고대 그리스 로마 신화와 성경을 비교할 때 또 하나의 비슷한 점은 인류를 멸망시킨 대홍수 사건이다. 고대 그리스 로마 신화는 인류가 처음 만들어졌을 때 진리와 정의가 지배하여 법도 무기도 필요 없고 사람들은 순진하고 행복한 상태에서 살았다고 본다.[11] 시간이 지나면서 사유재산이 생기고 전쟁이 발발하고 아들은 재산을 상속받기 위해 아버지가 죽기를 바라는 지경에까지 이르게 되었다. 제우스는[12] 인류의 타락에 분노하여 지상에 엄청난 비를 내려 인간을 멸망시킨다. 제우스는 하늘에서 내린 비로도 성이 차지 않아 동생인 바다의 신 포세이돈에게 요청하여 바다를 범람하게 한다. 포세이돈은 바다의 문을 열고 지진도 일어

8) Bulfinch, 1948, p. 13.
9) 『성경』, 2005, 창세기 1:26－27, p. 2.
10) 『성경』, 2005, 창세기 2:7, p. 3.
11) Bulfinch, 1948, pp. 14－15.
12) 제우스는 살다, 빛나다라는 뜻이다. 비슷하게 기독교에서 하나님 이름인 야훼도 존재한다(＝살다)라는 뜻을 갖고 있다. Theophile James Meek, *Hebrew Origins*, New York: Harper Torchbook, 1960, pp. 108－109. 조지프 캠벨, 『신의 가면 III 서양 신화』, 정영목 옮김, 서울: 까치, 2014, p. 159에서 재인용.

나게 하여 인류를 멸망시킨다. 제우스는 의롭고 신앙심이 깊은 데우칼리온과 그의 부인인 퓌라만 살려주고 이들이 인류의 조상이 된다.[13]

성경에도 이와 비슷한 대홍수 사건이 있다. 하나님이 지으신 사람들이 부패하고 포악해지자 하나님은 의인이며 하나님과 동행하는 노아와 그의 가족을 제외하고는 모두 멸망시키기로 하셨다. 노아가 하나님의 명령대로 방주를[14] 짓고 방주에 들어간 뒤 칠일 후에 사십일 동안 주야로 비가 내려 땅에 있는 인간뿐만 아니라 모든 생물이 멸망하였다. 비가 그치고 노아가 방주에서 나왔고 노아의 세 아들들로부터 자손이 태어나서 인간이 온 땅에 퍼지게 되었다.[15] 신화 전문가인 조셉 캠벨에 따르면 대홍수 모티브는 세계 각지의 여러 신화에 나타난다고 한다.[16]

그리스 로마 신화와 기독교는 여성을 부정적으로 보는 관점에서도 유사하다. 그리스 로마 신화에서 인류 최초의 여성은 판도라이다. 판도라는 모든 선물을 다 받은 여자라는 뜻이다.[17] 제우스는 하늘에서 불을 훔쳐 인간에게 갖다 준 프로메테우스와 그의 동생인 에피메테우스를 벌하기 위해 판도라를 만들어 그들에게 보냈다. 판도라를 만들 때 모든 신들이 좋은 가치를 보태었다. 아프로디테는 미를, 헤르메스는 설득력을, 아폴론은 음악을 주었다. 먼저 생각하는 자라는 뜻을 갖고 있는 프로메테우스는 나중 생각하는 자라는 뜻을 갖고 있는 에피메테우스에게 제우스의 선물을 조심하라고 하였으나 에피메테우스는 판도라를 부인으로 맞이하였다.[18]

---

13) Bulfinch, 1948, pp. 14－19; 이윤기, 『이윤기의 그리스 로마 신화』, 1권, 서울: 웅진 지식하우스, 2015, pp. 244－260.
14) 방주는 노아가 잣나무로 지은 네모난 큰 배를 말한다.
15) 『성경』, 2005, 창세기 6:5－9:19, pp. 8－11.
16) 조셉 캠벨(Joseph Campbell, 1904－1987)은 신화를 주로 연구한 미국 학자이다.
17) pan은 그리스어로 모두라는 뜻이고 doran은 선물이라는 뜻이다. Rachel H. Lesser, "The Pandareids and Pandora: Defining Penelope's Subjectivity in the Odyssey," *Helios*, 44:2, September 2017, p. 113; Laleen Jayamanne, *Poetic Cinema and the Spirit of the Gift in the Films of Pabst, Parajanov, Kubrick and Ruiz*, Amsterdam: Amsterdam University Press, 2021, p. 23; Don Nardo, *The Greenhaven Encyclopedia of Greek and Roman Mythology*, New York: Greenhaven, 2002, p. 57.
18) 이윤기, 3권, 2015, p. 247.

에피메테우스는 집에 상자를 하나 갖고 있었는데 그 안에는 온갖 나쁜 것이 들어 있었다. 판도라는 상자를 열어 보지 말라고 했는데도 상자 안에 무엇이 들었는지 호기심이 잔뜩 생겨서 참을 수가 없어 뚜껑을 열고 들여다보았다. 상자 안에는 인간에게 해가 되는 온갖 것들이 다 들어 있었다. 인간의 육체를 괴롭히는 통풍, 류마티즘, 복통과 인간의 정신을 괴롭히는 시기, 악의, 복수심 같은 것들이었다. 판도라는 놀라서 얼른 뚜껑을 닫았으나 이미 나쁜 것들은 세상에 다 퍼졌고 오직 희망 하나만이 상자 맨 밑에 남아있었다. 오늘날까지도 인간이 최악의 상태에 직면해도 희망을 절대로 잃지 않는 것은 판도라의 상자에 희망이 남아있기 때문이라고 한다. 인간이 희망을 갖고 있는 한 어떠한 재난도 우리를 비참하게 만들지는 않는다.[19]

판도라 신화는 세상의 모든 악이 판도라라는 여성 때문에 생겨났다고 규정함으로써 여성을 악의 근원으로 보는 부정적인 시각을 보여주고 있다. 여성에 대한 부정적인 시각은 성경에서도 나타난다. 인류 최조의 여성인 이브가 에덴동산에서 하나님이 따먹지 말라고 한 선악과를 따먹었기 때문에 인간은 영생하지 못하고 죽게 되었다. 여자는 해산하는 고통을 감수해야 하고 남자의 지배를 받게 되었다. 남자는 평생 이마에 땀 흘리는 수고를 해야 땅에서 나는 생산물을 먹을 수 있게 되었다.[20]

그리스 로마 신화나 성경에 나오는 여성에 대한 부정적 시각은 아마도 그 시대의 여성관을 반영한 것으로 보인다. 고대 그리스에서 여성은 남성과 달리 정치에 참여할 권리가 없었고 집안에서 가사와 자녀 양육을 담당하였다. 이스라엘의 구약 시대에서도 여성의 지위는 고대 그리스와 마찬가지로 낮았을 것으로 추정된다.

서양에서 고대 그리스 로마 신화가 널리 알려지게 된 데에는 토마스 벌핀치Thomas Bulfinch, 1796-1867의 공이 크다. 벌핀치는 하버드대학을 졸업하

19) Bulfinch, 1948, p. 14.
20) 『성경』, 2005, 창세기 2:17, 3장, pp. 3-5.

고 교사, 은행원을 하다가 그리스 로마 신화를 읽고 깊은 감명을 받아 영어로 번역하였다.[21] 벌핀치는 고대 그리스 로마 신화에 대한 지식이 없이는 서양 문학을 감상할 수 없다고 하였다.[22]

서양 문명의 양대 원천이라고 할 수 있는 고대 그리스 로마 신화와 기독교 중에 여기서는 먼저 고대 그리스 로마 신화를 살펴보기로 한다. 왜냐하면 서양 사람들은 그들이 가장 중요한 가치로 자랑하고 있는 민주주의의 기원을 고대 그리스 아테네의 민주주의에서 찾고 있기 때문이다. 아테네의 기원은 바로 고대 그리스 신화로 거슬러 올라간다. 고대 그리스에는 수백 개의 도시국가가 있었다. 도시국가가 건국과 멸망을 반복했기 때문에 정확히 몇 개의 도시국가가 있었는지는 분명하지 않다. 그리스 본토에는 이 백 내지 삼 백여 개의 도시국가가 있었다고 하고 지중해와 소아시아 등 식민지역까지 합치면 천여 개에 달했다고 한다.[23] 그중 강대국은 민주주의를 실시하는 아테네와 군주제를 실시하는 스파르타였다. 서양 사람들은 군주제를 실시했던 스파르타보다 민주주의를 실시했던 아테네에서 서양 문명의 뿌리를 찾고 있다. 물론 고대 아테네의 민주주의는 직접 민주주의로 현대의 간접 민주주의와는 다르다.

고대 그리스 로마 신화가 서양 사람들에게 얼마나 지대한 영향을 끼쳤는가를 보여주는 일화가 또 있다. 유럽이라는 이름은 고대 그리스 로마 신화에서 비롯되었다.[24] 제우스는 에우로페Europe를 사랑하여 황소로 변장하였다. 에우로페는 황소가 얌전해서 등에 올라탔는데 황소로 변한 제우스는 에우로페를 태우고 여러 지역을 돌아다녔다. 서양 사람들

---

21) Thomas Bulfinch, *Bulfinch's Mythology*, includes The Age of Fable, The Age of Chivalry, and Legends of Charlemagne, New York: Modern Library, 1998, p. vii.
22) Bulfinch, 1998, p. 3.
23) http://www.ancient.eu/Polis/
24) Almut-Barbara Renger, "Tracing the Line of Europa: Migration, Genealogy, and the Power of Holy Origins in Ancient Greek Narrative Knowledge and Cultural Memory," *History and Anthropology*, 25:3, June 2014; Geredien Jonker, "Naming the West: productions of Europe in and beyond textbooks," *Journal of Educational Media, Memory, and Society*, 1:2, Autumn 2009.

은 에우로페가 돌아다닌 지역을 유럽이라고 명명하였다. 서양 사람들이 그들이 살고 있는 지역 이름을 그리스 로마 신화에서 따온 것을 보면 고대 그리스 사람들과 얼마나 일체감을 느꼈는지 알 수 있다.

그리스 로마 신화는 후대의 정치사상가들에게도 많은 영향을 끼쳤다. 프랑스 혁명에 사상적 기초를 제공한 루소는 6살 때 플루타크 영웅전을 읽었다.[25] 근대 정치사상의 선구자인 마키아벨리도 고대 그리스 로마 신화에서 큰 영향을 받았다. 그의 대표적 저작인 『군주론』에는 아테네의 영웅 테세우스, 트로이 전쟁의 영웅 아킬레스, 아킬레스를 양육한 반인반마 케이론, 트로이의 장군이며 로마의 원조 아이네이아스의 애인이었던 디도 등 그리스 로마 신화의 인물들이 다수 등장한다. 현대 사회과학의 두 거두인 칼 막스와 막스 베버도 고대 그리스 로마 문명에서 많은 영향을 받았다. 막스의 박사학위 논문은 고대 그리스 철학에 관한 것이고 베버도 고대 로마의 농업 제도에 대해 깊은 관심을 갖고 있었다.

이 책에서 고대 그리스 로마 신화를 모두 다루기는 어려우므로 정치적 의미를 갖고 있는 몇 개의 에피소드를 중심으로 살펴보려고 한다. 고대 그리스 로마 신화를 보면 인류의 역사는 정확히 언제인지 알 수 없으나 아주 멀고 먼 옛날 오래전 거인인 타이탄 족에서 시작되었다. 타이탄족에 속하는 제우스가 자기 아버지인 크로노스에 대항해 반란을 일으켜 타이탄족은 멸망하고 제우스가 신과 인간을 지배하게 된다.

자, 이제 정치학에 많은 영향을 끼치는 신화를 살펴보기로 하자.

---

25) David L. Sills and Robert K. Merton, eds., *International Encyclopedia of Social Sciences,* "Rousseau, Jean Jacques," New York: Macmillan, 1968, p. 563.

1) 프로메테우스와 저항 정신

프로메테우스가 인간에게 불을 가져다준 죄로 제우스에게 벌을 받은 이야기는 유명하다. 프로메테우스는 왜 신만이 소유하고 있던 불을 인간에게 가져다주었을까? 프로메테우스와 에피메테우스는 형제로 프로메테우스는 인간을 만드는 업무를 담당하였고 동생인 에피메테우스는 인간과 동물에게 생존에 필요한 여러 가지 능력을 부여하는 일을 맡았다. 에피메테우스는 여러 동물에게 각각 용기와 힘, 민첩함, 지혜 등의 선물을 부여하였다. 또 어떤 동물에게는 날개를, 다른 동물에게는 발톱을, 다른 동물에게는 딱딱한 껍질 등을 주었다. 인간의 차례가 되었을 때 에피메테우스는 그가 가진 자원을 다 써버려 줄 것이 없었다. 그는 당황해서 형인 프로메테우스에게 달려가 도움을 청했다.

프로메테우스는 지혜의 여신 아테네의 도움을 받아 하늘로 올라가 신의 태양 마차에서 불을 훔쳐서 땅으로 내려와 인간에게 주었다. 불이라는 선물을 받은 인간은 다른 동물과는 비교할 수 없을 정도로 우월한 지위를 가지게 되었다. 인간은 불로 무기를 만들어 다른 동물을 정복할 수 있게 되었고 기구를 만들어 땅을 경작할 수 있게 되었다. 주거지에 난방을 할 수 있게 되어 기후의 영향을 받지 않게 되었고 무역과 상업의 수단인 화폐를 만들 수 있었다.[26]

프로메테우스는 인간에게 불을 가져다주어 인간의 친구가 되었지만 인간에게 문명과 기술을 가르쳐 준 죄로 제우스의 분노를 사게 되었다. 제우스는 프로메테우스를 코카서스 산의 바위에 쇠사슬로 묶고 독수리가 와서 간을 파먹게 하였다. 제우스가 내린 벌은 중한 벌이어서 독수리에게 파먹힌 간은 또 살아나고 또 살아나서 프로메테우스의 형벌은 계속되었다. 프로메테우스는 제우스의 왕위를 안정시킬 수 있는 비밀을 알고 있었다. 프로메테우스가 이 비밀을 제우스에게 알려주고 제우스에게 복종하면 이 형벌은 당장 끝날 수 있었다. 그러나 프로메테우스는 복종을 경멸하였다.

---

26) Bulfinch, 1948, pp. 13-14.

벌핀치는 프로메테우스가 복종을 거부함으로써 무한한 고통을 견뎌내는 불굴의 인내와 억압에 저항하는 의지의 상징이 되었다고 높이 평가하였다.[27]

고통이 계속되는 프로메테우스의 형벌과 비슷한 경우가 그리스 로마 신화에 여러 군데 나타난다. 여기서는 시지푸스와 탄탈로스의 일화를 살펴보려고 한다.[28] 시지푸스는 코린토스의 왕으로 제우스가 보낸 죽음의 신을 속여 인간 중에 죽음을 면할 수 있었던 유일한 인간이었다.[29] 이로 인해 시지푸스는 신을 경멸하고 죽음을 증오하고 삶에 대한 열정을 불태웠다는 죄를 받고 지옥에 떨어져 커다란 바위를 산꼭대기로 밀어 올려야 하는 벌을 받았다.[30] 그러나 시지푸스가 바위를 산꼭대기로 밀어 올리면 신은 바위를 다시 밑으로 굴러 떨어지게 하여 시지푸스는 계속해서 영원히 바위를 다시 밀어 올려야 하는 천형을 받았다.

노벨문학상 수상자이며 소설 『이방인』으로 유명한 알베르 까뮈는 산꼭대기에서 바위가 굴러 떨어진 후 시지푸스가 산 아래로 내려오는 동안 잠시 동안의 휴식을 가질 수 있으므로 의식이 깨어있다고 하였다.[31] 시지푸스는 산을 내려가는 길이 끊임없는 고통을 향하여 내려가는 길임을 알면서도 내려간다. 이 얼마나 부조리한 현실인가? 그러나 시지

---

27) Bulfinch, 1948, p. 19; Stuart Curran, "The Political Prometheus," *Studies in Romanticism*, 25:3, Fall 1986. 이러한 해석은 고대 그리스 비극 작가인 아이스킬로스(Aeschylus, BC 525-456)의 『사슬에 묶인 프로메테우스』(Prometheus Bound)부터 영국 시인 셸리(Percy B. Shelly, 1792-1822)의 『해방된 프로메테우스』(Prometheus Unbound), 독일의 문호 괴테(Johann W. Goethe, 1749-1832)의 시 '프로메테우스'(Prometheus), 현대까지 내려오고 있다.

28) Nardo, 2002, pp. 66-67.

29) 고대 그리스 시인 호메로스는 시지푸스가 인간 중에서 가장 지혜롭고 가장 신중한 사람이라고 하였다. Albert Camus, *The Myth of Sisyphus and other essays*, translated by Justin O'Brien, New York: Vintage International, 1991, p. 119. 또한 다음 논문을 참조할 것. Kurt Lampe, "Camus and the Myth of Sisyphus," Vanda Zajko and Helena Hoyle, eds., *A Handbook to the Reception of Classical Mythology*, Hoboken, New Jersey: John Wiley & Sons, 2017.

30) Camus, 1991, pp. 120-121.

31) Camus, 1991, p. 121.

푸스는, 시지푸스로 대표되는 인간은 운명보다 위대하고 바위보다 더 강하다.[32] 인간에게 성공할 수 있다는 희망이 있다면 삶은 고통스럽지 않을 것이다. 그러나 삶의 고통이 영원히 계속될지라도 고통의 영원성을 통찰한 인간은 살아가면서 끝없이 겪어야 하는 고통을 초월하여 승리할 수 있다. 시지푸스가 신을 부정하고 멸시하며 바위를 산 정상으로 밀어 올릴 때 투쟁 그 자체로 인해 고통을 잊고 행복해지듯이 인간은 부조리하기 때문에 자신의 고통을 깨닫고 신을 무시할 때 불행해지는 것이 아니라 행복해질 수 있다.[33]

영원한 벌을 받은 비슷한 경우로 탄탈로스가 있다. 탄탈로스는 제우스의 아들로 신들의 식사에 초대되었을 때 영생의 음식인 암브로시아와 영생의 음료수인 넥타를 훔쳤다.[34] 탄탈로스는 신의 용서를 구하려고 자신의 아들 펠롭스를 죽이고 여러 조각으로 잘라 신에게 바쳤다.[35] 탄탈로스는 아들을 음식으로 속인 죄로 지옥에 있는 호수에 계속 서 있어야 하는 형벌을 받았다. 호수의 물은 그의 턱까지 잠겼으나 갈증이 나서 물을 마시려고 하면 물이 빠져 버렸다. 나무에 달린 배, 석류, 사과와 감미로운 무화과를 따 먹으려고 하면 바람이 불어와 그가 닿을 수 없는 높은 곳으로 멀어졌다.[36]

프로메테우스, 시지푸스, 탄탈로스, 이 세 사람의 공통점은 신에게 저항했다는 점이다. 이들의 고통은 일회성에 그치지 않고 영원히 계속되었

---

32) Camus, 1991, p. 121.

33) 까뮈는 시지푸스가 신에 저항해서 산 정상을 향해 올라가는 투쟁 그 자체로 행복하다고 결론짓는다. Camus, 1991, p. 123; Jeffrey Gordon, "The Triumph of Sisyphus," *Philosophy and Literature*, 32:1. April 2008.

34) R. Drew Griffith, "The Mind is Its Own Place: Pindar, Olympian 1.57f," *Greek, Roman and Byzantine Studies*, 27:1, Spring 1986, p. 12.

35) 스파르타가 위치했던 그리스 남부 펠로폰네소스 반도의 이름은 바로 탄탈로스의 아들 펠롭스에게서 유래하였다. 펠롭스는 아버지 탄탈로스에 의해 죽임을 당했지만 신들의 자비로 다시 살아난다.

36) Bulfinch, 1948, pp. 202－203; https://www.greekmythology.com/Myths/Mortals/Tantalus/tantalus.html 검색일 2016. 7. 10. 감질나게 하다, 애타게 하다는 뜻의 영어 tantalize는 Tantalus에서 유래되었다고 한다.

다. 인간은 신보다 열등한 존재로 신에게 무조건 복종해야 한다. 그러나 이들은 신에게 절대적으로 복종하지 않았고 신의 의사에 거역해 신만이 가질 수 있는 비밀을 인간에게 가르쳐 주었다. 프로메테우스처럼 신만이 소유할 수 있는 불을 인간에게 가져다 주었거나 시지푸스나 탄탈로스처럼 영생의 비밀을 신에게 훔쳐서 인간에게 가르쳐 주었다. 이것은 인간이 신의 절대적인 권위에 도전한 것이고 신과 동격의 지위에 오르려는 시도를 의미한다. 신은 이것을 절대로 용서할 수 없었고 신과 같아지려는 인간에게 제일 무서운 형벌을 주었다. 그것도 몇 번이면 끝나는 일시적인 형벌이 아니라 영원히 계속되는, 인간이 그 굴레에서 절대로 벗어날 수 없는 형벌을 주었다.

프로메테우스, 시지푸스, 탄탈로스의 신화는 영원한 형벌, 절대적 어려움에도 불구하고 끊임없이 도전하는 인간 불굴의 정신, 절대적 권위에 굴복하지 않는 저항 정신을 나타낸다고 볼 수 있다. 이러한 저항 정신에 의해 루터는 철옹성의 중세 카톨릭에 저항하여 종교개혁을 일으켰다. 록크와 루소는 왕의 절대적인 왕권신수설에 대항하여 민주주의 사상을 발전시켰다. 인간은 불굴의 의지와 저항 정신을 소유하여 온갖 압제와 독재에 굴하지 않고 자유와 존엄성을 보존하는 방향으로 인류 역사를 이끌고 나아갔다고 볼 수 있다.[37]

2) 총사령관 아가멤논과 노블리스 오블리제

많은 사람들의 상상력을 자극했던 트로이 전쟁은 트로이의 왕자 파리스가 스파르타 왕 메넬레우스의 왕비로 세상에서 가장 아름다운 여성인 헬레네를 빼앗아 오면서 일어난 전쟁이다.[38] 헤로도토스는 트로이 전쟁이 기원전 1250년경에 일어났다고 추정한다.[39] 고대 그리스 시인 호메

37) 신화는 이데올로기의 상징성을 내포하고 있다고 할 수 있다. Jonathan Hall, "Politics and Greek myth," *The Cambridge Companion to Greek Mythology*, Roger D. Woodard, ed., Cambridge: Cambridge University Press, 2007.

38) Bulfinch, 1948, pp. 229–254.

39) Matthew Maher, "Fall of Troy VII: New Archaeological Interpretations and Considerations, *Totem*, 11, 2002–2003, p. 60.

로스는 이 전쟁을 바탕으로 기원전 760-710년 사이에 『일리아드』와 『오디세우스』를 썼다. 트로이의 옛날 이름은 일리온, 일리엄이고 일리아드는 '트로이의 노래'라는 뜻이다. 로마 시인 베르길리우스Vergilius, BC 70-19 역시 트로이 전쟁의 영웅으로 트로이가 패망하자 트로이를 탈출하여 로마의 원조가 된 『아이네이아스』를 썼다.[40]

스파르타의 왕 메넬레우스는 아내인 헬레네를 트로이 왕자인 파리스에게 빼앗기자 형인 미케네 왕 아가멤논에게 부탁하여 그리스 연합군을 결성하였고 아가멤논은 그리스 연합군의 총사령관이 되었다. 아가멤논은 트로이로 출항 준비를 하던 중 중요한 실수를 하나 저질렀다. 사냥을 하다가 수렵의 여신인 아르테미스 여신에게 바쳐진 수사슴을 죽여 버린 것이다. 여신은 노해 그리스 군대에 전염병을 퍼뜨리고 트로이로 원정을 가는 그리스 연합군이 승선한 선박이 출항하지 못하게 바람을 잠재웠다. 신탁에 부친 결과는 그리스 군인을 실은 원정대가 승선한 선박이 출항할 수 있도록 바람이 불게 하려면 처녀를 여신에게 제물로 바쳐야 하고 제물이 될 처녀는 바로 수사슴을 죽인 아가멤논의 딸이어야 한다는 것이었다.

아가멤논은 그리스 군대를 출항시키기 위해 마지못해 신탁에 응하였다. 첫째 딸 이피게니아를 그리스 천하무적의 장수 아킬레스와 결혼시킨다고 부인에게 거짓말을 해서 이피게니아를 전쟁터로 불러오는 데 성공하였다. 신의 노여움을 풀기 위해 이피게니아는 신에게 제물로 바쳐졌다. 그러자 바람은 불기 시작하였고 그리스 군대는 트로이로 출정할 수 있게 되었다.[41] 신탁은 이 전쟁에서 결국 트로이가 멸망할 것이라고 예언하였으나 전쟁은 9년 동안이나 계속되었다.[42] 그리스 장군인 오디세우스는 전쟁을 끝내기 위해 꾀를 내서 목마를 만들어 트로이 사람들을 속이고 트로이 성에 진입하여 트로이를 함락시켰다.[43]

---

40) Vergil, *The Aeneid of Virgil*, A verse translated by Rolfe Humphries, New York: Charles Scribner's Sons, 1951.
41) Bulfinch, 1948, pp. 231-232.
42) Bulfinch, 1948, pp. 233-234.
43) Bulfinch, 1948, pp. 247-249.

서양 사람들이 트로이 전쟁에 대해 흥미를 갖는 이유는 아킬레스, 오디세우스 등 트로이 전쟁의 영웅 이야기에 매료되기 때문이다. 또 다른 이유는 국제정치 측면에서 동서양 관계를 분석할 때 서양 사람들에게 중요한 의미를 갖기 때문이다. 서양 사람들은 트로이 전쟁에서 서양에 속하는 그리스 연합군이 현재 터키 지역에 위치했다고 추정되는 동양의 트로이를 멸망시킨 신화를 국제정치적으로 동양에 대한 서양의 승리, 동양에 대한 서양의 우월성으로 해석하고 있다.[44] 그러나 트로이에서 탈출한 아이네이아스가 서양 문명의 원조인 로마의 시조라는 점에서 볼 때 오히려 동양이 서양의 원조이며 동양이 서양문명의 출발점을 제공했다고 해석할 수 있다.

벌핀치가 말한 대로 독자들의 호기심은 헬레네의 운명에 있을지도 모른다. 그리스 신화에는 헬레네가 아프로디테의 계획에 의해 트로이 왕자인 파리스의 부인이 되었지만 전 남편인 메넬레우스에 대한 사랑을 간직하고 있었다고 묘사되어 있다. 오디세우스가 변장을 하고 트로이의 성 안으로 들어갔을 때 헬레네는 그를 알아보았으나 모른 척하였다. 메넬라우스는 헬레네를 용서하고 그리스로 데려오기로 하였다. 그러나 헬레네는 그리스 수많은 병사들의 목숨을 잃게 한 죄인이었다. 그러므로 신들의 노여움을 사 곧바로 그리스로 귀환하지 못하고 메넬라우스와 같이 사이프러스, 페니키아, 이집트를 거치며 큰 고통을 겪은 후에야 스파르타로 돌아올 수 있었다. 오디세우스의 아들 텔레마커스가 아버지를 찾으러 스파르타로 왔을 때 메넬라우스와 헬레네의 딸 헤르미온느와 아킬레스의 아들 네오톨레무스의 결혼식이 진행되고 있었다.[45]

멸망한 트로이의 왕족들은 어떻게 되었을까? 시대를 불문하고 전쟁은 잔인하고 참혹하다. 고대 그리스 시인 에우리피데스가 쓴 『트로이의 여인들』에서는 트로이 전쟁에서 전사한 트로이 왕자이며 영웅인 헥토르의

---

44) 에우리피데스Euripides가 쓴 비극 『아울리스의 이피게니아Iphigenia at Aulis』를 보면 고대 그리스인들은 트로이 사람을 야만인이라고 생각했다. Dana Jalbert Stauffer, "Aristotle's Account of the Subjection of Women," *Journal of Politics*, 70:4, October 2008, p. 932.

45) Bulfinch, 1948, pp. 250-251.

부인 안드로마케는 아킬레스의 아들 퓌루스네오톨레무스가 차지한다.[46] 안드로마케의 어린 아들 아스티아낙스는 그리스인들이 트로이의 성벽에서 떨어뜨려 죽인다.[47] 트로이 공주로 예언 능력을 갖고 있으나 아무도 믿지 않는 카산드라는 아가멤논의 소유가 된다.[48] 트로이의 왕 프리아모스의 부인이며 헥토르의 어머니인 트로이의 왕비 헤카베는 오디세우스의 노예가 된다.[49]

전쟁이 그리스 연합군의 승리로 끝나고 아가멤논이 고국으로 귀환하자 부인 클리템네스트라는 딸 이피게니아를 죽인 남편에게 원한을 품고 정부와 함께 남편을 죽여 버린다. 이 살인은 또한 아가멤논의 딸 일렉트라와 아들 오레스테스의 원한을 사서 아들과 딸이 어머니를 살해하는 비극으로 치닫게 된다.[50]

아가멤논이 딸을 죽인 것은 이처럼 한 가정의 비극으로 귀결되지만 이 사건의 정치적 의미는 어디에 있을까? 아가멤논이 수렵의 여신인 아르테미스의 수사슴을 죽였다는 것은 무엇을 의미할까? 아가멤논이 여신의 암사슴이 아니라 수사슴을 죽였다는 것은 트로이 전쟁에 참전할 그리스 군인들이 살아 돌아오지 못하고 전사하게 될 운명이라는 점을 상징하는 것으로 볼 수 있다.

아르테미스 여신이 자기가 아끼던 수사슴을 아가멤논이 죽였으므로 딸을 바치라고 한 것은 여신의 목소리를 빌려 그리스 군사들의 의견을 대변한 것이라고 추정할 수 있다. 신화를 보면 신의 뜻이나 신탁, 예언자의 예언, 어린 아이들 사이에 퍼진 동요, 사람들 사이에 퍼진 노래 등은 신이나 예언자의 입을 빌려 국민의 뜻을 나타내는 경우가 많다. 이런

46) Euripides, *The Trojan Women*, Digireads.com Publishing, 2012, p. 17, 29, 44. 에우리피데스의 희곡에서는 아킬레스의 아들 이름이 퓌루스로 나온다.
47) Euripides, 2012, pp. 31－34, 44.
48) Euripides, 2012, p. 8, 16.
49) Euripides, 2012, p. 17, 21, 22, 44
50) Bulfinch, 1948, pp. 251－252; 소포클레스·아이스퀼로스, 천병희 옮김, 『오이디푸스왕·안티고네 외』, 서울: 문예출판사, 2016, pp. 7－200.

예는 고대 그리스 로마 신화뿐만 아니라 다른 지역의 신화에서도 많이 나타난다. 동양에서는 하늘의 뜻인 천명을 빌려서 국민의 뜻을 나타내었다.

그리스 군사들은 왜 신의 의사를 빌려서 아가멤논에게 딸을 죽이라고 요구했을까? 바람은 왜 불지 않아서 그리스 군대가 바다 건너 트로이를 향하여 출정할 수 없었을까? 그리스 연합군 총사령관으로 최고 지도자인 아가멤논이 자기 딸을 죽인 후에야 바람이 불어 그리스 군사들이 전쟁에 출정할 수 있었다는 것은 무엇을 의미할까?

예나 지금이나 전쟁이 일어났을 때 전쟁에 징집되어 군인으로 참가하여 목숨을 잃는 계층은 대부분 힘이 없고 가난한 백성들이다. 지배계층이나 부유층의 자제들은 권력과 부를 이용해 전쟁에서 목숨을 잃을 수도 있는 군대 징집을 아예 피하거나 징집된다고 해도 안전한 후방에서 병역의무를 이행한다. 물론 군사들 중에는 전쟁에 참여하기를 스스로 원해 참여하는 사람도 있을 것이다. 그러나 대부분의 군사들은 보통 때는 농사를 짓는 등 생업에 종사하다가 전쟁이 일어나면 국가에 의해 강제로 징집당해 전쟁에 참여한다. 연로하신 부모님과 사랑하는 처자식을 고향에 남겨두고 살아 돌아오기를 기약할 수 없는 길을 떠났을 것이다.

지배층의 자제들은 군대에 가지 않고 가난한 일반 서민들의 자식들만 군인으로 징집되어 죽을지도 모를 전투에 참여한다. 그러므로 일반 병사들 사이에 왜 힘없는 우리들만 죽어야 하나 하는 불만이 생기는 것은 당연지사다. 전쟁에 참가하는 군사들은 자기의 목숨을 잃을지도 모른다는 커다란 두려움을 갖고 전쟁에 참여하기 때문이다. 따라서 군인들의 사기도 진작되지 않았을 것이다. 그러므로 평민들은 지배계층도 자식들을 국가를 위해 희생시킬 수 있다는 솔선수범을 보이기를 원한다. 지배층이 솔선수범을 보이지 않는데 일반 병사들이 전쟁에 적극적으로 참여하여 목숨 걸고 전투에 임하겠는가?

이러한 맥락에서 그리스 군대가 출항하는데 필요한 바람이 불지 않았다는 것은 그리스 군사들이 트로이와의 전쟁에 목숨 걸고 싸울 의사가 없다는 것을 의미한다. 아르테미스 여신이 노여움을 풀기 위해 단순히 여성을 바치라고 요구한 게 아니라 지도자인 아가멤논의 딸을 바치라고 한 것은 지배자들도 국민과 마찬가지로 자신들의 자식을 희생할 각오가 되어 있다는 것을 군사들에게 증명해 달라는 요구로 보아야 한다. 결국 아가멤논은 지도자로서의 솔선수범을 보이기 위해 자기가 가장 사랑하는 첫째 딸인 이피게니아를 신에게 바치는 제물이라는 명분으로 죽일 수밖에 없었던 것이다. 지도자가 자기 자식의 목숨을 희생시키는 솔선수범을 보이게 되자 일반 군사들도 지도자의 명령에 복종하여 싸우려는 의지가 일어나게 되는 것이다. 그리스 로마 신화는 군인들의 싸우려는 의지가 불붙기 시작한 것을 그리스 함대가 출범할 수 있도록 바람이 불었다고 상징적으로 표현하고 있다.

아가멤논과 제물로 바쳐진 그의 딸 이피게니아의 신화는 결국 지도자가 국민을 다스리기 위해 지도층의 솔선수범, 노블리스 오블리제가 필수적이라는 점을 일깨워 주고 있다. 지배층이 국가에 헌신하며 도덕적 의무를 이행할 때 국민도 국가를 위해 목숨을 아끼지 않는 애국심을 보여줄 수 있다.

짧은 기간에 경제발전과 산업화에 성공한 우리나라에는 갑자기 부유층으로 성장하여 지배계층으로 올라선 사람들이 많다. 그런데 이들에게서 공공의식과 책임감을 찾아보기 어렵기 때문에 사회 내의 불평등과 긴장을 유발시키는 경우가 많다. 단기간에 경제적으로 상위 계층으로 올라간 사람들은 자신의 물질적인 부유함에 상응하는 높은 수준의 도덕의식을 가져야 할 필요가 있다.

조용헌이 쓴 『조용헌의 명문가』를 보면 한국의 명문가에는 일반 사람들이 부러워하는 재벌이 포함되어 있지 않다.[51] 『조용헌의 명문가』에는 조국이 일제에 침략당하자 안락한 삶을 기꺼이 포기하고 막대한 전 재산을 처분한 뒤 만주로 이주하여 죽음을 무릅쓰고 독립운동에 투

51) 조용헌, 『조용헌의 명문가』, 서울: 랜덤하우스, 2009.

신한 이회영과 이시영 형제의 집안, 한국의 고미술품을 사들이는 데 많은 재산을 아낌없이 처분하여 문화재의 해외 유출을 방지하고 전통문화를 보존하는 데 앞장선 전형필의 집안 등이 한국의 명문가로 수록되어 있다. 이는 일반 사람들의 상식과 다르다. 현대 자본주의 사회에서 사람들이 부러워하는 계층은 재벌과 부유하게 사는 사람들이 아닌가? 조용헌은 왜 이들을 명문가로 꼽지 않았을까? 그 이유는 한국의 재벌이나 부유층이 도덕적으로 모범을 보여주지 않았기 때문이다. 한국 사회를 발전시키기 위해 아가멤논의 경우에서 보듯이 지배계층의 희생과 도덕적 모범, 노블리스 오블리제의 발휘가 절실히 요구된다.

3) 프러크러스테스의 침대와 독재정치

프러크러스테스는 고대 그리스의 도둑으로 바다의 신 포세이돈의 아들이다. 그의 이름은 '잡아 늘리는 자'라는 뜻을 갖고 있다. 프러크러스테스는 쇠 침대를 갖고 있었다. 사람들이 지나가면 자기 집으로 데리고 와서 침대에 눕혀 놓고 그 사람이 프러크러스테스의 침대보다 길면 잘라서 죽이고 침대보다 짧으면 늘려서 죽였다. 프러크러스테스는 그리스 신화에서 테세우스의 모험 중 마지막 모험에 나오는 인물이다. 테세우스는 그리스 신화에서 아테네를 설립한 지도자로 추앙받는 인물인데 용맹스럽고, 지혜롭고, 정의로운 지도자를 대표하는 이미지로 그려져 있다.[52] 테세우스는 프러크러스테스와 같은 방법으로 프러크러스테스의 머리를 잘라서 죽였다.[53]

벌핀치는 프로크러스테스의 이야기에 반 쪽 정도만 할애하여 별로 중요하게 다루고 있지 않다. 그러나 이 일화는 정치학자들에게 많은 영감을 주었는지 프러크러스테스와 그의 침대는 독재자를 상징적으로 표현할 때 사용된다. 국민의 의사와 상관없이 지배자가 마음대로 정치할 때 프러크러

52) Hall, 2007, p. 345.
53) Bulfinch, 1948, p. 166.

스테스의 침대와 같다고 한다. 영어로 쓰여진 정치학 서적을 읽다 보면 독재라는 말 대신에 아무런 설명 없이 프러크러스테스 침대라고 표현되어 있다. 서양 사람들은 학식이 풍부하다는 것을 과시하기 위해 그리스 로마 신화를 즐겨 인용한다. 따라서 서양의 학문과 사상을 이해하기 위해서는 서양 문명의 기원이 되는 고대 그리스 로마 신화에 대한 지식과 이해가 필수적이다.

미국 버클리 대학교 정치학과 교수인 다스 굽타Jyotindra Das Gupta는 제3세계의 독재자들이 지배하는 시대를 언급할 때 로마 시대의 위대한 장군이며 정치가였던 시저의 이름을 따서 "시저의 계절"Seasons of Caesars"라고 칭하였다.[54] 로마 귀족과 원로원 의원들은 시저가 현재 프랑스 지역인 갈리아 지방을 정복하고 로마로 귀국한 뒤 공화정을 없애고 독재정치를 실시할까 두려워하였다. 따라서 시저에게 이탈리아 북부에 있는 루비콘강을 건너기 전에 군대를 해산하라고 명령하였다. 이 명령은 시저뿐만 아니라 로마의 다른 장군들에게도 모두 해당되는 원칙이었다. 시저는 루비콘강을 앞두고 군대를 해산할 것인가, 아니면 군대를 이끌고 로마로 들어갈 것인가를 고민하였다. 군대를 해산하고 로마로 들어가면 살해당할 것 같아 시저는 군대를 해산하지 않고 군대를 이끌고 로마로 들어가기로 결정한다.[55] 여기서 유래하여 돌이킬 수 없는 결정을 내렸다고 할 때 시저가 한 말을 따라 "주사위는 던져졌다" 또는 루비콘강을 건넜다고 한다. 시저는 로마로 돌아와 종신 독재관이 되었다. 이러한 연유에서 시저는 독재자와 동일시된다.[56]

시저는 로마의 공화정을 파괴할까봐 염려한 원로원 귀족들에 의해 암살되고 만다. 시저의 암살에는 시저가 아끼던 부르터스도 가담하였다. 여기서 "부르터스, 너마저"[57]라는 시저의 유명한 외침이 전해 내려온다. 시

---

54) Jyotindra Das Gupta, "A Seasons of Caesars," *Asian Survey*, 18:4, April 1978.
55) Phillip Barlag, *The Leadership Genius of Julius Caesar: Modern Lessons from the Man Who Built an Empire*, Oakland, Cal.: Berrett-Koehler, 2016, p. 54.
56) 그람치는 Caesarism이라고 명명하였다. Antonio Gramsci, *Prison Notebooks*, New York: International Publishers, 1971, p. 219.
57) William Shakespeare, *Julius Caesar*, edited by J. H. Walter, London:

저가 암살된 뒤 안토니우스와 부르터스 사이에 권력 다툼이 벌어진다. 이 역사적 장면을 묘사한 문학 작품이 바로 셰익스피어의『줄리어스 시저』이다.

시저가 암살된 뒤 부르터스와 안토니우스는 광장에서 로마 시민들을 모아 놓고 시저의 암살에 대해 논쟁을 벌인다. 로마 시민들은 하루의 일을 끝내고 저녁에 광장에 모였다. 시저 암살에 대한 부르터스와 안토니우스의 연설을 듣고 누가 후계자가 될 것인가를 결정하려고 한다. 부르터스가 먼저 연설에 나섰다. 부르터스는 로마 시민들의 이성에 호소해 자기는 시저를 사랑하지만 시저보다 로마를 더 사랑하기 때문에 로마가 황제가 지배하는 독재국가로 변질되는 것을 막고 공화정을 지키기 위해 시저를 죽일 수밖에 없었다고 열변을 토한다.[58] 로마 시민들은 부르터스의 이성적 연설에 감동되어 부르터스가 옳다고 함성을 지른다. 정치권력은 부르터스에게 곧 넘어갈 것처럼 보인다.

부르터스 다음으로 안토니우스가 등장해서 로마 시민들에게 연설을 하는데 안토니우스는 부르터스와 달리 감정에 호소하는 연설을 한다. 안토니우스는 시저가 암살당할 때 입었던 피 묻은 옷을 들고 나와 로마 시민들의 감정에 호소한다. 마침 어스름한 저녁이 되자 사람들의 이성은 사그라지고 군중은 감정의 지배를 받기 시작한다. 안토니우스는 시저의 유언장을 공개하며 시저가 죽으면 유산을 로마 시민에게 분배하라고 했다며 시저가 얼마나 로마 시민을 사랑했는지 내세운다.[59] 안토니우스는 시저를 죽인 부르터스를 로마 시민 전체의 반역자라고 몰아세운다.[60]

시저의 피 묻은 옷과 안토니우스의 감정에 호소하는 연설을 들은 로마 시민들은 극도로 흥분하여 "부르터스 매국노, 부르터스 죽여라" 하고 외치며 부르터스의 집으로 몰려간다. 부르터스는 성난 군중을 피해 도주하

Heinemann Education Books, 1962, p. 111.

58) Shakespeare, 1962, pp. 127－128.

59) 시저가 국민을 섬기는 섬김의 리더십을 보여주었다고 주장하는 학자도 있고, 반대로 국민의 인기를 얻기 위해 영합하는 populist로 평가하는 학자도 있다.

60) Shakespeare, 1962, pp. 131－143.

였다. 부르터스는 추후 공화정을 유지하려고 애를 쓰다가 실패하자 자살로 생을 마감한다. 부르터스의 나이 43세였다. 로마에는 부르터스와 안토니우스가 연설했다고 하는 장소가 아직도 보존되어 있다.[61]

부르터스는 시저를 살해하면 독재를 끝내고 공화정을 가져올 수 있다고 믿었다. 그러나 아이러니컬하게도 로마의 정치는 시저 사후에 시저의 독재정치보다 더 절대적인 권력을 소유하고 존엄자라는 뜻의 아우구스투스 칭호를 받은 옥타비아누스의 황제 정치로 이어지는 결과를 낳고 말았다.

위에서 보는 바와 같이 정치 지도자가 국민을 효과적으로 지배하는 수단으로 이성과 감정이 있다. 정치 지도자는 권력을 유지하기 위해 한 가지 방법만을 이용해서는 권력을 유지할 수 없고 두 가지를 적절히 혼합해 사용하여야 한다. 그러나 보통 독재자들은 국민의 감정적 측면에 호소하는 경우가 많고 국민들은 독재자의 감정적 호소에 잘 넘어가는 경향이 있다.

4) 에우리디케와 오르페우스: 과거를 돌아보지 마라

에우리디케와 오르페우스는 고대 그리스 신화에 나오는 부부이다. 오르페우스는 음악의 신 아폴론의 아들로 하프를 잘 탔고 에우리디케는 미모가 뛰어나 뭇 남성들의 선망의 대상이 되었다. 어느 날 에우리디케가 산책을 나갔는데 양치기가 그녀의 미모에 반해 따라왔다. 에우리디케는 이를 피하기 위해 성급히 도망가다 사고가 나서 죽고 말았다. 오르페우스는 에우리디케를 잃고 너무 슬퍼 식음을 전폐하고 하프만 타다가 죽음의 신인 하데스를 찾아 나서기로 결심한다.[62] 오르페우스의 사랑에 감동한 하데스는 에우리디케를 살려주기로 하고 오르페우스와 함께 지상으로 돌아갈 것을 허락한다. 그러나 한 가지 조건이 있는데 지상에 도달할 때까지 절대로

61) 부르터스와 안토니우스의 연설이 권력의 승패를 결정했다고 보는 시각은 다음 논문을 참조할 것. Philip Goldfarb Styrt, " "Continual Factions": Politics, Friendship, and History in *Julius Caesar*," *Shakespeare Quarterly*, 66:3, Fall 2015.
62) Bulfinch, 1948, p. 201.

뒤를 돌아보아서는 안 된다는 것이었다.

오르페우스가 앞장서 가고 에우리디케는 뒤에서 따라오고 있었다. 지상에 거의 다다랐을 무렵 오르페우스는 에우리디케가 따라오는지 궁금해 견딜 수가 없어 그만 뒤를 돌아보게 되고 에우리디케는 다시 지하세계로 돌아가게 된다.[63] 사랑하는 에우리디케를 잃은 오르페우스는 실성해서 지상으로 돌아와 다른 여자들은 쳐다보지도 않고 에우리디케를 그리워하며 하프만 타며 나날을 보낸다. 그러자 미남인 오르페우스를 선망하는 여자들이 박카스 축제 날 여자들을 무시하는 오르페우스를 질투하여 죽여버린다.[64]

오르페우스는 꿈에도 그리던 에우리디케를 죽음의 세계에서 다시 살려내 지상의 세계로 데려올 수 있었다. 그러나 마지막 순간에 금기를 깨고 뒤를 돌아봄으로써 에우리디케를 놓치게 된다.

과거를 돌아보다 실패한 경우는 인본주의적인 고대 그리스 로마 신화와 반대로 신본주의를 강조하는 성경에서도 나타난다. 바로 소돔과 고모라에 관한 일화이다.[65] 아브라함의 조카인 롯은 롯이 원하는 대로 살기 좋은 지역을 선택하여 소돔으로 이주하였다.[66] 그런데 소돔은 하나님을 경배하지 않고 세속적인 악으로 들끓는 도시였다. 하나님은 사자를 보내어 소돔을 멸하려고 하셨다. 아브라함은 소돔에도 의로운 사람이 있을 테니 의인을 찾아오겠다며 소돔을 멸하는 것을 늦춰달라고 간청한다. 하나님은 소돔에 의인 오십 명이 있으면 멸망시키지 않겠다고 약속하신다. 그러나 아브라함은 의인 오십 명을 찾는 데 실패하여 다시 하나님에게 가서 의인 열 명을 찾아올테니 소돔을 용서해 달라고

---

63) Bulfinch, 1948, p. 202.

64) Bulfinch, 1948, p. 203. 오르페우스 신화는 페미니즘 신화로 새롭게 해석되기도 한다. 오르페우스가 다른 여자들에 관심을 갖지 않는 것을 여성혐오증(misogyny)으로, 여자들이 박카스 축제에서 오르페우스를 죽이는 것을 여성이 남성의 운명을 주도하는 페미니즘으로 해석한다. Genevieve Liveley, “Orpheus and Eurydice,” Vanda Zajko and Helena Hoyle, 2017.

65) 『성경』, 2005, 창세기 18:20－19:29, pp. 22－24.

66) 『성경』, 2005, 창세기 13:11, p. 16.

호소한다. 하나님은 의인 열 명을 찾아오라고 아브라함을 보내는데 아브라함은 소돔에서 의인 열 명도 찾지 못한다. 결국 소돔은 멸망하게 된다.

하나님은 소돔이 유황불에 타서 멸망하기 전에 조카 롯과 그의 가족들을 탈출시키는데 롯과 아내에게 절대로 뒤를 돌아보지 말라고 당부한다. 소돔을 빠져나오는 롯과 그의 아내. 그런데 롯의 아내는 소돔이 어떻게 되는지 너무 궁금해서 뒤를 돌아보다가[67] 그만 소금기둥이 되고 만다.[68]

에우리디케와 오르페우스의 신화에서 뒤를 돌아보지 말라는 것은 어떤 의미를 내포하고 있을까? 보통 사람들은 살아가면서 앞을 내다보기 보다는 과거를 회상하는 경우가 더 많다. 과거는 지나갔는데 과거를 자꾸 돌아본다고 해서 한 번 지나간 과거를 고칠 수도 없다. 물론 과거를 돌아봄으로써 과거에 저지른 잘못을 반성하며 앞으로 똑같은 실수를 저지르지 않을 수도 있다. 그러나 미래에 대한 비전을 제시하지 않는 과거로의 회귀는 별로 도움이 되지 않는다. 과거만 돌아보다 보면 미래에 대한 대비가 아무래도 소홀해지기 쉽다. 에우리디케와 오르페우스의 신화는 이미 지난 일에 연연하거나 집착해서는 안 되며 과거 일은 깨끗이 잊고 앞으로, 미래로 망설이지 말고 나아가야 원하는 일을 성공적으로 성취할 수 있고 발전할 수 있다는 메시지를 담고 있다.

에우리디케와 오르페우스의 이야기는 1762년에 독일의 작곡가 크리스토프 빌리발트 글루크에 의해 오페라로 만들어졌다. 지금도 '에우리디케와 오르페우스' 오페라는 전 세계에서 공연되고 있다. 특히 지하에서 지상으로 돌아오기 직전에 오르페우스가 죽음의 신 하데스의 명령을 어기고 뒤

---

67) 뒤를 돌아보는 행위는 타락한 도시를 그리워하는 것을 의미하므로 소금기둥이 되었다고 해석한다. Martin Harries, *Forgetting Lot's Wife: On Destructive Spectatorship*, New York: Fordham University Press, 2007, p. 11.

68) 소금은 파괴된 도시를 의미한다, Harries, 2007, p. 4; 인간은 판도라, 오르페우스, 롯의 부인과 마찬가지로 금기를 깨고 싶은 마음이 강하다. Jan Bremmer, *Greek Religion and Culture, the Bible and the Ancient Near East*, Boston: Brill, 2009, p. 126.

를 돌아보다가 에우리디케를 잃고 비탄에 빠져 부르는 노래인 '에우리디케'는 지금도 많은 사람들의 사랑을 받고 있다.

5) 프시케 신화와 신데렐라 신화: 남녀불평등 이론의 재조명[69]

남녀 차별을 정당화하는 구실로 가장 많이 인용되는 근거는 여성의 자연적 본성nature가 남성의 자연적 본성과 근본적으로 다르다는 주장이다. 많은 성차별주의자들은 여성은 남성과 달리 태어날 때부터 이성적으로 사고할 수 있는 능력이 부족하며 판단력과 분별력이 없고 의존적이고 자립심이 없으며 감정적이고 복종 지향적이라고 주장하였다. 반면 남성은 이성적이고 분석적이며 판단력이 뛰어나고 독립적이며 감정을 절제할 줄 알고 권력 지향적이라고 주장하였다.

이 논지를 뒷받침하는 근거로 생리학자들은 여성의 뇌가 남성의 뇌보다 작으므로 여성의 지적 능력이 남성보다 떨어진다는 이론을 제시하였다.[70] 여성의 뇌는 지성적으로 되기에는 너무 작으나 집안일을 하기에는 충분히 크다는 것이다.[71] 뇌는 사고력과 정신을 대표하는 신체 부분이므로 뇌의 크기를 비교함으로써 남성의 여성 지배를 당연시하려고 기도하였다. 그러나 뇌의 크기가 이성적인 능력과는 아무 상관이 없다는 것이 밝혀지게 되었다. 존 스튜어트 밀John Stuart Mill이 날카롭게 지적한 것처럼 코끼리와 고래의 뇌는 남성의 뇌보다 훨씬 크다.[72]

그러자 성 차별론자들은 다음에는 여성은 염색체나 호르몬, 신체적인 부분 등 생리적인 특성 면에서 남성과 전혀 다르고 생리적인 차이는 곧

---

69) 이 부분은 진미경의 졸고, "남녀 불평등 이론의 재조명과 페미니즘," 이범준 외, 『21세기 정치와 여성』, 서울: 나남, 1998, pp. 201-206을 수정해서 게재한 것이다.

70) 대표적으로 프랑스의 외과 의사이며 해부학자, 인류학자였던 Paul Broca(1824-1880)와 그의 이론을 따르는 Emile Durkeim, Gustav Le Bon 같은 학자들이다. Charles Sowerwine, "Woman's Brain, Man's Brain: feminism and anthropology in late nineteenth-century France," *Women's History Review*, 12:2, 2003.

71) 안한숙, "성과 뇌," 『현대사회의 여성과 남성』, 수원: 아주대학교 출판부, 1992, p. 13.

72) John Stuart Mill, *The Subjection of Women*, Cambridge: MIT Press, 1985, p. 64.

지적인 차이로 나타나므로 성차별은 당연하다고 하였다. 분명히 남녀는 신체적으로 다른 부분을 갖고 있다. 그러나 생리적인 차이가 곧 능력의 차이나 사회적 역할의 차이로 나타나지는 않는다, 자연적인 것처럼 보이는 성 차이도 문화적 요소들에 의해 깊이 형성될 수 있다.

원시사회의 세 부족을 연구한 인류학자 마거릿 미드Margaret Mead에 의하면 아라페시Arapesh 부족의 남녀는 모두 여성적인 특성을 보여주었고 문두구모르Mundugumor 부족의 남녀는 모두 남성적인 특성을 보여주었고 챔벌리Tschambuli 부족은 여성이 남성적인 특성을, 남성이 여성적인 특질을 보여주었다.[73] 그럼에도 불구하고 인류 역사에서 남성과 여성이 천성적으로 다른 특질을 타고났다고 강조함으로써 남녀 차별을 정당화하려는 시도가 계속적으로 나타났다.

서양 문학에서 남성에 대한 여성의 의존성을 대표하는 작품은 아마도 신데렐라 이야기일 것이다. 여자의 남자에 대한 의존성을 상징하는 이야기가 신데렐라만은 아니다. 어렸을 때부터 우리가 동화로 들어서 익숙한 백설 공주와 잠자는 숲 속의 미녀 등은 신데렐라와 마찬가지로 여성의 남성에 대한 의존성, 여성의 무능력, 남성의 완벽한 이미지 등을 나타내고 있다. 그러나 신데렐라 이야기는 신데렐라 콤플렉스라는 단어를 만들어낼 정도로 여성의 남성에 대한 의존성과 남성을 통한 여성의 자아 발견, 여성의 신분 상승의 꿈 등을 나타내는 수많은 비슷한 이야기 중에서도 여성의 부정적 이미지를 창조하는 대표적인 이야기이다. 신데렐라 이야기의 근원이 되는 고대 그리스 로마 신화의 '프시케와 에로스의 신화'를 들여다보면 여성이 갖고 태어난 자연적인 본성과 여성의 이미지가 얼마나 왜곡되었는지를 알 수 있다.

토머스 벌핀치가 편집한 고대 그리스 로마의 신화에 나와 있는 에로스와 프시케의 신화를 보면 신데렐라는 프시케에게서 영감을 얻어 창조된

---

73) Rosemary Tong, *Feminist Thought: A Comprehensive Introduction*, Boulder: Westview Press, 1989, p. 4.

인물임을 알 수 있다.[74] 프시케의 이야기를 보면 옛날 어느 나라 왕과 왕비에게 세 딸이 있었는데 막내딸인 프시케의 모습이 너무나 아름다워서 이 세상의 가난한 언어로는 도무지 그 아름다움을 이루 다 표현할 수 없을 정도였다.

프시케는 미의 여신인 아프로디테에로스의 어머니의 미움을 사게 되었고 그 벌로 높은 산에 있는 괴물과 결혼하도록 운명 지어졌다.[75] 프시케는 신탁이 내린 자기의 운명을 좇아 누군지도 모르는 괴물과 결혼하게 되었다. 남편은 한밤중에 들어왔다가 날이 새기도 전에 나가버렸다. 프시케는 남편의 모습을 본 적이 없지만 남편의 말은 늘 사랑으로 그윽해서 프시케의 가슴에도 같은 감정을 불러일으키기에 넉넉하였다. 프시케가 살게 된 산 속의 궁전은 매우 풍요롭고 호화스러웠다.

프시케의 두 언니는 신데렐라의 마음씨 나쁜 두 언니처럼 프시케가 화려하게 잘 사는 것에 질투가 났다. 언니들은 프시케에게 남편이 모습을 보이지 않는 것을 보니 괴물이 틀림없다고 하면서 남편이 잠든 사이에 죽여 버리라고 부추겼다. 프시케는 언니들의 꼬임에 넘어가 남편이 잠든 사이에 남편의 모습을 보다가 실수로 남편인 에로스의 잠을 깨우게 된다.[76] 에로스는 사랑과 의심이 한 곳에 기거할 수 없다며 프시케를 버리고 떠난다.

프시케는 에로스를 찾아 헤매고 그 과정에서 에로스의 어머니인 아프로디테는 신데렐라의 계모가 신데렐라에게 하기 힘든 일을 시키듯이 프시

74) 신데렐라 이야기는 전 세계적으로 민간에서 전해 내려오는 이야기로 유럽에서만도 500여 종의 변형이 있다. 특히 신데렐라가 떨어뜨리고 간 유리 구두로 신데렐라를 찾는 이야기는 찰스 페로(Charles Perraults)가 1697년 편찬한 동화집 속에 처음으로 나타난다. *Merriam Webster's Encyclopedia of Literature*, Springfield: Merriam−Webster, 1995, p. 245.

75) 그리스어 kedoss는 결혼과 재앙의 뜻을 동시에 갖고 있다.

76) 프시케가 에로스의 모습을 확인하려는 장면은 프시케가 존재도 모르는 남편에게 무조건 복종하는 상태에서 벗어나 남편의 얼굴을 확인할 뿐만 아니라 여성의 주체성을 찾는 시도로 해석된다. Susan C. Roberts, "Still Working on Psyche's Last Task: A Second−Wave Feminist Looks Back on Her Past in Light of the #MeToo Movement," *Psychological Perspectives*, 62:1, January 2019, p. 94.

케에게 여러 가지 어려운 일을 시킨다. 첫 번째로 저녁때가 되기 전까지 신전의 곡물 창고에 있는 엄청난 양의 밀과 보리, 기장, 콩 등을 종류별로 한 알도 남김없이 골라서 무더기로 분류하여 쌓아놓으라고 시킨다. 이 일은 인간의 힘으로는 도저히 해낼 수 없는 불가능한 일인데 프시케는 개미의 도움으로 끝마칠 수 있게 된다.

두 번째로 무수히 많은 양 떼의 금빛 털을 하나도 남김없이 가져오라는 명령을 내린다. 프시케는 강의 신과 갈대의 도움을 받아서 일을 끝마치게 된다. 세 번째로 아프로디테는 프시케에게 상자를 가지고 저 세상으로 내려가서 저 세상의 왕비인 페르세포네의 화장품을 조금 받아오라고 시킨다. 프시케는 이제 죽을 운명에 처했으나 이번에도 신들의 도움으로 무사히 임무를 수행한 후 지상으로 돌아오게 된다. 그러나 프시케는 호기심에 가득 차서 상자를 열어 보았다가 상자 속에 있는 죽음의 잠에 취해서 그만 죽게 된다. 에로스는 프시케를 불쌍히 여겨 제우스에게 간청하여 프시케를 신으로 만들고[77] 둘은 영원한 부부가 된다. 프시케와 에로스는 딸을 낳았는데 이름은 기쁨이다.[78] 이것은 많은 고난과 불운을 겪은 뒤에 고난이 순화되어 진정한 기쁨을 누리게 된다는 점을 의미한다.[79]

이상에 살펴본 것이 프시케와 에로스의 이야기이다. 물론 문학 작품은 작가의 상상력이 많이 들어가기 때문에 신데렐라와 프시케의 이야기가 세세한 부분까지 정확히 일치하지는 않는다. 그러나 우리는 프시케의 신화를 읽으면서 서구 문학의 많은 작품들이 고대 그리스 로마 신화에서 그 모델을 빌려 왔듯이 신데렐라 이야기 역시 프시케의 신화를

---

77) 고대 신화에서 여신은 여성의 해방된 정신을 상징한다. Camille Paglia, "Erich Neumann: Theorist of the Great Mother," https://www.bu.edu/arion/files/2010/03/Paglia-Great-Mother1.pdf 검색일 2022. 4. 12.

78) Bulfinch, 1948, pp. 89-99; Albert, F. Reddy, "Till We Have Faces: "An Epistle to the Greeks"," *Scholarly Journal*, 13:3, Spring 1980, p. 160.

79) Robert A. Johnson은 프시케 딸 이름이 기쁨인 이유는 여성이 자아를 발견하고 여성 의식이 최고 단계에 도달해 여신이라고 느껴 기쁘기 때문이라고 해석한다. Robert A. Johnson, *She: Understanding Feminine Psychology*, New York: HarperPerennial, 2020, ch. 13.

변형한 것임을 알 수 있다. 신데렐라에서 마음씨 나쁜 계모는 아프로디테에 해당하고 신데렐라의 못된 언니는 프시케의 시기심 많은 언니들이다. 또한 아프로디테가 프시케에게 인간의 능력으로는 하기 힘든 불가능한 일을 강요하고 이때마다 프시케가 신들과 여러 생물의 도움을 받아서 위기를 모면하게 되는 것도 신데렐라 이야기와 거의 같다.[80]

고대 그리스 로마 신화에서 신데렐라의 모델이 되는 여성인 프시케는 그리스어로 정신이라는 의미를 갖고 있다. 프시케는 정신과 영혼을 대표하는 인물이고 이와 대조적으로 남성인 에로스는 육체와 성욕을 대표하는 인물이다. 프시케의 신화에서 알 수 있듯이 원래 인류사회 초기에는 여성이 오히려 사고하는 능력을 갖추고 있다고 인식되었고 남성은 이성적인 능력이 없고 육체적인 속성을 가지는 존재로 이해되었다. 그러므로 여성이 남성에 비해 자연적으로 사고하는 능력을 타고나지 못했다는 주장은 서양 사회 가치관의 바탕이 되는 그리스 로마 신화에 비추어 볼 때 설득력이 약하다. 그러나 어찌된 영문인지 후세의 왜곡에 의해서 남녀의 역할과 능력이 완전히 뒤바뀌는 현상이 나타났고, 남성의 지적 우월성과 여성의 지적 열등감은 고정되어 현재까지 전해 내려오고 있다.

여성과 남성의 자연적인 본성이 왜곡되었다는 필자의 주장은 에로스의 성장과 관련된 신화에서도 알 수 있다. 에로스는 늘 어린아이의 상태에 머물며 더 이상 성장하지 않았다. 아프로디테는 걱정이 되어 이치의 여신인 테미스에게 물어보았더니 동생이 생기면 자랄 것이라고 하였다. 동생을 낳았더니 그 후 에로스가 갑자기 키가 성장하고 힘도 세졌다.[81] 에로스가 자라지 않고 어린아이의 상태에 머물러 있다는 신화는 남성은 원래 육체적, 정신적으로 성숙하지 못하고 어린아이와 같은 상태에 머물러 있기 때문에 남의 보호를 필요로 한다는 점을 상징한다고 할 수 있다. 그러므로

80) 독일 출신의 철학자, 의사, 심리학자, 신화학자인 Erich Neumann은 프시케가 시어머니 아프로디테에게 당한 고난을 극복해 나가는 과정을 여성의 자아 찾기(feminine individuation)으로 해석하고 있다. Reddy, 1980, p. 161.

81) Bulfinch, 1948, pp. 6–7.

성차별주의자들이 주장하는 것처럼 여성이 의존적이고 독립적이지 못해서 남성의 보호를 받아야 하는 것이 아니라 오히려 남성이 여성의 보호를 필요로 한다는 것을 알 수 있다. 서양에서도 남성이 의존적이라는 사실은 마마보이라는 단어는 있어도 파파걸이라는 단어는 없다는 사실에서 증명된다.

프시케와 에로스의 결합은 남성은 육체적 속성만을 갖고 있기 때문에 이성적으로 사고할 줄 아는 정신적 능력을 가진 여성인 프시케와 결합할 때 완전하고 성숙한 어른스러운 인간이 된다는 것을 상징한다. 물론 그리스 로마 신화가 사실이냐 아니냐의 질문이 제기될 수 있다. 그러나 중요한 문제는 사실 여부가 아니라 당시 그리스 로마 사람들이 인간에 대해 갖고 있던 생각과 인간의 열망, 인간의 군상들을 신화로 옮겨놓았다는 점이다. 그리스 로마 신화의 신은 기독교의 신과 달리 전지전능한 신이 아니라 인간처럼 서로 사랑하고 미워하고 질투하는 모습을 가지고 있는 신이다. 그리스 로마 신화의 신은 신이 인간을 창조한 것이 아니라 인간이 신을 창조하고 인간의 모습을 그대로 신에 투영한 모습이다. 그러므로 그리스 로마 신화에서 남녀의 자연적 본성을 충분히 추정할 수 있다.

프시케와 에로스의 신화에서 또 한 가지 유추할 수 있는 점은 부부관계에 관한 점이다. 아리스토텔레스 이래로 성차별주의자들은 남성이 여성보다 여러 면에서 우월하므로 여성은 남성에게 절대적으로 복종해야 한다고 주장하고 있다. 그러나 이것 역시 왜곡된 현상임을 알 수 있다. 남편의 모습을 보고 싶어 하는 프시케에게 에로스는 "그대가 내 모습을 본다면 아마 나를 두려워하거나 존경할 것이오. 내가 바라는 유일한 것은 그런 것이 아니고 단지 당신의 사랑뿐이오. 나는 신으로서 섬김을 받는 것보다 같은 인간으로서 사랑받기를 바라오"라고 말한다.[82]

에로스의 언급은 부부 사이의 관계는 남성 우월론자가 주장하듯이 불평등하고 수직적인 관계가 아니라 사랑으로 이루어진, 사랑에 기초한

82) Bulfinch, 1948, p. 92.

대등한 관계가 되어야 한다는 것을 역설하고 있다. 여기서 특히 눈여겨 보아야 할 점은 에로스는 인간이 아니고 신인데도 프시케에게 동등한 사랑과 부부관계를 요구하고 있다는 점이다. 신과 인간 사이의 관계가 이와 같이 평등한 관계인데 하물며 같은 인간 사이인 남자와 여자 사이에 주종관계를 강요하는 것은 비합리적이다. 남편은 존경이나 두려움의 대상이 아니다. 남성 신이 여성 인간에게 평등한 관계를 원했듯이 이제 남성 인간이 신의 권위를 빌려 아내에게 요구하는 부권신수설은 부정되어야 한다. 이런 점에서 중세 기독교에 대항하여 인간의 해방과 인간성의 부활을 내세운 르네상스 운동이 고대 그리스 로마 신화의 정신으로 되돌아 갈 것을 표방했듯이, 남녀불평등 인식도 고대 그리스 로마 신화의 정신을 되돌아 볼 필요가 있다.

02 플라톤과 이상주의 정치사상

1) 플라톤의 이상 국가론

플라톤은 기원전 5세기에 고대 그리스 아테네에 살았던 사람이다. 모든 학문이 플라톤에 의해 시작되었다고 해도 과언이 아니라고 할 수 있다. 플라톤은 천재라고 불러도 무방할 정도로 그의 사상은 독창적이고 다양하여 정치학뿐만 아니라 철학, 논리학, 교육학, 수학, 물리학, 천문학, 여성학 등 모든 학문의 기초를 제공하였다. 여기에서는 플라톤의 정치사상을 주로 살펴보려고 한다. 어떤 사상가가 특정한 사상을 갖게 되는가를 이해하려면

그가 살았던 시대적 배경을 이해하는 것이 필요하다. 정치사상가는 그가 살았던 정치, 사회적 상황으로부터 불가분의 영향을 받고 그가 만들어낸 정치사상 역시 역으로 사회 전체에 많은 영향을 끼친다.

플라톤의 정치사상은 그의 생애에 일어났던 펠로폰네소스 전쟁에서 커다란 영향을 받았다. 플라톤의 모국인 아테네는 당시 고대 그리스 도시국가 중에 가장 부유하고 강력한 국가 중의 하나였다. 그런데 아테네가 해상으로 진출하면서 고대 그리스 도시국가 중에 또 하나의 강력한 국가였던 스파르타와 지중해 해상권을 놓고 격돌하게 된다. 이것이 바로 펠로폰네소스 전쟁이다.

펠로폰네소스Poloponnoooo는 펠롭스의 섬이라는 뜻으로 고대 그리스 신화의 영웅인 펠롭스Pelops와 섬을 뜻하는 네소스nesos가 합쳐서 생긴 단어로 그리스 남부의 반도 지역을 일컫는다.[83] 펠로폰네소스 전쟁은 기원전 431년에 시작하여 기원전 404년에 끝난, 거의 30년에 달하는 기간 동안 지속된 전쟁이다. 플라톤이 기원전 427년에 출생하였으니 플라톤이 태어날 때 이미 이 전쟁이 진행 중이었고 플라톤은 20대 초반까지 이 전쟁의 영향 속에 살았다.

전쟁 초기에는 플라톤의 모국인 아테네가 우세하였다. 전쟁이 계속될수록, 특히 아테네가 배출한 걸출한 지도자인 페리클레스가 사망한 이후로 아테네의 힘은 점점 약해져서 스파르타가 승리하게 된다. 스파르타 역시 전쟁에 승리하였지만 전쟁으로 인한 국력의 쇠퇴를 겪게 된다. 펠로폰네소스 전쟁은 결국 고대 그리스 도시국가 전체의 몰락을 불러와서 알렉산더 대왕의 아버지인 마케도니아의 필립 2세에게 정복당하게 되고 고대 그리스 도시 국가의 문명은 막을 내리게 된다.

플라톤은 고대 그리스에서 가장 부강했던 아테네가 몰락한 것에 충격

---

83) 펠롭스는 탄탈로스의 아들이다. p. 27의 탄탈로스 부분 참조할 것. Gregory Nagy. 2021.04.10. "Envisioning Aphrodite inside the living wood of a myrtle tree." *Classical Inquiries*. http://nrs.harvard.edu/urn-3:hul.eresource:Classical_Inquiries 검색일 2022. 6. 4. 위의 자료는 하버드대학교 헬레닉 연구소에서 운영하는 온라인 논문 자료이다. 자료 출처 표기는 연구소 지침에 따랐다.

을 받고 어떻게 하면 좀 더 나은 국가를 만들 수 있을까를 연구하기 시작하였다. 플라톤은 아테네가 어리석은 다수의 대중이 지배하는 민주주의에 의해 통치되었기 때문에 멸망하였다고 생각하였다. 따라서 국가를 부강하게 만들기 위해서는 바로 플라톤과 같이 사물의 절대적 진리를 깨달을 수 있는 현명한 소수인 철학자가 지배자가 되어야 한다고 주장하였다. 여기서 그 유명한 플라톤의 철인 왕 이론이 나오게 된다.

플라톤은 실제로 자신의 철인 왕 이론을 현실 정치에서 실천하기 위해 시칠리아의 군주를 방문하였다. 그러나 시칠리아의 군주는 플라톤의 사상을 이해하지 못하였고 플라톤은 오히려 잡혀서 노예 생활을 하게 된다.[84] 고국 아테네로 돌아온 플라톤은 철인 왕 이론에 대한 실천을 포기하고 아카데미라는 학교를 세워 일반 대중을 교육시키는 데 열정을 쏟게 된다. 아리스토텔레스는 플라톤의 명성을 듣고 아카데미에 와서 수학하게 된다.

혹자는 플라톤과 아리스토텔레스의 출신배경을 들어 플라톤은 귀족 출신이었기 때문에 철인 왕이 지배하는 군주국을 선호하였고 아리스토텔레스는 아버지가 중산층 출신인 의사였기 때문에 민주주의를 선호했다고 해석하기도 한다. 당시에는 의사가 지배계층이 아니고 중산층이었다. 플라톤은 귀족 가문 출신이다. 아테네가 펠로폰네소스 전쟁에서 패한 뒤 30인에 의한 과두정치가 시행되었을 때 플라톤의 모계 쪽인 외삼촌과 외조카가 30인의 과두에 포함되어 있었다. 플라톤의 아버지는 고대 그리스 아테네의 전설에서 마지막 왕인 코드로스의 후예라고 주장하였다.[85] 플라톤의 모계는 기원전 6세기 아테네의 민주적 개혁가로 법치 정신을 확립한 솔론 집안과 가까웠고 플라톤의 어머니가 재혼한 사람은 페리클레스와 친구로 귀족 출신이었다.[86]

---

84) George H. Sabine, *A History of Political Theory,* revised by Thomas Landon Thorson, Illinois: Dryden Press, 1973, pp. 50－51.

85) George Klosko, *The Development of Plato's Political Theory,* London: Oxford University Press, 2007, p. 11.

86) C. D. C. Reeve, "Plato," in Robert L. Arrington ed., *The World's Great*

플라톤의 철인 왕 사상은 당시 고대 그리스 자연철학 사상인 자연법 사상에서 깊은 영향을 받았다. 자연 세계에는 시대와 장소를 떠나서 만물을 지배하는 절대로 변하지 않는 절대적 법칙absolute truth가 있다.[87] 해는 항상 동쪽에서 떠서 서쪽에서 지고, 봄이 오면 다음에는 반드시 여름이 오고 여름이 가면 반드시 가을이 오고 가을이 가면 반드시 겨울이 온다. 이러한 절대적인 자연법칙은 고대에나 현대에서도 변하지 않고 항상 지켜지고 동양이나 서양에서도 항상 지켜진다. 플라톤은 인간들이 모여 사는 사회와 국가에서도 자연 세계의 법칙처럼 절대로 변하지 않는, 절대적으로 옳은 국가의 모습이 있을 거라고 추정하였고 이것을 찾으려고 노력하였다.

인간의 본성은 시대에 따라 변하지 않고 항상 동일해서 플라톤이 사는 고대 그리스에서도 현대와 마찬가지로 한 국가 내에서 여러 가지 요인으로 인해 정치적, 경제적, 사회적으로 심각한 갈등이 존재하고 있었다. 플라톤은 이 중에서도 경제적 갈등이 국가를 분열시키는 가장 큰 요인이라고 보았다. 빈부의 차이에 따라서, 계급에 따라서 어떤 사람들은 어떤 형태의 국가가 진실로 좋은 형태라고 주장하고 다른 사람들은 다른 형태의 국가가 가장 좋은 국가라고 주장하였다. 다시 말하면 부자들은 소수의 부자가 지배하는 과두제가 가장 좋은 국가이고 가난한 사람들은 다수의 빈자가 지배하는 민주주의가 가장 좋은 국가라고 생각하였다. 이런 점에서 경제적 갈등을 사회의 가장 중요한 갈등으로 생각하는 막스의 사상도 결국은 플라톤의 영향을 받은 것이라고 할 수 있다.

플라톤은 계급의 차이를 떠나 모든 사람이 전부 동의하는 절대적으로 가장 좋은 국가, 이상 국가를 실현하기 위하여 노력하였고 여기서 그의 정치사상이 출발한다. 모든 사람이 동의하는 절대적으로 좋은 이상 국가의 모습은 어떻게 실현 가능할까? 그것은 바로 국가에 가장 좋은 절대적인 선good을 판별할 수 있는 능력을 가진 철학자가 국가의 지배자가 될 때 가능

Philosophers, Malden, MA.: Blackwell, 2003, p. 240.

87) 고대 그리스 사람들은 절대적으로 변하지 않는 자연과 사람이 만든 변하는 법, 관습 등을 자연(nature)와 관습(convention)으로 구분하였다.

하다. 왜 철학자만이 절대적인 선을 판별할 수 있는 능력을 갖고 있을까? 플라톤은 이를 정의론the theory of justice로 정당화한다.

2) 플라톤의 정의론

플라톤에 의하면 사람은 누구나 다 태어날 때부터 각자 다른 기능을 갖고 태어난다. 플라톤은 『국가론』에서 기능에 대해 다음과 같이 서술한다. "어떠한 두 사람도 정확하게 똑같이 태어나지는 않는다. 사람들은 각각에 맞는 다른 직업에 적합하도록 태어날 때부터 천성적으로 차이가 있다.[88] 그러므로 모든 사람은 그의 천성nature대로 각자에게 가장 알맞은 기능을 공동체에서 수행해야 한다. 그 원칙이 바로 정의이다.[89] 그 기능은 그 사람 혼자만이 할 수 있거나 다른 사람보다 그 사람이 더 잘할 수 있다."[90]

그러므로 태어날 때부터 각자에게 부여된 다른 기능을 수행하는 것이 개인에게도 정의롭고 사회 전체와 국가를 위하여 정의롭다. 예를 들면 어떤 사람이 수학은 잘하지만 노래는 잘 부르지 못하는 기능을 갖고 태어났다면 그 사람은 수학자가 되는 것이 개인에게도 행복하고 사회 전체를 위해서도 정의롭다. 만약 노래를 못 부르는 사람에게 노래방에 가서 자꾸 노래를 부르라고 강요한다면 그런 사회는 정의로운 사회가 아니다.

플라톤의 정의론에 따라 어떤 사람은 태어날 때부터 좋은 국가를 만드는데 필요한 절대적인 진리를 판별할 수 있는 통찰력과 능력을 갖고 태어난다. 이런 사람들은 바로 철학자이며 철학자가 지배자가 되어야 한다. 여기서 플라톤의 철인 왕 이론이 나온다. 철인 왕은 지배할 수 있는 능력을 갖고 태어나기 때문에 지배자가 되는 것은 권리가 아니라 의무이다. 왜냐하면 절대적 진리를 판별할 수 있는 능력을 가진 사람이 지배자가 되지 않으면 자기보다 열등한 사람에게 지배할 권리를 넘기

---

88) Plato, 1941, p. 56.
89) Plato, 1941, p. 127.
90) Plato, 1941, p. 38.

는 것이고 이것은 가장 무거운 처벌에 해당하기 때문이다. 이러한 두려움 때문에 능력 있는 철학자는 권력을 받아들여야 한다.[91] 지배자가 된 철학자는 항상 국민에게 선이 되는 것이 무엇인지 연구하고 좋은 정책을 처방하여야 한다. 양치기 목동이 항상 양을 위하듯이 어떠한 종류의 권위도 오로지 돌보는 대상만을 위하고 지배자도 강자가 아니라 약자를 위하여 지배하여야 한다.[92]

당대의 소피스트궤변론자인 트라시마커스는 플라톤의 정의론과 지배자 계층에 대한 인식에 대해 정반대의 의견을 제시한다. 트라시마커스는 정의는 법을 통해 실현되는데[93] 강자, 즉 지배자들이 자신들만의 이익을 위해 법을 만들고 이것을 국민들에게 정의라고 속인다고 보았다.[94] 트라시마커스는 지배자들은 밤낮으로 지배계층을 위해 국민에게서 무엇을 뜯어낼 수 있을지에 대해서만 생각한다고 했다. 지배자들이 정의라고 내세우는 법이나 정책은 실제로는 불의이며 지배자는 순진한 국민들을 정의라는 거짓 이름으로 속인다. 진실로 정의로운 사람은 실제로는 언제나 가장 나쁜 것을 가지게 된다.[95]

이상론에 치우친 순진한 플라톤과 달리 이 궤변론자는 지배자가 되는 불의한 사람들은 성격이나 지성에 있어 아주 우월하므로 불의를 완전하게 저지를 줄 안다고 하였다.[96] 따라서 일반 사람들처럼 작은 죄를 지으면 오히려 처벌받고 불명예를 당하지만 지배자들처럼 국민 모두를 노예로 만드는 큰 죄를 범하면 오히려 처벌받지도 않고 더러운 오명을 쓰게 되지도 않을 것이라고 확신한다.[97]

트라시마커스가 지배자는 자신의 이익만을 위하고 지배 계층의 이익

---

91) Plato, 1941, p. 29.
92) Plato, 1941, pp. 27–29.
93) Stanley Rosen, *Plato's Republic: A Study*, New Haven: Yale University Press, 2005, p. 41.
94) Plato, 1941, p. 18.
95) Plato, 1941, p. 25.
96) Plato, 1941, p. 32.
97) Plato, 1941, p. 26.

을 정의라는 이름으로 국민에게 내세운다고 주장하는 점은 막스의 이론과 똑같다. 막스는 생산 수단을 소유한 부르주아 계급이 지배 계급이 되고 이들은 다수 국민인 노동자의 이익은 돌보지 않고 자기네들만의 이익을 추구한다고 주장하였다. 고대 그리스 철학에 대해 박사 학위 논문을 쓴 막스는 분명히 플라톤의 국가론을 읽었을 것이고 국가론에 나오는 트라시마커스의 정의론에서 큰 영향을 받은 것으로 보인다. 아니 오히려 트라시마커스를 최초의 막시스트라고 불러도 무방할 것이다.

어느 시대에나 정치 지도자들은 권력을 특권으로 생각해 지도자 개인이나 자기가 속한 집단의 사익을 추구하기 위해 수단 방법 가리지 않고 권력을 획득하려고 한다. 반면에 플라톤의 정치 지도자에 대한 사고는 매우 이상적일 뿐만 아니라 희생적이고 봉사적이다.

플라톤이 희망한 것처럼 국가에 이로운 절대적인 선을 판별할 수 있는 철학자가 지배자가 된다고 해도 그들이 권력의 단맛으로부터 자유로울 수 있을까? 혹시 발생할 수 있는 지배자 계층의 부패와 타락을 예방하기 위해 플라톤은 두 가지 예방책을 제시한다.[98] 첫째, 지배자 계급에게 사유재산의 소유를 금하는 것이다. 지배자가 토지와 주택, 돈을 소유하게 되면 자기들의 토지와 주택을 경영하기 위해 국민을 돌보는 임무를 포기하게 되고 그렇게 되면 국민과 적대적인 관계에 처해서 독재자가 될 것이다.[99] 사유재산을 소유한 독재자는 무력이나 사기를 쳐서라도 다른 사람들이 갖고 있는 모든 재산을 약탈하려 들 것이다. 그것이 공적인 재산이건 사적인 재산이건, 신성한 재산이건 세속적인 재산이건 상관하지 않고 재산만 축적하면 된다. 경제적 갈등은 정치적 갈등의 주요 원인이므로 지배자가 사유 재산을 소유해서 국민과 갈등 관계를 형성하는 것을 피해야 한다. 국민을 위해 일한다는 지도자의 공

98) 두 가지 예방책은 결국 지도자로부터 사적인 요소를 제거하는 것이다. Hannah Arendt, *The Human Condition*, Chicago: University of Chicago Press, 1958, p. 226.

99) Plato, 1941, pp. 108-109.

적인 소명은 지배자의 사적인 이익 추구와 양립할 수 없다.

둘째, 지배자 계급에게 가족의 소유를 금하는 것이다.[100] 플라톤의 이상 국가론에서는 한 남자가 한 여자와 사적인 가족을 꾸미는 것이 금지되어 있다. 여성과 아이들은 남자들이 모두 공동으로 소유한다. 부모는 자기의 아이들이 누구인지 모르며 아이들도 자기의 부모가 누구인지 모른다. 가족제도의 폐지는 당시 고대 그리스에서 여성의 사회활동을 돕기 위한 장치로도 고안되었지만 지배자 계급의 부패를 막기 위한 고육책으로도 제시되었다.

이러한 두 종류의 금지는 모든 국민에게 해당되는 것이 아니라 오로지 지배자 계급에게만 해당된다. 정치 지도자가 권력을 남용하고 부패하게 되는 것은 가족이 있기 때문이다. 가족이 대대손손 잘 살게 하기 위해 지배자는 이권에 개입하여 돈을 빼돌리고 사유재산을 증식시키게 된다. 그러므로 플라톤이 제시한 바와 같이 정치 지도자에게 가족과 사유재산의 소유를 금지시킨다면 지도자의 부패는 줄어들 것이다. 플라톤이 제시한 이상 국가에서 지도자는 가족도 없고 사유재산도 없고 아무런 사적인 이득도 없고 재미도 없다. 지도자의 자질이 있는 사람들만이 국민에게 봉사하려는 강한 책임감을 갖고 오로지 국가와 국민의 공익만을 위해 봉사하는 계층이 된다.

위에서 정의론을 논할 때 트라시마커스의 정의론이 막스에게 커다란 영향을 주었다고 논한 바 있다. 지배자 계급에게 사유재산의 소유를 금하는 플라톤의 사상도 막스에게 영향을 주었음이 분명하다. 막스가 이상사회로 내세우는 공산주의 사회는 생산 수단의 사유를 금지해서 공유화하고 사유재산의 소유를 금지하는 면에서 플라톤의 이상 국가론과 다를 바 없다. 공산주의 사회에서 여성에게 노동을 허용하기 위해 여성이 공장에서 일할 동안 국가가 탁아소를 설립하여 육아와 교육을 책임지는 것도 플라톤의 이상 국가론에서 가족제도를 폐지하고 아이들을 공동으로 소유하는 것과

100) Plato, 1941, pp. 155－168.

흡사하다.

3) 플라톤의 동굴의 비유

절대적 이성을 소유한 철학자들이 지도자가 되면 이들은 국민과 어떤 관계를 가져야 할까? 플라톤의 동굴의 비유는 이 질문에 대한 답을 제시한다.[101] 플라톤의 『국가론』 책 중에서 가장 중요한 부분은 '정의론'과 '동굴의 비유' 부분이다. 플라톤은 인간의 존재를 밝은 태양이 빛나는 세상에 사는 게 아니라 어두운 동굴 속에 사는 상태로 묘사하고 있다. 게다가 인간은 동굴 안에서 목과 발이 쇠사슬에 묶여 뒤를 돌아볼 수 없고 동굴 벽에 비친 그림자만 볼 수 있는 상태로 묘사된다. 만약 동굴 속에 있는 사람들 뒤로 횃불이 지나간다고 하자. 사람들은 목이 쇠사슬에 묶여 있어 뒤를 돌아볼 수 없고 앞만 바라볼 수 있으므로 동굴 벽에 비친 사물의 그림자만 볼 수 있을 뿐이다.[102]

동굴 속에 사는 사람들 중에 어떤 사람이 밖으로 나와서 동굴 밖에 빛나는 태양을 볼 수 있다면 동굴에 비친 그림자가 진실이 아니라 태양이 진실이라는 것을 깨닫게 된다. 태양은 여기서 플라톤이 바라는 국가에게 가장 좋은 절대 선, 곧 이데아를 뜻한다. 플라톤에 의하면 동굴 밖으로 나와 태양을 볼 수 있는 사람은 절대적 진리를 판별할 수 있는 이성과 통찰력을 갖춘 철학자이다. 철학자는 태양을 본 것에 만족하지 않고 다시 동굴로 돌아가서 동굴의 그림자가 진리라고 생각하고 있는 사람들에게 태양이 진리이고 본질이라는 점을 가르쳐 주어야 한다. 바로 철학자가 지배자가 되어야 하고 그림자밖에 볼 수 없는 무지한 국민들을 계몽하고 통치하여야 한다.

플라톤은 지배자가 가져야 할 기질로 어떤 특성이 필요하다고 생

---

101) Plato, 1941, pp. 227－235.

102) 즉 사람들은 진리를 보지 못하고 자기 위치에 따라 진리의 보이는 모양, 그림자를 본다. Hannah Arendt, "Philosophy and Politics," *Social Research*, 57:1, Spring 1990. p. 94. 이 논문은 Arendt 사후에 *Social Research*에 게재된 논문이다.

각했을까? 플라톤의 용어를 쓰면 수호자guardian 계층은 국민에게는 지혜롭고 부드러워야 하되 오직 적에게만 위험이 될 기질을 가져야 한다. 그렇지 않으면 외부의 적들이 멸망시키기를 기다릴 필요도 없이 스스로 내부에서 무너져 내려 멸망할 것이라고 보고 있다.[103] 철인 왕에게 부드러움을 요구하는 이 부분은 군주에게 잔인함을 강조하는 마키아벨리의 이론과 대조된다. 플라톤은 철인 왕이 지배할 기능을 갖고 태어난다고 보고 있지만 세습 군주를 의미한 것은 아니다. 플라톤은 지배자 내부의 파벌을 금지하기 위해 지도자는 능력에 의해 승진해야 하고 지도자의 위치가 세습이 되면 안 된다고 하였다.[104]

국가는 지도자들이 부패에 의해서만 몰락할까? 플라톤은 국민에 의해서도 국가가 쇠퇴할 수 있다고 보고 있다. 플라톤에게 있어 국가가 쇠퇴하는 첫 번째 이유는 지도자보다도 국민에게 있다. 플라톤은 국민을 거대한 짐승the great beast라고 보고 있다.[105] 국민이 지배하는 민주주의 국가는 철학자를 요구하지도 않고 철학자와 같이 전도유망한 자질을 갖고 있는 사람을 타락시킨다. 국가를 멸망시키는 두 번째 이유는 경제적인 이해에서 생겨나는 당파적 싸움이다. 당파적 갈등은 폭력적이고 이기적이어서 국가를 멸망시킨다. 셋째로 국가는 정치인들의 도덕적 해이에서 발생하는데 이것은 다름아닌 지배 엘리트들 내부에서 일어나는 분열을 의미한다.[106] 플라톤은 후대의 혁명이론가들과 달리 혁명이 밑으로부터가 아니라 위로부터, 국민들에 의해서가 아니라 지도자들에 의해 일어난다고 보고 있다.

결론적으로 종합해 볼 때 플라톤의 사상은 철인 왕이 지배하는 이상국가론을 꿈꾸고 있다. 철인 왕 이론은 경제적 계급에 구애받지 않고 모든 사람들이 다 지지하는 국가를 이룩하려는 이론이다. 플라톤이 후세 정치사

103) Plato, 1941, p. 64.
104) Plato, 1941, p. 163.
105) Plato, 1941, p. 194.
106) Plato, 1941, p. 268.

상에 끼친 영향은 지대하다. 플라톤으로부터 후세의 계몽군주론, 레닌의 뱅가드전위대 독재 이론이 파생하였다.[107] 사유재산의 소유를 금지하는 막스의 공산주의 이론과 1960년대 가족의 폐지를 주장하는 급진적 여성주의 사상도 플라톤에게서 지적인 자극을 받았다고 할 수 있다.

03 아리스토텔레스의 현실주의 정치사상

1) 아리스토텔레스의 현실주의

Aristoteles

인간이 태어날 때부터 다른 능력을 갖고 태어났고 국가의 절대적 선을 통찰할 수 있는 절대적 이성을 가진 철학자가 지배자가 되어야 한다는 플라톤의 정치사상은 지배와 피지배의 위치가 변하지 않는 관계를 의미한다. 이러한 맥락에서 플라톤은 정치 지도자의 권위를 아버지의 권위와 같다고 생각하였다. 플라톤이 설립한 아카데미에서 공부한 아리스토텔레스는 플라톤과 정반대로 지배와 피지배의 관계는 변할 수 있다고 보았다. 따라서 정치가의 권위는 아버지의 권위와 다르다고 생각하였다. 아리스토텔레스의 대표적 저작인 『정치학』의 첫 부분은 정치적 권위와 아버지의 권위가 같다고 생각한 플라톤의 정치사상을 반박하기 위하여 가족 내에서의 권위의 종류와 아버지의 권위에 대한 고찰로

107) 대표적으로 Karl Popper, *The Open Society and Its Enemies*, 1, 2, Princeton: Princeton University Press, 1971.

시작한다.[108]

아리스토텔레스는 기원전 384년에서 322년까지 살았던 사람이다. 그의 나이 17세나 18세 무렵에 플라톤이 세운 아카데미에 입학하였고 플라톤이 기원전 347년 죽을 때까지 아카데미에서 20여 년 동안이나 공부하였다. 그러나 아리스토텔레스가 실제로 플라톤에게 직접 배웠는지는 기록이 없어서 알 수 없다. 아리스토텔레스가 플라톤이 죽을 때까지 아카데미에 머물렀던 것을 보면 플라톤에 대한 존경심이 대단했던 것은 틀림없다. 아리스토텔레스도 후반에는 플라톤의 아카데미 옆에 리케움이라는 학교를 세워 후학을 지도하였다.[109]

아리스토텔레스는 플라톤이 사망한 후인 기원전 342년에 마케도니아 왕 필립 2세의 초청을 받고 아들인 알렉산더 대왕의 스승이 되어 그를 13세 때부터 19세 때까지 가르쳤다. 그러나 알렉산더 대왕이 아리스토텔레스에게서 어떤 영향을 받았는지는 알 길이 없다.[110] 많은 학자들은 만약 독창적이고 혁신적인 플라톤이 알렉산더 대왕의 스승이 되었다면 분명히 알렉산더 대왕에게 큰 영향을 끼쳤을 거라고 말한다. 이러한 평가에서 우리는 학자들이 아리스토텔레스의 사상을 독창적이지 않고 평범하다고 보아 플라톤의 사상에 비해 경시하는 것을 엿볼 수 있다.

아리스토텔레스는 스승인 플라톤의 사상과 정반대의 사상을 제시하였다. 플라톤이 이상주의자이고 관념을 중시하였던 반면에 아리스토텔레스는 현실주의자이고 경험을 중시하였다. 플라톤이 현실에서는 이룰 수 없고 이상사회에서나 가능한 최선the best의 정치를 추구하였다면 아리스토텔레스는 이상 사회는 불가능하므로 현실에서 가능한 차선the second best의 정치나 가장 덜 최악the least worst의 정치를 추구하던 사람이었다. 플라톤은 지배 복종 관계가 변하지 않는 절대적 권위를 주장했던 반면에 아리스토텔레스는 모든 사람은 평등하게 태어났으므로 지배와 복종의 관계는 변해야 한

108) Aristotle, 1958, pp. 1－38.
109) Aristotle, 1958, p. xix.
110) Aristotle, 1958, pp. xvii－xviii.

다는 민주주의에 가까운 사상을 전개하였다.

플라톤은 지배 복종의 불평등한 관계인 정치적 권위가 변하지 않는다는 점에서 정치 지도자의 권위를 아버지의 권위에 비유하였다. 그러나 아리스토텔레스는 정치적 권위가 변하지 않는 절대적 권위가 아니라는 점을 밝히기 위하여 『정치학』 첫 부분에서 아버지의 권위가 나타나는 가족에 대해 연구하기 시작하였다. 아리스토텔레스가 독창성이 없다고 평가받지만 사실 이러한 접근법은 보통 사람의 상식을 뛰어넘는 파격적인 방법론이다. 정치에 관한 주제를 다루거나 책의 제목이 정치학이면 으레 정치에 관한 서술로 책을 시작할 것이다. 그러나 아리스토텔레스는 독자의 기대를 완전히 무시해버리고 가장 비정치적인 가족에 대한 이야기로 책을 시작한다. 독자들은 아리스토텔레스의 비상함과 특이함에 대해 매우 놀라게 된다. 아리스토텔레스는 『정치학』 제 1권에서 가족 household 내에서 발생하는 권위의 종류를 세 가지로 나누고 있다. 첫째, 주인과 노예의 관계이고 둘째, 남편과 아내의 관계이고 셋째, 부모와 자식의 관계이다.[111]

가족을 전체적으로 보면 가족 중에서 가장 나이가 많은 아버지가 다스리므로 아버지의 권위는 군주의 권위와 같다.[112] 군주의 권위라는 것은 지배 복종의 불평등 관계가 변하지 않는 절대적 권위를 의미한다. 그러나 가족 내의 권위를 자세히 들여다보면 위에서 말한 것 같이 다른 성격을 가진 세 종류의 권위로 구성되어 있다. 먼저 노예에 대한 주인의 권위는 지배 복종의 관계가 변하지 않는 불평등한 관계이다. 왜냐하면 노예와 주인인 자유인은 천성적으로 다르게 태어났기 때문이다. 노예는 천성적으로 노예로 태어났고 주인은 천성적으로 자유인으로 태어났다.[113] 그러나 아리스토텔레스는 철학자와 지식인으로서 노예제에 관하여 많은 고민을 하였고 그가 죽을 때 소유하고 있던 노예를 모두

111) Aristotle, 1958, pp. 7-8.
112) Aristotle, 1958, p. 4.
113) Aristotle, 1958, p. 11, 16, 131.

풀어주라고 하였다.

둘째로 남편과 아내의 관계를 살펴보자. 남편과 아내는 모두 자유인이라는 점에서는 동일하다. 그러나 남자는 여자보다 천성적으로, 자연적으로 지배하기에 더 적합하다. 왜냐하면 여성은 사고할 수 있는 능력faculty of deliberation을 타고났지만 덜 완성된 형태inconclusive form으로 타고 났기 때문이다.[114] 그래서 부인에 대한 남편의 관계는 노예에 대한 주인의 관계와 마찬가지로 지배 복종의 불평등한 관계가 변하지 않는 절대적 관계이다.[115] 플라톤이 제시한 남녀평등은 아리스토텔레스에 의해 부정되어 남성은 공적 영역, 여성은 사적 영역이라는 젠더 구분이 고착화된다. 젠더에 따른 고정 역할은 20세기 초 여성이 참정권을 획득하면서 변하기 시작한다.[116]

셋째로 부모와 자식의 관계를 살펴보기로 하자. 부모와 자식도 다 같이 자유인이므로 평등한 관계가 이루어질 것 같다. 그러나 부모는 연륜과 성숙을 갖고 있는 반면에 자식들은 젊음과 미성숙의 상태에 있기 때문에 지배하기에 부모가 더 적합하다.[117] 아이들 역시 사고할 수 있는 능력을 갖고 있지만 미성숙한 형태로 갖고 있다.[118] 그러므로 부모는 애정과 연장자의 덕을 가지고 자식들을 지배해야 된다.[119] 부모 자식 사이의 관계는 지배 복종의 불평등한 관계가 변하지 않는다는 점에서 절대적이고 군주의 권위와 같다.

위에서 서술한 가족 내의 권위를 살펴볼 때 주인과 노예의 관계는 불평

---

114) Aristotle, 1958, p. 35.

115) 어떤 학자들은 가족 내에서 노예에 대한 주인의 지배, 여성에 대한 남성의 지배는 자연적으로 이루어진 게 아니라 힘에 의해 이루어졌다고 보고 있다. Stauffer, 2009.

116) Jean B. Elshtain, *Public Man, Private Woman: Women in Social and Political Thought*, New Jersey: Princeton University Press, 2020; Arlene W. Saxonhouse, "Public Man/Private Woman in Context," *Politics & Gender*, 11:3, September 2015.

117) Aristotle, 1958, p. 32.

118) Aristotle, 1958, p. 35.

119) Aristotle, 1958, p. 33.

등, 남편과 부인의 관계도 불평등, 부모와 자식의 관계도 불평등하다. 그리고 이러한 불평등의 관계는 변하지 않으므로 군주의 절대적인 권위와 같다.

그러나 정치가의 권위는 자연적으로 평등하게 태어난 사람들 사이에 행사되는 권위이므로 지배 복종의 관계는 변할 수 있다.[120] 따라서 아버지의 권위는 정치가의 권위와 다르다. 아리스토텔레스는 정치가와 국민 사이의 지배 복종 관계가 절대적으로 변하지 않는 관계라는 플라톤의 사상에 정면으로 반박한다.

그런데 여기서 한 가지 질문이 생긴다. 시민들이 다 평등하다면 불평등한 정치적 권위가 왜 필요할까? 그 이유는 모든 사람이 동시에 다 지배할 수 없기 때문이다.[121] 국가의 목표를 효율적으로 달성하기 위해 일정 기간 동안 잠정적으로 시민들 사이에 능력의 차이가 있는 것처럼 가정해서 일정 기간 동안 어떤 사람들이 지배자가 된다. 그들의 임기가 끝나면 다음 차례에는 다른 사람이 지배자가 된다. 다시 말하면 플라톤처럼 일단의 사람들이 항상 지배자가 되는 것이 아니라 사람들이 돌아가면서 지배자가 되어야 한다. 평등한 사람들이 모여 사는 국가에서는 모든 사람들이 돌아가면서 공직을 맡아야 한다. 이것이 순환의 법칙the principle of rotation이고 정의justice이다.[122]

한 가지 유의할 사항은 아리스토텔레스가 모든 사람이 평등하다고 해서 지배와 복종의 관계가 필요 없다고 주장하는 것은 아니라는 점이다. 아리스토텔레스는 지배하는 요소와 지배당하는 요소는 자연이 부여한 것이라고 본다. 그러므로 자유롭고 평등한 시민들 사이에서도 지배와 피지배의 관계는 필요하다고 본다. 그러나 이 두 요소가 곧 절대 정부나 지배자와 피지배자 사이에 고정 불변한 관계를 부여하는 것은 아니다.[123]

아리스토텔레스의 순환의 법칙을 이해하려면 당시 고대 그리스의 정

---

120) Aristotle, 1958, p. 17.
121) Aristotle, 1958, p. 42.
122) Aristotle, 1958, p. 288, 4.
123) Aristotle, 1958, p. 35, 32, 41.

치참여 형태에 대한 이해가 필요하다. 고대 그리스에서는 노예와 여자를 이성을 소유하고 있는 인간의 범주에 포함시키지 않았기 때문에 노예와 여자는 정치에 참여하는 것이 허락되지 않았다. 노예는 천성적으로 노예로 태어났으므로 법이나 정책에 대해 판단할 이성을 소유하지 않았다고 간주되었다. 여성 역시 이성을 소유하였지만 불완전한 형태로 소유하였기 때문에 노예와 마찬가지로 정치에 참여하지 못하고 집에서 가사와 양육을 담당하는 책임만 수여하면 된다고 간주되었다. 고대 그리스 사회에서 정치 참여는 노예를 소유한 자유인들과 부인을 지배하는 자유인 남성들에게만 허락되었으므로 평등한 자유인 사이에 정치적 관계가 형성되었던 것이다.

아리스토텔레스는 플라톤을 흠모하여 아카데미에 입학하였고 플라톤이 사망할 때까지 아카데미에서 20여 년 동안 수학하였지만 플라톤과는 전혀 다른 정치사상을 제안하였다. 아리스토텔레스는 자신의 저서 『정치학』 첫 부분에서부터 스승인 플라톤의 정치사상을 여지없이 반박하였던 것이다.

표 2.1

플라톤과 아리스토텔레스의 지배 복종 관계 비교

구 분	플라톤	아리스토텔레스
지배 복종 관계의 필요성	필요	필요
지배 복종 관계의 변동성	변하지 않음 정치가 권위 = 아버지 권위	변함 정치가 권위 ≠ 아버지 권위

2) 아리스토텔레스의 민주주의 사상

아리스토텔레스가 지배 복종의 불평등한 정치적 권위가 사람들 사이에 교체될 수 있다고 생각한 점에서 아리스토텔레스는 분명히 플라톤에 비해서 민주주의에 대한 우호적인 생각을 갖고 있었다.

그러나 아리스토텔레스가 민주주의에 대해 백 프로 찬성한 건 아니다. 아리스토텔레스도 플라톤과 마찬가지로 민주주의가 가져올 위험에 대해 숙지하고 있었다. 무엇보다도 아리스토텔레스는 민주주의가 극단적으로 되면 한 사람이 독재하는 전제정치tyranny처럼 집단적 형태의 전제정치로 변질할 가능성에 대해 우려하고 있다.[124] 이렇게 되면 다수 대중이 전제자가 되어 숫자의 힘으로 그들의 자의적인 명령을 강요할 수 있다. 이러한 현상은 전제자가 그의 단일 의사를 자의적으로 명령하는 것과 다름없다.[125] 대중들은 독재자가 되고 다수가 개개인으로서 자유로운 의사를 표출하는 것이 아니라 집단적으로 주권을 행사하는 상태가 되고 법치는 사라지게 된다.[126] 부유한 사람이든 가난한 사람이든 상관없이 어떤 종류의 다수가 소수의 재산을 나눈다면 그러한 다수는 명백하게 국가를 멸망시킨다.[127] 다수의 의견에 따라 지도자를 추방하는 도편추방제ostracism[128]를 실시하는 민주주의 국가는 다른 어떤 가치보다도 평등이라는 가치를 제일의 목표로 삼게 되고 이러한 형태의 국가는 위험성이 크다.[129]

민주주의가 내포하고 있는 위험에도 불구하고 아리스토텔레스는 민주주의에 대해 긍정적인 태도를 견지하고 있다. 첫째, 아리스토텔레스는 한 명의 뛰어난 개인보다 집단의 판단력을 믿기 때문에 국민이 전체적으로 주권이 되어야 한다고 말한다. 대중은 한 사람씩 개인별로 보면 탁월한 자질을 가지고 있지 않을 수도 있다. 그러나 개인으로가 아니라 집단으로, 하나의 전체로 같이 모이면 다수는 소수의 탁월한 사람

---

124) Andrew Lintott, "Aristotle and Democracy," *Classical Quarterly*, 42: 1, May 1992, p, 115.

125) Aristotle, 1958, p. 88.

126) Aristotle, 1958, p. 168.

127) Aristotle, 1958, p. 122.

128) 도편추방제는 개인적 이익을 위해 권력을 추구하거나 민주주의를 위협하는 사람을 피 흘리지 않고 국외로 추방하는 제도이다. Lucie Laurian, "This is what direct democracy looks like: how Athens in the 5th century BC resolved the question of power," *Town Planning Review*, 83:4, July–August 2012, p. 5.

129) Aristotle, 1958, p. 135.

들의 자질을 능가한다.[130] 어떤 사람은 한 부분을 이해하고 다른 사람은 다른 부분을 이해해서 모든 사람의 이해를 합하면 모두를 이해할 수 있어 다수는 더 좋은 재판관이 될 수 있다.[131] 그러므로 공직이 주어지는 주체는 법원이나 민회에 참여하는 개인이 아니라 국민 전체로서의 법원, 국민 전체로서의 민회가 되어야 한다.[132]

민주주의가 철인 왕 체제보다 좋은 두 번째 이유는 경험이 지배의 근거로 중요하기 때문이다. 지배의 대상이 되는 사람들이 정부 관리의 정책에 대해 판단을 더 잘 할 수 있다. 예를 들면 구두를 살 때 쇼윈도에서 어떤 구두가 내 발에 잘 맞을지 이성적으로 판단하는 것보다 실제로 구두를 신어본 사람이 더 잘 판단할 수 있다.[133] 여기서 구두를 신어보지도 않고 쇼윈도에서 선험적으로 구두를 판단하는 사람은 이성만을 가진 플라톤의 철인 왕에 비유된다. 구두를 직접 신어보는 사람은 국가 정책의 대상자가 되어 어떤 정책이 실제로 국민에게 도움이 되는지 안 되는지를 경험적으로 판단할 수 있는 일반 국민을 의미한다. 아리스토텔레스가 민주주의에 찬성하는 세 번째 이유는 다수 국민이 지도자가 돼서 지도자의 숫자가 많아지면 소수의 지도자보다 덜 부패하기 때문이다.[134]

철인 왕 체제보다 민주주의가 우월하고 국민이 주권자라면 국민은 어느 부분에서 주권을 행사해야 할까? 아리스토텔레스는 정부 관리들을 선출할 때 국민이 주권자의 역할을 해야 하고 공직의 임기가 끝날 때 지도자들에게 책임을 물어야 한다고 하였다.[135] 아리스토텔레스는 이 두 가지 이슈가 가장 중요한 문제라고 하였다.[136] 고대 그리스 민주주의는 현대 간접 민주주의와 달리 직접 민주주의였다. 국민이 정치인들을 선출하고

---

130) Aristotle, 1958, p. 123.
131) Aristotle, 1958, p. 123.
132) Aristotle, 1958, p. 127.
133) Aristotle, 1958, p. 13, 126.
134) Aristotle, 1958, p. 142
135) Aristotle, 1958, p. 125.
136) Aristotle, 1958, p. 126.

임기가 끝나면 다음 선거에서 낙선시킬 수도 있다는 점에서 선거와 책임성 같은 현대 민주주의의 정신이 고대 그리스에서 출발하였다고 볼 수 있다.

04 고대 그리스 민주주의의 탄생과 발전

서양 사람들은 고대 그리스 아테네에서 민주주의가 시행된 것을 모델로 삼아 고대 그리스 아테네 문명을 서양 민주주의 체제의 기원으로 삼는다. 그러면 고대 그리스에서 어떻게 민주주의가 발전하게 되었는지 살펴보기로 하자. 사람들이 처음으로 모여 살게 된 계기는 자연적으로 남자와 여자가 만나서 가족을 이루기 위해서이다. 가족은 자손을 대대로 계승하는 재생산과[137] 매일매일의 필요를 충족해서 자기 보존을 이루기 위한 기초적 단위이다. 가족 다음으로는 여러 가족이 모여서 마을을 이루고 또 여러 마을이 모여서 국가를 형성하였다.[138]

고대 그리스에서도 이러한 상황은 마찬가지였다. 포레스트W. G. Forrest는 기원전 800년에서 500년 사이에 고대 그리스에 도시 문명이 형성되면서 해안선을 따라 도시국가가 출현하였다고 추정한다.[139] 고대 그리스도 다른 나라와 마찬가지로 처음에는 토지를 소유한 부자들의 이익을 대변하는 참주tyrant가 지배하였다. 시간이 지나면서 경제적, 심리적, 군사적 변화가 일어나고 이에 따라 민주주의가 출현하기 시작하였다. 경제적 변화는 기원전 800년경에 시작한다. 이 시기에 아테네는 외국과 무역을 시작하였고 이것은 참주가 지배하던 기존 사회를 흔들기 시작하였다. 무역으로 부

137) 서양 학자들은 출산을 재생산이라고 표현한다.
138) Aristotle, 1958, p. 4, 7.
139) Forrest, 1966, p. 75.

를 축적한 사람들은 새로운 지배 계급으로 상승하기를 원했고 이에 따라 민주주의를 요구하는 정치적 혁명이 일어나기 시작하였다.[140]

심리적인 요인으로는 무역이 확장되고 해외에 식민지를 건설하면서 고대 그리스 세계가 지리적으로 확장되기 시작하면서 독립적인 심리상태를 가진 개인들이 출현한 것을 들 수 있다.[141] 이들은 외부세계를 경험하면서 개인의 의식에 대한 자각을 갖게 되었다. 더불어 당시 고대 그리스의 지배자와 피지배자 사이에 존재하는 불평등한 관계에 대해 좀 더 유연하게 생각하기 시작하였다. 배를 타기 전에는 좁은 경계 안에 살면서 사람들의 의식과 사고가 한정되어 있었다. 그러나 배를 타고 바다로 항해한 이후에는 이전에 그의 삶을 지배했던 지배자와 더 이상 연결되어 있지 않다는 점을 깨닫게 되었다. 독재적인 지배자로부터 벗어나 독립적으로 사고하는 의식의 변화가 일어나게 되었다.[142]

군사적인 측면의 변화는 다음과 같다. 새롭게 팽창한 경제는 중무장한 보병hoplite의 출현을 알렸고 처음으로 중산층의 군사적인 모험이 시작되었다.[143] 새롭게 출현한 보병들은 그들 사이에 단합심을 인식하였다. 이제 그들은 보통 사람들의 중요성을 깨달았고 보통 사람들의 공익을 보호할 힘을 자기들이 가지고 있다는 사실을 깨달았다.[144] 이제 그들은 아무 의문 없이 지배와 복종의 불평등 관계를 받아들이던 것에 대해 의문을 품기 시작하였다.[145]

포레스트는 혁명이 경제적으로 빈곤한 사람들에 의해서만 일어나지 않는다고 주장한다. 경제적으로 빈곤하지 않아도 정치적으로 불평등할 때 혁명이 일어난다고 보았다. 고대 그리스에서 부유한 중산층이

---

140) Klosko, 2007, p. 8.
141) Forrest, 1966, p. 77.
142) Forrest, 1966, p. 86.
143) J. F. Lazenby and David Whitehead, "The myth of the hoplite's 'hoplon.' (shield)," *Classical Quarterly*, 46:1, January–June 1996.
144) Forrest, 1966, pp. 95–97.
145) Forrest, 1966, p. 75.

지배자에게 느끼는 정치적 불평등 때문에 혁명이 발생한 경우가 바로 이 경우이다. 무역으로 돈을 번 중산층들은 이제 정치적 평등을 요구하였고 여기에서 민주주의가 나타나기 시작하였다.[146]

민중의 요구에 부응하여 기원전 594년에 솔론Solon이라는 개혁가가 나타나 민주적 개혁 제도를 도입하기에 이른다. 솔론이 이룩한 개혁의 중심은 법치rule of law이다.[147] 솔론은 법은 귀족이건 평민이건 누구에게나 똑같이 적용되어야 한다고 하였다.[148] 공직자들은 법의 주인이 아니라 법을 지키는 하인이라고 하였다.[149] 솔론이 법치를 도입한 이유는 지도자가 폭력이나 자의적인 지배에 의존하지 않고 법을 지킬 때 국민이 지도자를 가장 잘 따를 것이라고 생각하였기 때문이다.[150] 솔론은 다수 국민은 언제나 법과 질서를 선호할 것이라고 믿었다.[151]

법치의 뜻은 첫째, 법에 의해 자유와 권리를 보호받는 시민이 탄생하게 되었다는 점을 의미한다. 이제 사람들은 지배자에 무조건 복종하고 아무런 권리도 보장받지 못하는 신민이 아니라 법적인 시민이 된다. 둘째, 지배자 개인이 자의적으로 명령을 내리는 것이 금지되고 모든 것은 법에 의해 규정되고 기록된다. 법치는 어떤 종류의 권위도 법에 의하지 않고는 작동될 수 없다는 뜻으로 개인의 힘에 의지하는 권위는 정당한 통치로 인정되지 않게 되었다.[152]

법치 이외에 솔론은 민주주의를 확고하게 만들기 위하여 민회가 지도자의 변덕에 의해 시도때도 없이 부정기적으로 소집되는 것이 아니라 정기적으로 소집되어야 할 것을 규정하였다. 또한 국가 정책의 최종적인 결정은 민회에 의해 이루어지고 민회에 참가한 사람들의 의견을 일일이 다 세

146) Forrest, 1966, p. 156.
147) Forrest, 1966, p. 175.
148) Forrest, 1966, p. 234.
149) Forrest, 1966, p. 175.
150) Forrest, 1966, p. 173.
151) Forrest, 1966, p. 175.
152) Forrest, 1966, pp. 215-216.

어보아야 한다고 하였다.[153]

솔론에 의해 시작된 민주주의는 클레이스테네스Kleisthenes에 의해 정립BC 508-507되었다.[154] 클레이스테네스는 민주주의의 두 가지 중요한 원칙을 확립하였다. 하나는 이소노미아isonomia로 법 앞의 평등을 의미한다. 다른 하나는 이세고리아isegoria로 민회에서 평등하게 말할 기회를 의미한다.[155] 이소노미아는 단순히 모든 사람이 법 앞에 평등하다는 것을 의미하는 것으로 이 단계에는 모든 사람이 정치에 참여할 준비가 아직 안 된 상태이다. 이세고리아에 의해 비로소 모든 사람이 민회에 참여함으로써 국민이 지배하는 민주주의가 정립되었다고 할 수 있다.[156] 클레이스테네스는 또한 도편추방제를 도입하였다.[157]

오랜 시기를 거쳐 발전한 고대 아테네 민주주의는 기원전 5세기 페리클레스가 지배할 때 절정을 이루었다고 평가받는다. 펠로폰네소스 전쟁이 일어나고 전사자들이 고국에 돌아왔을 때 페리클레스는 이들의 희생을 기리는 연설을 하는데 이 연설이 아테네 민주주의의 정신을 가장 잘 나타냈다고 평가받는다. “우리의 헌법은 이웃 국가들의 법을 모방한 것이 아니다. 우리는 다른 국가를 모방하기보다 우리가 다른 국가들에게 모범이 된다. (민주주의 정신은) 첫째, 권력이 소수가 아닌 전체 국민의 손에 있다. 그래서 민주주의라고 불린다. 둘째, 우리가 우리의 법을 보면 법은 모든 사람이 사적으로 다르더라도 모든 사람에게 평등한 정의를 제공한다. 셋째, 능력 위주와 사회적 지위에 대해 말하면 공직에 진출하는 것은 능력에 따른다. 계급을 고려하지 않으며 개인의 능력만 고려한다. 빈곤이 공직으로 진출하는 길을 막지도 않는다.[158] 넷째,

153) Forrest, 1966, p. 170.
154) Robert K. Fleck and Andrew Hanssen, “Engineering the Rule of Law in Ancient Athens,” *Journal of Legal Studies*, 48:2, June 2019, p. 463.
155) David M. Pritchard, “Democracy and War in Ancient Athens and Today,” *Greece & Rome*, 62:2, October 2015, p. 6.
156) Forrest, 1966, p. 202, 220.
157) Forrest, 1966, p. 201.
158) 다른 말로 말하면 재산이 공직 진출의 기준이 되지 않는다는 뜻이다.

공적 영역에서 누리는 자유는 사적 생활에도 연장된다. 타인에 대해 질투가 나서 감독을 하지 않으며 이웃에 대해 간섭을 하지 않는다.[159] 다섯째, 아테네 시민들은 토론에 의해 정책을 결정한다. 우리는 현명한 정책을 결정하기 위하여 토론이 방해물이 아니라 필수불가결한 것임을 안다. 아테네 시민들은 정책을 창안하지는 못하더라도 공적인 문제를 판단할 능력은 가지고 있다.[160] 이런 점에서 아테네 시민들은 행복한 다양성happy versatility를 가지고 있고 아테네 도시국가는 헬라인들에게 모범이 되는 학교이다."[161]

페리클레스의 연설에서 보는 봐와 같이 고대 그리스 아테네의 민주주의는 이상적인 측면을 갖고 있는 것처럼 보인다. 그러나 아테네 민주주의에도 함정이 있다. 첫째 고대 아테네 민주주의는 재산을 가진 성인 남자들만이 정치에 참여할 수 있는 한계를 가지고 있었다. 여자와 노예는 정치참여에서 제외되어 있었다. 이런 점에서 여성학자들은 아테네의 민주주의를 가부장적 민주주의patriarchal democracy라고 비판한다. 둘째, 민주주의가 가능하려면 모든 사람이 토론에 참여하고 정책을 판단할 이성을 갖고 있어야 한다. 물론 아리스토텔레스는 여기에 동의하였다. 그러나 대중이 이성을 소유하고 있다고 해도 선동에 유능하고 대중의 인기에 영합하는 선동가demagogue가[162] 나타나서 국가의 공익과 관계없는 정책을 선동할 때 대중은 이성을 잃고 영합하는 경우가 있다.[163] 이 경우 민주주의의 타락을 가져온다.[164] 선동가가 정권을 획득하기 위해 도편추방제도

---

159) Thucydides, 1951, p. 104.
160) Thucydides, 1951, p. 105.
161) Thucydides, 1951, p. 106.
162) demagogue는 국민을 뜻하는 demos와 지도자를 뜻하는 agos가 합쳐진 말이다. Haig Patapan, "On Populists and Demagogues," *Canadian Journal of Political Science*, 52:4, p. 3. Published online by Cambridge University Press: August 27, 2019.
163) 데마고그인지 아닌지를 판별하는 기준은 지도자가 국민의 이익을 위하냐, 지도자 자신의 사적 이익을 위하냐 이다. M. I. Finley, "Athenian Demagogues," *Past and Present*, 21:1, April 1962, p. 5.
164) Lintott, 1992, p. 119.

를 이용해 정적을 추방했으나 후에 국가가 위기에 처했을 때 대중이 이성을 다시 찾고 추방된 정치가를 다시 불러오는 경우가 있었다. 이러한 맥락에서 플라톤은 민주주의를 비난하고 절대적 진리를 판별할 수 있는 통찰력을 갖춘 소수의 철학자가 지배하는 철인 왕 정치를 옹호했던 것이다.

아테네가 펠로폰네소스 전쟁에서 패망하면서 아테네의 민주주의는 쇠락하였다. 그 후 인류의 역사에서는 1789년 프랑스 혁명이 발발할 때까지 군주제가 지배하였다. 인류 역사를 따져 볼 때 민주주의가 지배한 시기는 얼마 되지 않는다. 그러나 지금은 민주주의가 가장 최선의 정치체제로 인식되고 있다. 정치의 내용 면에서 실질적으로 독재를 행하는 국가들도 형식적으로는 국가의 명칭에 민주주의가 들어가는 수단을 취하고 있다. 민주주의를 가장 크게 위협했던 공산주의도 1980년대 구 소련에서 70여 년의 실험을 거친 후에 멸망하였다. 제3 세계 국가에서 유행하였던 군부 권위주의 체제도 1970년대 후반부터 막을 내리기 시작하였다. 이제 민주주의가 현실에서 가장 적합한 정치체제로 인식되고 있음을 부정하기는 어렵다.

Chapter 03

중세 정치사상

Chapter 03

중세 정치사상

서양문명의 기원이 되는 고대 그리스 로마 문명과 기독교 문명 중에 우리는 지금까지 고대 그리스 로마 신화를 살펴보았다. 이제부터는 기독교 사상에 대해 살펴보기로 한다. 기독교는 일반적으로 현실과는 관계없는 종교로 이해되고 있다. 그러나 막스 베버가 기독교에서 자본주의 사상을 유추하였듯이 기독교에는 현실과 관련된 부분이 적지 않은 것을 발견할 수 있다.

01 성경과 정치사상

기독교가 실제로 고대 그리스 로마 신화와 더불어 서양문명에 많은 영향을 끼쳤을까? 물론이다. 기독교는 그리스 로마 신화와 더불어 서양 문명뿐만 아니라 전 세계에 영향을 끼치고 있다. 우리가 현재 사용하고 있는 연도는 예수님이 태어난 때를 기준으로 한다. 예수님 출생을 기준으로 기원 전BC, Before Christ와 기원 후AD, Anno Domini로 나누고 있다. Anno Domini는 라틴어로 우리 주의 해in the year of our Lord라는 뜻이다.[1] 예수님이 탄생한 크리스마스와 예수님이 죽음에서 다시 살아난 부활절은 전 세계 많은 사람들이 기념하고 있다. 전쟁이 진행 중이라도 크리스마스와 부활절을 전후해 종종 휴전이 이루어진다.

성경을 대할 때 가장 논란이 되는 이슈 중의 하나는 성경이 백인의 역사를 정당화하느냐의 문제이다. 예수님은 피부색이 하얀 백인으로 그려지고 있다. 그러나 신약의 첫 부분인 마태복음 2장을 보면 예수님이 백인이 아닌 것을 알 수 있다. 예수님이 태어난 뒤 그 당시 유대의 지배자였던 헤롯이 유대인의 왕으로 태어난 예수를 죽이려 하였다. 이 때 예수의 아버지인 요셉의 꿈에 하나님의 사자가 나타나 가족을 데리고 이집트로 피신하라고 일러준다.[2] 이집트 사람들은 피부색이 희지 않고 거무스름하다. 이 부분을 근거로 학자들은 예수님의 피부색이 백인과 같이 희지 않고 이집트 사람들처럼 거무스름하다고 추정한다. 예수님의 피부가 거무스름하기 때문에 이집트 사람들과 같이 있어도 눈에 띄지 않아 헤롯의 박해를 피해 이집트로 갔다고 주장한다. 예수가 백인의 모습을 갖게 된 것은 백인들이 자기들의 우월성을 정당화하기 위해 예수님의 권위를 빌려왔다고 본다.

성경이 끼친 영향은 서양인의 이름에서도 찾아 볼 수 있다. 미국사람들이 존경하는 대통령인 아브라함 링컨, 영국의 천재 과학자 아이작이삭 뉴턴, 예수님의 어머니 이름에서 따와 여성의 이름으로 많이 쓰이는 마리아메리, 선지자 사무엘의 어머니 이름인 한나, 유대인이 아닌 이방 여자로 이스라엘 사람들이 가장 존경하는 다윗왕과 예수님의 조상이며 다문화 가정의 선

1) anno는 라틴어로 해(year)를 뜻한다.
http://dictionary.reverso.net/italian-english/anno;
domini는 라틴어로 주(Lord), 또는 예수님을 뜻한다.
https://www.collinsdictionary.com/dictionary/english/dominus 검색일 2020. 4. 15.

2) 『성경』, 2005, 마태복음 2:13-15, p. 2. 한글 성경은 구약과 신약의 페이지를 따로 설정한다.

례가 된 룻Ruth, 이 이름들이 모두 성경에서 나왔다.

성경은 동서양 문학 작품에도 많은 영감을 주었다. 밀턴의 『실낙원』, 존 번연의 『천로역정』, 노벨 문학상 수상 작가인 미국의 소설가 존 스타인벡의 『에덴의 동쪽』, 앙드레 지드의 『좁은 문』, 황순원의 『카인의 후예』, 이문열의 『사람의 아들』 등 헤아릴 수 없이 많다.

성경에 영향을 받은 정치사상가들도 많다. 악의 화신으로 불리었고 교황청에 의해 모든 저서가 금서가 된 마키아벨리도 성경에 대해 해박한 지식을 갖고 있었던 것으로 보인다. 마키아벨리가 이상 국가론이 아닌 현실 국가론을 연구한 것도 기독교의 영향에서 벗어나려는 시도였으나 『군주론』에는 성경의 인물인 다윗, 골리앗, 사울 등이 나온다.

하나님, 천국 등 눈에 보이지 않는 내용을 가르치는 중세 기독교에 반대하여 회의주의자이고 경험주의자였던 토마스 홉스도 실제로는 기독교의 영향을 많이 받았다. 지배자의 절대적 권리를 정당화했던 중세 왕권신수설의 고리를 끊고 지배자의 권리가 국민과의 계약으로부터 나온다는 사회계약론의 창시자인 홉스. 그의 유명한 저서인 『리바이어던』은 바로 구약 성경의 욥기에 나오는 바다의 거대한 괴물에서 따왔다.[3] 리바이어던은 악어 또는 물에 사는 공룡, 거대한 돌고래 등을 뜻한다. 홉스는 지배자가 국민의 자발적 계약에 의해 모든 권력을 위임받았으므로 지배자를 주권, 또는 신과 같은 인간mortal god이라고 부른다.[4] 욥기 41장 1절에서 하나님은 욥에게 "네가 낚시로 리바이어던을 끌어낼 수 있겠느냐 노끈으로 그 혀를 맬 수 있겠느냐 갈고리로 그 아가미를 꿸 수 있겠느냐" 하면서 욥과 인간의 한계를 지적한다.[5]

---

3) Hobbes, 1962, p. 132. 리바이어던은 구약의 다른 부분 욥기 3:8, 시편 74:14, 104:26, 이사야 27:1에도 나오나 거대한 짐승인 베헤못과 리바이어던을 같이 언급한 부분은 욥기 40-41장이다.

4) Hobbes, 1962, p. 132.

5) *The Holy Bible*, English Standard Version, London: Collins, 2002, Job 41:1, p. 446.

리바이어던이 나오는 욥기 41장에 앞서 욥기 40장 15절에는 땅에 사는 베헤못이라는 거대하고 무서운 동물이 나온다.[6] 베헤못은 아마도 하마를 지칭하는 것 같다. 홉스는 『리바이어던』을 저술한 이후 영국의 '장기 의회'에 관해 『베헤못』이라는 저서를 저술하였다.[7] 리바이어던과 베헤못이라는 홉스의 책 제목에서 알 수 있듯이 홉스에 끼친 성경의 영향력은 확실해 보인다.

욥기에 관해 한 가지 유의할 사항은 욥의 영어 이름이 Job이라는 점이다. 21세기 초반의 한국 사회에서 젊은이들이 job, 직업을 얻기가 대단히 어려운데 고대 유대 사회에서도 욥의 이름과 인생이 나타내듯이 직장을 얻기가 대단히 어려웠던 것 같다. 욥기 1장 1절을 보면 "우스 땅에 욥이라 불리는 사람이 있었는데 그 사람은 온전하고 정직하여 하나님을 경외하며 악에서 떠난 자"라고 기술되어 있다.[8] 욥은 하나님에게 큰 축복을 받은 사람으로 아들 일곱과 딸 셋이 있고, 양이 칠천 마리, 낙타가 삼천 마리, 소가 오백 겨리[9], 암나귀가 오백 마리이고 종도 많이 있었다. 욥은 하나님에 대한 믿음이 훌륭한 사람이었다.[10] 어느 날 사탄이 하나님에게 욥이 하나님을 믿는 이유는 하나님의 축복을 받았기 때문이라고 말하며 욥이 진실로 하나님을 경외하는지 욥이 받은 모든 축복을 빼앗아 욥의 믿음을 시험해 보자고 한다. 하나님이 이를 허락해서 욥은 일시에 사랑하는 자식과 막대한 재산을 모두 잃는다. 욥 자신도 병이 들게 되었다. 욥기는 욥의 몸이 가려워 얼마나 고통을 당하는지를 다음과 같이 묘사하고 있다. 욥기 2장 8절에 "욥이 재 가운데 앉아 질그릇 조각을 가져다가 몸을 긁고 있더니."[11] 그러나 욥은 하나님을 원망하지 않고 고난을 다 참아내었고 하나님은 욥에게

6) 『성경』, 2005, 욥기 40:15, p. 802.
7) Hobbes, 1962, p. 16. '장기 의회'는 영국 내전 기간을 전후해 1640년부터 1660년까지 장기적으로 의회가 개회되었던 사건을 말한다. 『베헤못』은 홉스 사후에 출판되었다.
8) 『성경』, 2005, 욥기 1:1, p. 761.
9) 겨리는 소 두 마리가 끄는 쟁기로 여기서는 소 두 마리를 뜻한다.
10) 『성경』, 2005, 욥기 1:2−3, pp. 761−762.
11) 『성경』, 2005, 욥기 1:2−3, p. 763.

전보다 더 큰 복을 준다.

홉스는 왜 국가를 리바이어던, 거대한 괴물이라고 생각했을까? 홉스에 의하면 국가는 거대한 공룡과 같이 거대한 권력을 갖고 있는 제도이다. 영국에서 출판된 홉스의 『리바이어던』 표지에는 왕관을 쓴 사람 얼굴의 군주가 실제로 리바이어던 같은 바다 동물의 비늘로 뒤덮인 옷을 입고 있는 그림이 나온다.

홉스가 성경의 무서운 동물을 자신의 책 제목으로 정한 것은 홉스가 공포와 깊은 연관을 가지고 있기 때문이라고도 할 수 있다. 홉스가 출생할 당시 신흥 해상국가로 부상하고 있던 영국은 기존의 해상왕국이던 스페인과 경쟁을 하고 있었다. 1588년 스페인의 무적함대가 영국을 침입했을 때 홉스의 어머니는 홉스를 임신하고 있었다. 무적함대의 광경을 본 홉스의 어머니는 두렵고 무서워서 홉스를 조산하였다. 훗날 홉스는 "공포와 나는 쌍둥이이다"라고 언급하였다.[12]

회의주의자였던 홉스의 이름은 재미있게도 예수님의 12제자 중 회의주의자였던 토마스의 이름과 같다. 토마스는 우리 말 성경에 도마라고 나와 있다. 예수님이 부활하여 제자들 앞에 나타났을 때 도마는 그 자리에 없었다.[13] 의심 많은 도마는 예수님의 부활을 믿지 않았다. 도마는 예수님 손의 못 자국을 보며 자기 손을 예수님 손의 못 자국에 넣고 옆구리에 넣어 보지 않고는 예수님의 부활을 믿을 수 없다고 하였다. 8일이 지나 제자들이 집 안에 있을 때 도마도 함께 있고 문들이 닫혀 있는데 예수께서 나타나셨다. 예수님은 도마에게 이르시되 "네 손가락을 이리 내밀어 내 손을 보고 네 손을 내밀어 내 옆구리에 넣어 보라"고 하였다.[14] 이에 도마는 차마 예수님을 만져보지도 못하고 예수님의 부활을 믿게 되었다. 이 일화를 계기로 도마는 의심이 많은 자, 회의주의자를 뜻하는 사람의 대명사가 되

12) Dante Germino, *From Machiavelli to Marx*, Chicago: University of Chicago Press, 1972, p. 90.
13) 『성경』, 2005, 요한복음 20:24-29, p. 184.
14) 『성경』, 2005, 요한복음 20:27, p. 184.

었다. 도마는 예수님의 부활을 목격한 뒤 예수님이 하나님의 아들이라는 것을 믿고 인도에 가서 복음을 전하다 순교하였다고 한다.

홉스는 정치학에서 고대와 중세로부터 내려오는 정치사상의 전통을 획기적으로 바꾼 사람이다. 고중세 시대에는 인간의 본성을 선하고 공동체적이라고 보았다. 그러나 홉스는 인간의 본성을 악하고 이기적이고 원자적이라고 보았다. 또한 고중세에는 지배 복종의 불평등한 관계가 자연발생적으로 생겨났다고 본 반면에 홉스는 정치적 권위가 자연발생적이 아니라 평등한 사람들이 계약을 맺은 데에 기원한다고 보았다.

홉스도 도마와 마찬가지로 기존의 이론에 의심을 품었다. 홉스는 특히 절대적인 신이 부여한 왕권신수설에 의문을 가지고 있었다. 홉스의 의심에 의해 거역할 수 없는 왕의 절대적 권리가 부정되고 정치사상의 역사를 바꾼 사회계약론이 탄생하게 되었다. 중세 신의 가르침을 믿지 않고 새로운 정치사상을 일으킨 홉스의 이름이 의심 많은 도마, 토마스에서 유래한 것은 시사하는 바가 크다.

홉스의 사회계약론을 계승하여 제한정부론을 탄생시킨 록크 역시 성경에서 많은 영향을 받았다. 록크의 『제2 정부론』의 시작은 성경에 나오는 최초의 인간인 아담의 절대적인 권위가 제한적인 정치적 권위와 다르다는 점을 설명하면서 시작하고 있다.[15]

종교를 아편이라고 비난한 무신론자인 칼 막스 역시 성경의 영향을 받았다. 막스가 역사 발전의 첫 단계로 꼽은 원시 공산사회는 바로 예수님이 부활하고 승천한 후에 예수님을 믿는 사람들 사이에 이루어진 기독교 공동사회를 모방한 것이다. 예수님이 부활하신 후 예수님의 가르침을 온 세상에 전하라고 당부한 이래[16] 예수님의 제자들은 기독교를 온 세상으로 전파하려고 순교를 마다하지 않는 열성을 보였다. 이 점은 바로 막스와 막

---

15) John Locke, *Second Treatise of Government*, Cambridge: Hackett Publishing Company, Inc., 1980.

16) 『성경』, 2005, 마태복음 28:19, p. 52; 마가복음 16:15, p. 86; 누가복음 24:47, p. 142; 사도행전 1:8, p. 186.

시스트들이 공산주의를 온 지구상에 전파하려고 시도하는 것과 같다. 막스의 어머니는 독실한 기독교 신자였으므로 막스 역시 성경을 몰랐을 리가 없다.

성경에서 유래한 구절들이 일반적인 교훈으로 여겨지는 경우도 많이 있다. 원수를 사랑하라,[17] 시작은 미약하였으나 끝은 창대하리라,[18] 진리가 너희를 자유롭게 하리라,[19] 나중 된 자가 먼저 되고 먼저 된 자가 나중 된다,[20] 남의 눈 속에 있는 티는 보고 네 눈 속에 있는 들보는 깨닫지 못하느냐[21] 등의 격언은 다 성경에서 유래한 것이다.

02 성경의 구조

성경은 구약과 신약으로 나누어져 있다. 구약은 '옛날 약속'이라는 뜻이고 신약은 '새로운 약속'이라는 뜻이다. 무엇이 옛날 약속일까? 하나님이 오래 전에 이스라엘 백성에게 메시아를 보내 주겠다고 한 약속을 말한다. 신약은 하나님이 이스라엘 백성과 맺은 약속이 예수님의 탄생을 통해 새롭게 실현되었다는 것을 뜻한다. 또한 구약은 이스라엘 국민의 역사이며 신약은 하나님의 아들인 예수님의 행적을 담은 서적이다. 구약은 39편으로 이루어져 있고 신약은 27편으로 이루어져 있다. 구약에는 하나님이 정의의 하나님으로 묘사되어 있고 신약에는 하나님이 예수님을 통해 사랑의 하나님으로 묘사되어 있다.

구약과 신약은 구조적으로 서로 연결되어 있어 구약에 예언한 내용이 신약에 그대로 나타난다. 예를 들면 기원전 700여 년경에 살았던 선지자

17) 『성경』, 2005, 마태복음 5:44, p. 8; 누가복음 36:27, p. 99.
18) 『성경』, 2005, 욥기 8:7, p. 768.
19) 『성경』, 2005, 요한복음 8:32, p. 159.
20) 『성경』, 2005, 마태복음 20:16, p. 34; 마가복음 10:31, p. 72.
21) 『성경』, 2005, 마태복음 7:3, p. 10; 누가복음 6:42, p. 99.

이시야에 관한 기록인 이사야서 53장에 메시아, 즉 예수님에 대한 예언이 나오는데 700년 후에 그대로 실현되었다.[22] 구약의 요나에는 선지자 요나가 하나님의 말씀을 거역하고 다른 도시로 가다가 큰 물고기에 삼켜져 삼 일 동안 물고기 뱃 속에 갇혀 있다 밖으로 살아나오는 장면이 나온다.[23] 이것은 예수님이 죽었다가 삼 일 후에 부활하는 것을 예언한 장면이다. 예수님은 사람들이 하나님의 아들이라는 표적을 보이라고 했을 때 "요나의 표적 밖에는 보일 표적이 없다. 요나가 밤낮 사흘 동안 큰 물고기 뱃속에 있었던 것 같이 인자도 밤낮 사흘 동안 땅 속에 있으리라"라고 말씀하셨다.[24] 구약의 맨 마지막 부분인 말라기도 신약과 연결된다. 말라기 4장 5절에 선지자 엘리야를 보낸다고 기록되어 있다. 이것은 예수님에 앞서 태어나 예수님의 길을 예비한 세례 요한을 의미한다.[25]

시편 22편은 그리스도가 당할 수난을 예언한 구절로 유명하다.[26] 시편 22장 1절에 다윗이 "내 하나님이여 내 하나님이여 어찌 나를 버리셨나이까"라고 울부짖는다.[27] 예수님도 십자가에 못 박혔을 때 "나의 하나님, 나의 하나님, 어찌하여 나를 버리셨나이까"하고 울부짖는다.[28] 시편 22장 18절을 보면 다윗이 "내 겉옷을 나누며 속옷을 제비 뽑나이다"하고 비탄하는 구절이 나온다. 이 구절은 예수님이 십자가에 못 박히고 나서 실제로 로마 군인들이 예수님의 옷을 가지려고 제비 뽑아 나누는 장면을 예언한다.[29]

구약의 첫 부분은 하나님이 세계를 창조하는 창세기로 시작된다. 창세기는 영어로 genesis라고 한다. 우리나라 자동차 이름에서 볼 수 있듯이

22) 『성경』, 2005, 이사야 53장, pp. 1033-1034.
23) 『성경』, 2005, 요나 1:17-2:10, p. 1288.
24) 『성경』, 2005, 마태복음 12:39-40, p. 18; 누가복음 11:29, p. 112.
25) 『성경』, 2005, 말라기 4:5, p. 1331; 말라기 3:1, p. 1329; 이사야 40:3, p. 1014; 마가복음 1: 2-8, p. 53.
26) 『성경』, 2005, 시편 22장, pp. 817-819; 마태복음 27장, pp. 49-52; 마가복음 15장, pp. 82-84; 누가복음 23장, pp. 136-139; 요한복음 19장, pp. 180-182.
27) 『성경』, 2005, 시편 22:1, p. 817.
28) 『성경』, 2005, 마태복음 27:46, p. 50; 마가복음 15:34, p. 84.
29) 『성경』, 2005, 마태복음 27:35, p. 50; 마가복음 15:24, p. 84; 누가복음 23:34, p. 138.

아득한 먼 옛날의 창세기가 21세기 초반의 우리나라에도 영향을 끼치고 있음을 알 수 있다.

창세기에서 정치학적으로 중요한 의미를 담고 있는 부분은 하나님이 남자와 여자를 창조한 뒤 아담과 이브에게 축복을 내리는 장면이다. 하나님은 아담과 이브에게 땅을 정복하라, 바다와 땅, 하늘에 있는 모든 생물을 다스리라고 하신다.[30] 정치학자들은 이 부분에서 근대화 이론이 시작되었다고 해석한다. 근대화는 인간이 도구를 사용하여 자연을 정복하는 것이고 자연을 정복하는 정당성은 바로 성경의 창세기 부분에서 나온다는 것이다.

신약의 첫 부분은 예수님의 행적을 서술한 네 개의 복음서로 마태복음, 마가복음, 누가복음, 요한복음으로 구성되어 있다. 그다음은 예수님이 부활하신 후의 사도들의 행적을 기록한 사도행전이다. 그다음에 나오는 부분은 대개 사도 바울이 쓴 편지들로 로마 교회에 보낸 편지는 로마서, 에베소 교회에 보낸 편지는 에베소서로 불린다. 신약의 제일 마지막은 예수님의 12제자 중 한 사람이었던 요한이 쓴 요한계시록이다.

성경의 내용은 방대하고 시간적으로도 오랜 기간이다. 따라서 여기서는 주로 정치학적 의미를 찾을 수 있는 부분을 중점적으로 논하려고 한다.

성경, 특히 구약에 나오는 내용은 역사적 사실일까, 허구일까? 창세기에는 인간이 지향하는 이상향이 나오는데 이곳이 바로 에덴동산이다. 하나님이 인간을 위해 만든 에덴동산은 실제로 존재했을까? 몇몇 고고학자들은 에덴동산을 북부 아프리카라고 추정하며 성경의 내용이 사실이라고 주장한다. 이 주장을 뒷받침하듯 창세기 5장에는 인류의 조상인 아담으로부터 대홍수에서 인류를 구원한 노아까지의 계보가 나온다.[31] 노아부터 아브라함까지의 계보는 창세기 10장에서 11장까지 나온다.[32]

신약의 첫 부분인 마태복음에는 아브라함부터 예수까지의 계보가 차례로 나열되어 있다.[33] 이것을 근거로 어떤 사람들은 성경의 내용이 진실

---

30) 『성경』, 2005, 창세기 1:26, p. 28, p. 2.
31) 『성경』, 2005, 창세기 5장, pp. 6-7.
32) 『성경』, 2005, 창세기 10-11장, pp. 12-14.

이라고 주장한다. 그러나 다른 사람들은 성경에 나오는 이야기가 믿을 수 없으므로 성경은 고대 그리스 로마 신화처럼 이스라엘 국민들의 신화라고 주장한다.

03 성경과 이상사회

창세기를 보면 인류의 탄생 신화 뒤에 곧 바로 인류의 첫 살인이 발생한다. 인류의 조상은 하나님이 창조한 아담이다. 하나님은 아담을 창조한 뒤 아담이 쓸쓸해 보여 배우자로 여성인 이브를 만든다. 아담과 이브는 카인과 아벨을 낳는다. 카인은 농사짓는 자였고 아벨은 양치는 자였다. 세월이 지난 후 카인과 아벨은 하나님께 제사를 드렸다. 카인은 땅의 소산으로 재물을 삼아 드렸고 아벨은 양의 첫 새끼와 그 기름으로 제사를 드렸다. 여호와는 아벨의 제사는 받으셨으나 카인의 제사는 받지 아니하셨다.[34] 성경에는 그 이유가 나와 있지 않지만 신학자들은 카인이 정성으로 제사를 드리지 않았기 때문이라고 추정한다. 카인은 하나님의 사랑을 받은 동생 아벨을 시기하여 아벨을 죽인다.[35] 이것이 인류 최초의 살인이다.

하나님은 카인이 아벨을 죽인 것을 알지만 카인의 태도를 보려고 카인에게 "네 아우 아벨이 어디 있느냐?"라고 물어보셨다. 카인은 "내가 알지 못하나이다. 내가 내 아우를 지키는 자이니까?Am I my brother's keeper?"라고 대답하였다.[36]

하나님은 카인에게 벌을 내려 에덴의 동쪽으로 내쫓으셨다. 카인은 두

33) 『성경』, 2005, 마태복음 1장, p. 1.
34) 『성경』, 2005, 창세기 4:2-5, p. 5.
35) 『성경』, 2005, 창세기 4:8, p. 5.
36) 『성경』, 2005, 창세기 4:9, p. 5.

려워서 여호와께 나를 만나는 자마다 나를 죽이면 어떡하나이까? 하고 떨며 말하였다. 하나님은 카인을 죽이는 자는 벌을 칠 배나 받으리라 하며 카인에게 표를 주셨다.[37] 이로 인해 카인은 만나는 모든 사람에게 살해당하지 않게 되었다.[38] 인류 최초의 살인과 형제 간의 갈등에서 소재를 찾아 나온 소설이 바로 노벨문학상 수상자인 존 스타인벡의 『에덴의 동쪽』이다.

인류 첫 살인의 이야기는 성경이 구약 첫 부분부터 현실 세계의 어두운 면을 적나라하게 보여주고 있음을 보여주고 있다. 그러나 구약은 예언서이므로 정치사상과 마찬가지로 이상사회에 대한 내용도 포함하고 있다. 구약 이사야서에서 메시아를 기다리는 내용은 인류가 이상사회를 갈구하는 소망을 대표적으로 나타낸다고 볼 수 있다.

구약의 인물 중 이상사회를 상징하는 대표적 인물은 요셉이라고 볼 수 있다.[39] 요셉은 유대인들이 믿음의 조상이라고 간주하는 아브라함의 증손자이다. 인류 최초 인간은 아담이다. 아담은 노아로 이어지며 아브라함은 노아의 세 아들 중 큰 아들인 셈의 후손이다. 아브라함의 아들은 이삭이며 이삭의 아들은 야곱이다. 야곱에게는 12명의 아들이 있었는데 요셉은 11번째 아들이다. 야곱은 노년에 얻은 아들인 요셉을 특히 사랑하여 색깔 있는 옷을 입혔고 형들은 그런 요셉을 시기하였다. 고대 유대에서는 천을 염색하는 데 비용이 많이 들었으므로 색깔이 있는 옷은 경제적으로 여유있는 사람들이 입었다.

요셉은 어느 날 자신이 꾼 꿈에 대해 형들에게 말하였다.[40] 요셉이 밭

---

37) 『성경』, 2005, 창세기 4:15, p. 5. 하나님이 카인에게 준 표, 표적이 무엇인지는 확실하지 않다. 학자들은 구약 에스겔서 9장 4절, 6절, 출애굽기 13장 9절, 신명기 6장 8절을 예로 들어 이마의 표적으로 해석한다. R. W. L. Mobrly, "The Mark Of Cain–Revealed At Last?," *Harvard Theological Review*, 100:1, January 2007, p. 12.

38) 『성경』, 2005, 창세기 4:14–15, p. 5.

39) 『성경』, 2005, 창세기 37–41장, pp. 57–65. 구약에는 꿈이 15개 나오는데 이 중에 요셉의 꿈이 이상사회, 비전을 의미하는 대표적인 꿈이다. Laura Auick, "Dream Accounts in the Hebrew Bible and Ancient Jewish Literature," *Currents in Biblical Research*, 17:1, October 2018, p. 11.

40) 성경에서 꿈은 종종 하나님의 계시, 미래 계획을 나타낸다. Judith Corey, "Dreaming of Droughts: Genesis 37.1–11 in Dialogue with Contemporary

에서 곡식 단을 묶었는데 요셉의 곡식 단은 일어서고 형들의 곡식 단은 요셉의 곡식 단을 둘러서서 절을 하였다고 하였다. 형들은 요셉의 꿈 이야기를 듣고 네가 우리의 왕이 되겠느냐고 힐난하며 요셉을 더욱 미워하였다. 요셉이 다시 꿈을 꾸고 그의 형들에게 말하기를 내가 또 꿈을 꾸었는데 해와 달과 열 한 별이 내게 절하였다고 하였다. 요셉이 그의 꿈을 아버지와 형들에게 말하였다. 아버지 야곱은 요셉을 꾸짖고 나와 네 어머니와 네 형들이 참으로 땅에 엎드려 네게 절하겠느냐 하고 야단을 쳤다. 요셉의 형들은 요셉을 더욱 시기하였으나 아버지는 이 꿈을 간직하였다.[41]

요셉의 꿈으로 인해 형들은 요셉을 '꿈꾸는 자'라고 조롱하며 불렀다. 아버지 야곱이 요셉에게 심부름을 시켜 형들에게 보냈는데 형들은 이 틈을 타서 요셉을 죽이려고 하였다. 그러나 형 중의 하나인 유다의 제안으로 요셉을 죽이지 않고 노예 상인에게 팔아버렸다.[42] 예수님은 유다의 자손이다. 아마도 유다가 요셉을 죽이려는 악행에 가담하지 않았기 때문에 축복을 받아 그의 자손에서 메시야가 나온 것 같다.

요셉은 이집트 왕의 친위대장 보디발에게 노예로 팔렸다. 요셉은 그의 비참한 처지에도 굴하지 않고 열심히 일하여 보디발의 신임을 얻게 되었다. 그러나 보디발 아내의 유혹을 거절하여 오히려 감옥에 갇히게 된다. 요셉은 감옥에서 이집트 왕 바로의 신하의 꿈을 해몽해 준 일을 계기로 바로의 꿈도 해몽해 주어 결국 이집트의 총리가 된다. 요셉이 노예로 이집트에 팔려 간 지 13년 만의 일이다.[43]

위에서 본 바와 같이 요셉은 꿈, 즉 이상을 갖고 있었기 때문에 타국에 노예로 팔려 가고 감옥에 갇히는 비참한 환경에 처해도 굴하지 않고 자신의 꿈을 실현할 수 있었다. 요셉에서 보듯이 인간에게 있어 꿈은 불가능한 것을 가능하게 해주는 커다란 힘이며 불굴의 의지를 갖게 하

Science," *Journal for the Study of the Old Testament*, 38:4, May 2014.

41) 『성경』, 2005, 창세기 37:5－11, p. 57.

42) 『성경』, 2005, 창세기 37:19－28, p. 57.

43) 『성경』, 2005, 창세기 39:1－41:43, pp. 60－65.

는 원동력이라고 할 수 있다. 현실이 아무리 힘들고 어려워도 꿈을 갖고 있으면 극복할 수 있고 언젠가는 꿈을 이룰 수 있다. 그래서 일반 사람들도, 정치사상가들도 꿈을 포기하지 않고 어떻게 하면 개인의 꿈을 이룰 수 있을까, 어떻게 하면 이상사회를 이룩할 수 있을까에 몰두하는 것이다. 현실은 이상적이지 않으므로 인류가 존재하는 한 이상사회에 대한 추구는 영원히 계속될 것이다. 인간은 꿈이 있어 힘들고 어려운 현실을 극복할 수 있는 것이다.

04 나사로의 죽음과 부활: 인간 해방 선언

신약에서 가장 중요한 복음서는 요한복음과 로마서이다. 요한복음에는 마태, 마가, 누가복음에는 나오지 않고 요한복음에만 나오는 일화가 몇 개 있다. 여기서는 나사로의 죽음과 관련된 부분을 살펴보려고 한다.[44]

나사로는 예수님이 사랑하시는 막달라 마리아의 남자 형제다.[45] 예수님은 가난하고 힘없는 사람들을 사랑하셨다. 그중에서도 막달라 마리아의 집에 가끔 머무르신 걸 보면 마리아의 형제들을 특히 사랑하신 것 같다. 나사로가 병이 들어 누이들이 예수님께 사람을 보내어 오셔서 나사로를 고쳐주실 것을 요청하였다. 그러나 예수님은 웬일인지 나사로를 고치러 가시지 않았다. 나사로가 병들었다는 얘기를 듣고도 체류하던 곳에 이틀을 더 머무르시다가 나사로의 집으로 갔다.[46] 예수님이 나사로의 집에 가니 나사로가 무덤에 있은 지 이미 나흘이 지났다. 그런데도 예수님은 나사로의 무덤에 가서 큰 소리로 “나사로야 나오라” 하셨다. 죽은 나사로가 수족을 베

44) 『성경』, 2005, 요한복음 11:1-44, pp. 164-166.
45) 요한복음에는 나사로가 마리아의 오빠인지 남동생인지 정확하게 나와 있지 않다.
46) 『성경』, 2005, 요한복음 11:14, p. 165.

로 동인 채 나오는데 얼굴은 수건에 싸여 있었다. 예수님이 "풀어놓아 다니게 하라"[47] 하니 죽은 지 나흘 되어 시체가 부패하는 냄새가 나던 나사로가 다시 살아나 다니게 되었다.[48]

예수님이 죽은 나사로를 살린 기적은 죽은 나사로가 다시 살아남을 통해 종교적으로는 예수님이 전지전능한 하나님의 아들이라는 것이 확인되는 장면이다. 그러나 이 부분을 정치적으로 해석해 보면 예수님의 풀어놓아 다니게 하라는 말은 우리가 현실을 살아갈 때 직면하게 되는 여러 가지 속박으로부터 풀려나서 자유롭게 살라는 뜻이 된다. 막스 이래로, 아니 플라톤 이래로 사람들이 현실 사회에서 제일 중하게 느끼는 속박은 계급의 굴레일 것이다. 계급과 빈부 차에 의한 속박 이외에도 인종, 성별, 지역, 학벌, 종교적인 차별로 인해 사람들은 여러 가지 속박에 매여 살고 있다. 물론 현대는 고대나 중세와 같이 노예제나 농노제가 없어진 자유로운 사회이다. 그러나 계급을 비롯한 여러 가지 속박들은 현재에도 사람들을 얽어매고 있는 것이 사실이다. 그러므로 예수님은 사람들을 구속하고 있는 속박에서 벗어나 모든 불평등을 타파하고 현실에서도 살기 좋은 사회를 이룩하라는 메시지를 던지고 있다고 볼 수 있다.

이와 같은 맥락에서 예수님은 진리가 너희를 자유롭게 하리라고 가르쳤다.[49] 성경에서 진리는 하나님의 말씀을 뜻하지만 넓게 해석하면 현실에서 우리를 구속하고 있는 우리 외면의 외부적인 속박에서 벗어나 참된 자

---

47) 『성경』, 2005, 요한복음 11:43−44, p. 166.

48) 나사로를 살린 사건은 성경의 주제인 예수님의 부활, 구원, 사랑을 나타내는 대표적 예로 해석된다. 예수님이 죽은 나사로를 살린 기적은 예수님의 십자가 죽음을 재촉하게 된다. 왜냐하면 이 사건으로 인해 많은 사람들이 예수님을 믿게 되어 유대인들과 종교 지도자들이 예수님을 죽이려고 모의했기 때문이다. 예수님은 나사로를 살리면 자신이 죽게 될 것을 알고 있었다. 그러나 예수님 자신이 십자가에서 죽어야 다른 사람들의 죄를 구원하고 살릴 수 있기 때문에 나사로를 죽음에서 살렸다고 할 수 있다. J. S. Randolph Harris, "John 11:28−37," *Interpretation*, 63:4, October 2009, p. 177. 예수님의 죽음이 사람을 살리는 일이라는 의미는 요한복음 15장 13절 예수님의 말씀에서 나타난다. "사람이 친구를 위하여 자기 목숨을 버리면 이보다 더 큰 사랑이 없나니" Rev. Anne Robertson, "John 11: 1−53," *Interpretation*, 58:2, April, 2004, p. 175.

49) 『성경』, 2005, 요한복음 8:32, p. 159.

유를 누리라는 것을 의미한다.

예수님은 이 세상에 와서 힘 있는 자와 부유한 자의 편이 된 것이 아니라 힘 없는 자와 가난한 자, 병자들의 친구가 되었다. 나사로의 기적에서 알 수 있듯이 예수님의 가르침과 행위는 현실에서 천대받고 멸시당하는 사람들의 친구가 되어 여러 형태의 억압으로 노예 상태에 있는 사람들을 해방시키고 구원하려는 데 목적이 있다.

요한복음에만 나오는 또 다른 일화가 있다. 이것은 바로 예수님이 베데스다 연못에서 38년 된 병자를 고친 사건이다.[50] 예루살렘에 있는 양 문 Sheep Gate[51] 곁에 히브리말로 '베데스다'라는 연못이 있다. 거기에 행각 다섯이 있고 그 안에 많은 병자, 맹인, 다리 저는 사람, 혈기 마른 사람들이 누워 물이 움직이기를 기다리고 있었다. 이는 천사가 가끔 못에 내려와 물을 움직이게 하는데 물이 움직인 후에 먼저 들어가는 자는 어떤 병에 걸렸든지 낫기 때문이었다. 거기에 38년 된 병자가 있었다. 예수님이 그 누운 것을 보고 병이 벌써 오래된 줄 알고 이르되 "네가 낫고자 하느냐" 하고 물어보셨다.[52] 병자가 대답하되 물이 움직일 때 나를 못에 넣어 주는 사람이 없어 내가 가는 동안에 다른 사람이 먼저 내려가므로 병 고침을 받지 못하였다고 하였다. 예수님이 이르시되 "일어나 네 자리를 들고 걸어가라"[53] 하니 그 사람이 곧 나아 자리를 들고 걸어가 병 고침을 받고 걸을 수 있게 되었다. 예수님이 38년 된 병자를 고친 날은 안식일이었다.

베데스다 연못의 기적이 시사하는 종교적 의미 역시 예수님이 하나님의 참된 아들이라는 점이다. 이로 인해 유대인들은 예수님을 죽이려고 하였다. 이는 예수님이 유대인들은 아무 일도 하지 못하게 되어 있는 안식일에 병자를 고쳐 안식일을 범하였을 뿐만 아니라 하나님을 자기의 친아버지라 하여 자기를 하나님과 동등하다고 했기 때문이었다.

---

50) 『성경』, 2005, 요한복음 5:2－18, pp. 149－150.
51) 양이 다니는 문(Sheep Gate) *The Holy Bible*, 2002, John 5:2, p. 891.
52) 『성경』, 2005, 요한복음 5:6, p. 150.
53) 『성경』, 2005, 요한복음 5:8, p. 150.

그런데 이 사건에서 예수님이 한 말 중 주목할 부분이 있다. 예수님은 병자를 고치기 전에 먼저 병자에게 "네가 낫고자 하느냐" 하고 물어본 점이다. 예수님은 하나님의 아들로 원하기만 하면 어떤 병이든 고칠 수 있는 권능을 갖고 있었다. 그러나 예수님은 병을 고치기 전에 병자에게 네가 낫고자 하느냐, 너는 병을 고침 받기 위해 너 스스로 무슨 일을 하였느냐, 병을 고침 받고자 하는 너의 의지가 정말로 있느냐 하고 먼저 물어본 것이다.

예수님이 병자에게 던진 질문을 음미해 보면 기적이 일어나기 위해서는 하나님의 은총과 더불어 본인의 의지와 노력도 중요하다는 것을 알 수 있다. 결국 예수님이 던진 이 물음은 기적이 일어나는 전제 조건으로 본인이 하나님을 믿고 하나님에게 간절하게 매달리는 것이 필요하고, 거기에 더해 속박에서 벗어나려고 하는 인간의 내면적 의지가 같이 합해질 때 기적이 일어난다는 뜻을 내포하고 있다. 서양 속담의 '하늘은 스스로 돕는 자를 돕는다.'가 이와 비슷하다고 할 수 있다.[54]

이 두 가지 기적을 종합하면 앞에서 기술한 나사로가 죽음에서 살아난 경우는 인간을 얽어매고 있는 계급, 인종, 성별, 학벌 등의 외면적 속박에서 벗어나라는 뜻이다. 38년 된 병자가 걷게 된 경우는 인간을 내면에서 얽어매고 있는 내면적 속박에서 벗어나라는 뜻이다. 여기서 우리는 기독교가 인간을 둘러싸고 있는 사회, 제도 등의 외면적 속박과 인간을 내면에서 얽어매고 있는 내면적 속박 모두로부터 해방시켜 주는 종교라는 점을 알 수 있다. 기독교는 어떤 현실 정치학 이론보다도 더 높은 수준의 개혁적인 사상을 품고 있다고 할 수 있다.

인간을 억압하고 있는 외부적 속박과 내면적 속박에서 벗어나라는 기독교의 가르침은 고대 그리스의 아레테 정신과 연결될 수 있다. 고대 그리스 사람은 인간이 태어날 때 잠재력을 가지고 태어났고 이러한 잠재력은

---

54) 'Heaven helps those who help themselves'라는 속담으로 인간이 스스로 노력해야 하늘도 도와준다는 의미를 갖고 있다.

도시 국가 안에서 정치에 참여할 때 완전성으로 발현될 수 있다고 보았다. 잠재성에서 완전성으로 발전하는 인간의 특성을 고대 그리스 사람들은 아레테라고 하였다.[55] 아레테 사상은 고대 그리스 사상에 심취했던 루소에게서도 찾을 수 있다. 루소는 사람들이 먼저 정치적으로 단위가 작은 지방자치 수준에서 정치에 참여하고 여기서 능력과 잠재력을 키운 다음에 중앙정치로 진출할 수 있다고 하였다.

기독교는 보통 신 중심의 종교로 인간의 의지는 중요하지 않고 하나님의 의사가 인간사를 결정하는 것으로 이해된다. 그러나 위의 두 가지 기적에서 알 수 있듯이 기독교는 인간이 외면적, 내면적 속박에서 벗어나야 인간이 갖고 있는 아레테를 완성시킬 수 있다고 가르침으로써 기독교가 인간을 완전히 배제하지 않고 인간적 요소도 포함하고 있음을 알 수 있다.

05 로마서와 왕권신수설

왕의 권력이 신으로부터 나왔다는 왕권신수설은 기독교가 정치학에 영향을 미친 대표적 경우이다. 이 이론의 성경적 근거는 사도 바울이 쓴 로마서 13장에 있다. 사도 바울은 다음과 같이 설교하고 있다. "각 사람은 지배하는 권세에 복종하라 권세는 하나님으로부터 나지 않음이 없나니 모든 권세는 다 하나님께서 정하신 바라 그러므로 권세를 거스르는 자는 하나님의 명을 거스름이니 거스르는 자들은 심판을 자취하리라 그는 하나님의 사역자가 되어 네게 선을 베푸는 자니라… 그가 공연히 칼을 가지지 아니하였으니 곧 하나님의 사역자가 되어 악을 행하는 자에게 진노하심을 따라 보응하는 자니라 그러므로 복종하지 아니

55) Bowra, 1957, p. 211.

할 수 없으니 진노 때문에 할 것이 아니라 양심을 따라 할 것이라... 너희가 조세를 바치는 것도 이로 말미암음이라."[56]

사도 바울이 왜 왕권신수설을 주장했는지를 이해하기 위해 먼저 사도 바울이 어떤 사람인지 알아볼 필요가 있다. 사도 바울의 원래 이름은 사울이다. 그는 유대인이었지만 로마 시민권을 가졌고 학식을 갖춘 상류층 집안 출신이었다. 사울은 예수를 믿는 사람을 잡아다 가두고 박해하던 사람이었다. 사울이 예수를 믿는 사람을 잡아오려고 길을 가다가 다메섹현재 시리아의 다마스커스 가까이 이르렀을 때 홀연히 하늘로부터 빛이 일어나 그를 둘러 비추었다. 바울이 땅에 엎드려 들으매 소리가 있어 이르시되 "사울아 사울아 네가 어찌하여 나를 박해하느냐" 하였다.[57] 사울이 대답하되 "주여 누구시니이까" 하고 물으니 "나는 네가 박해하는 예수라 너는 일어나 시내로 들어가라 네가 행할 것을 네게 이를 자가 있느니라" 하였다.[58] 같이 가던 사람들은 소리만 듣고 아무도 보지 못하여 놀라서 말을 못하고 서 있었다. 사울이 땅에서 일어나 눈은 떴으나 아무 것도 보지 못하게 되었다. 사람의 손에 끌려 다메섹으로 들어가 사흘 동안 보지 못하고 먹지도 마시지도 아니하였다. 그 뒤 사울은 주께서 말한 대로 눈에서 비늘 같은 것이 벗겨져 다시 보게 되었다. 바울은 세례를 받고 새 사람으로 거듭나 이름을 바울로 바꾸고 예수를 전도하였다.[59]

사도 바울이 왕권신수설이 나오는 로마서를 집필한 시기는 대략 55–57년으로 추정된다. 이 시기는 폭군 네로가 로마의 황제로 있던 시기(54–68년)이다.[60] 하나님을 직접 만나는 신비한 종교적 체험을 경험한 바울은 누구보다도 하나님을 절대적으로 믿게 되었다. 따라서 바울에게는 실

---

56) 『성경』, 2005, 로마서 13:1–7, pp. 257–258; *The Holy Bible*, 2002, Romans 13:1, p. 948.
57) 『성경』, 2005, 사도행전 9:4, p. 202.
58) 『성경』, 2005, 사도행전 9:6, p. 202.
59) 『성경』, 2005, 사도행전 9:1–31, pp. 202–203; 사도행전 13:9, p. 209.
60) T.L. Carter, "The Irony of Romans 13," *Novum Testamentum*, 46:3, July 2004, p. 210.

재로 존재하는 하나님을 전파하는 것이 무엇보다도 중요한 목표였다. 로마에 사는 기독교인들이 권력과 충돌해 박해를 받고 하나님을 전도하는 데 지장이 있으면 안 되기 때문에 로마 교인들에게 보내는 편지인 로마서에서 세속 권력에 복종하라고 하였다. 또한 사도 바울이 지배자에 대한 복종을 강조한 이유는 국민을 위해 선을 행사하지 않는 지배자를 지지하는 게 아니라 당시 로마 기독교인들이 권력에 저항해 박해를 받을 것을 우려해 지배자에게 복종하라고 했다고 해석한다.[61]

예수님의 제자들은 어부들로 이들은 읽고 쓸 줄을 몰랐다. 그러나 사도 바울은 학식이 높은 사람이었으므로 사도 바울에 의해 예수님의 가르침이 저술되고 전 세계로 퍼지게 되었다. 신약 중에 예수님이 행적을 담은 4복음서를 제외하면 나머지 부분은 거의 사도 바울이 집필한 것이다.

사도 바울은 복음을 아시아에 먼저 전하려고 하였으나 성령이 아시아에서 말씀을 전하지 못하게 하여 마케도니아로 전도하게 되었고 그로 인해 기독교가 서양으로 전파되었다.[62] 서양 사람들은 이 부분을 근거로 하나님이 서양을 축복하였다고 주장한다. 그러나 이 역시 예수님이 백인이라는 주장과 함께 서양의 우월주의를 내세우기 위한 논리로 보인다. 서양 사람들은 기독교가 전 세계 사람들에 끼친 영향력이 크므로 그들 주장의 정당성을 내세우기 위해 성경의 권위를 빌리는 경우가 많다.

왕권신수설에 대해 우리가 여기서 되짚어 봐야 할 부분이 있다. 사도 바울은 왜 지배자의 권위에 무조건 복종하라고 하였을까? 첫째, 사도 바울은 권세가 하나님으로부터 나오기 때문이라고 하였다. 그러므로 권세를 거스르는 자는 하나님의 명령을 거스르는 것이라고 하였다.[63] 이를 근거로 백성은 왕의 권리에 절대적으로 복종하여야 할 의무가 있다. 둘째, 권세에

61) Beverly Roberts Gaventa, "Reading Romans 13 with Simone Weil: Toward a More Generous Hermeneutic," *Journal of Biblical Literature*, 36:1, January 2017.

62) 『성경』, 2005, 사도행전 16:6－10, p. 215.

63) 『성경』, 2005, 로마서 13:1－2, p. 257.

복종해야 할 이유는 지배자가 백성들에게 선을 베풀기 때문이다. 그래서 백성들은 아무런 의문 없이 왕에게 복종해야 하고 조세를 바쳐야 한다.[64]

그런데 여기서 바로 지배의 정당성과 복종의 정당성에 대한 의문이 발생한다. 왕이 선을 베풀기 때문에 백성이 복종해야 한다면 왕이 선을 베풀지 않고 폭정과 독재를 행할 때에도 국민이 복종해야 하는가의 문제가 발생한다.[65] 이 경우에도 기독교는 백성은 군주에 저항하지 말고 무저항non-resistance와 수동적 복종passive obedience를 해야 한다고 가르친다.[66] 이 문제는 중세 내내 논쟁거리가 되었다. 기독교의 영향 때문인지 중세 시기에는 군주가 폭정을 행하여도 국민이 저항하지 않았다. 물론 중세 때에도 불만은 있었다. 그러나 불만의 목표는 왕을 쫓아내는 것이 아니고 지방 관리의 잘못을 시정해 달라는 것이었다. 그래서 학자들은 중세 때 나타난 저항을 농민혁명이라 부르지 않고 농민반란이라고 부른다. 국민이 왕을 몰아내려는 혁명을 일으킨 시도는 중세가 끝나고도 오랜 세월이 지난 후인 1789년의 프랑스 혁명에 이르러서야 가능했다.

06 고대 그리스 휴머니즘과 기독교 신본주의

성경의 핵심적 메시지는 "하나님을 사랑하고 네 이웃을 네 몸 같이 사랑하라"로 볼 수 있다.[67] 이 말은 결국 하

---

64) 『성경』, 2005, 로마서 13:4-6, p. 257.

65) 이 문제에 대한 사도 바울의 입장에 대해서는 학자들마다 견해가 다르다. Ryan McAnnally-Linz, "Resistence and Romans 13 in Samuel Rutherford's Lex, Rex," *Scottish Journal of Theology*, 66:2, April 2013; Canon Dr. Ron Cassidy, "The Politicization of Paul: Romans 13:1-7 in Recent Discussion," *Expository Times*, 121:8, May 2010.

66) John Neville Figgis, *The Divine Right of Kings*, Cambridge: Cambridge University Press, 1922, p. 7.

67) 『성경』, 2005, 누가복음 10:27, p. 110; 마태복음 22:37-39, p. 38; 마가복음

나님 사랑과 이웃 사랑의 두 가지로 요약될 수 있다. 다시 말하면 하나님 사랑은 이웃과 다른 사람을 사랑할 때 완성된다는 뜻이다. 이것은 기독교에서 하나님만 강조되고 인간은 없다는 전통적 신본주의적 기독교의 해석과 달리 기독교에도 얼마든지 사람을 중시하는 고대 그리스 휴머니즘의 요소가 신 중심 사상과 같이 공존하고 있다는 점을 보여준다.

또한 성경에 나오는 달란트 이론은 플라톤의 기능 이론과 똑같다. 마태복음 25장 15절에 플라톤의 기능과 같은 뜻을 가지고 있는 달란트 비유가 나온다. 하나님이 "각각 그 재능대로 사람들에게 달란트를 주었다"는 비유가 바로 그것이다.[68] 사도 바울은 로마서 12장 6-8절에서 "우리에게 주신 은혜대로 받은 은사가 각각 다르니 혹 예언이면 믿음의 분수대로, 혹 섬기는 일이면 섬기는 일로, 혹 가르치는 자면 가르치는 일로... 다스리는 자는 부지런함으로... 할 것이라"고 말하고 있다.[69] 받은 은사대로라는 말은 사람은 각자 하나님에게 받은 은사가 다르며 받은 은사대로, 즉 우리의 능력대로 맡은 바 일을 담당하라는 뜻이다. 이것은 플라톤이 국가론에서 "누구나 그가 가장 잘 할 수 있는 하나의 기능으로 국가를 위해서 일해야 한다"는 주장과 똑같다.[70]

사도 바울의 서신에는 아리스토텔레스의 사상과 일치하는 부분이 나온다. 로마서 12장 4-5절을 보면 "우리는 한 몸에 많은 지체를 가졌으나 모든 지체가 같은 기능을 가진 것이 아니니 이와 같이 우리 많은 사람이 그리스도 안에서 한 몸이 되어 서로 지체가 되었느니라."라고 쓰여 있다.[71] 부분과 전체의 조화를 강조하는 이 부분은 아리스토텔레스의 시스템 이론과 흡사하다. 아리스토텔레스는 개인과 국가의 관계를 부분과 전체의 관계로 비유하고 있다. 전체는 여러 개의 다른 부분으로 구성되어 있으며[72] 부분의 선은 전체의 선과 연결하여 생각해야 한다고[73] 주장하고 있다.

12:30-31, p. 76.
68) 『성경』, 2005, 마태복음 25:15, p. 43.
69) 『성경』, 2005, 로마서 12:6-8. p. 257.
70) Plato, 1941, p. 38.
71) 『성경』, 2005, 로마서 12:4-5, p. 257.

이 논지는 사도 바울의 논지와 같은 내용이다. 아리스토텔레스는 부분이 모여 전체를 구성하므로 비례와 균형symmetry가 전체의 법칙이 되어야 한다고 본다. 왜냐하면 한 부분이 비정상적으로 커지면 전체의 균형이 유지될 수 없기 때문이다.[74] 이 주장은 모든 계층이 골고루 잘 살아야 한다는 이론으로 발전한다. 그러나 부분이 전체를 위해 희생해야 한다는 주장은 다른 측면에서 보면 전체주의로 변질될 수도 있는 가능성을 내포하고 있다.

어떤 주장이 여러 측면으로 다르게 해석될 수 있다는 다양성이 정치사상의 묘미라고 할 수도 있고 반대로 정치사상이 어렵다는 평판을 받는 이유이기도 하다. 그러나 다양한 해석을 통해 맹목적으로 한 가지 이데올로기만 추종하는 일원주의의 위험에서 벗어날 수 있다.

인간을 중시하는 고대 그리스 휴머니즘과 신을 중시하는 중세 기독교 사상이 유사한 것은 무슨 이유 때문일까? 그 이유는 인간의 본성이 같고 어떤 사회, 어떤 시대나 시간과 장소를 가리지 않고 학문과 종교 등이 지금보다 더 나은 이상사회를 건설하기 위하여 만들어지기 때문이다. 기독교는 일부 신학자들이 주장하는 것처럼 현실과 완전히 유리된 내세만을 다루는 종교가 아니다. 기독교의 목적은 내세에서뿐만 아니라 현실에서도 살기 좋은 세상을 건설하는 데 있다. 물론 기독교에서 실현하려고 하는 현실의 살기 좋은 세상은 주기도문의 "뜻이 하늘에서 이루어진 것 같이 땅에서도 이루어지이다"이다. 그것은 하나님의 뜻이 구현되어 하늘에 있는 나라와 같은 세상이 바로 이 땅에 현실의 국가로 존재하는 것을 의미한다.

---

72) Aristotle, 1958, p. 92.
73) Aristotle, 1958, p. 37.
74) Aristotle, 1958, p. 209.

Chapter 04

근대 정치사상

MYTH · BIBLE · LITERATURE
& THE WESTERN POLITICAL THEORY

Chapter 04

근대 정치사상

01 마키아벨리의 군주론

근대 정치사상의 문을 연 선구자 마키아벨리. 피렌체 산타 크로체 교회에 있는 그의 묘지 비문에는 "그런 이름에는 따로 찬사가 필요 없다"라고 쓰여 있다.[1] 너무나 유명해 찬사가 따로 필요 없는 마키아벨리. 그는 악덕이 덕이라고 일갈하며 고중세 이래로 내려오는 착하고 선한 삶에 대한 가르침을 과감히 부정하고 철두철미하게 세속적인 사상을 전파하였다. 마키아벨리의 『군주론』은 그의 사후 발간되었지만 그가 끼친 악덕의 영향이 매우 커서 로마 교황청은 『군주론』을 포함한 마키아벨리의 모든 저작을 금서로

Niccolo Machiavelli

1) Germino, 1972, p. 20.

지정하였다. 그러나 아이러니컬하게도 악덕을 미화한 『군주론』은 지금까지도 많은 정치가들의 필독서가 되었다.[2]

마키아벨리의 『군주론』은 악마로부터 영감을 받아 쓴 책이라고 인식되어 왔다.[3] 악의 대명사 마키아벨리의 외모는 어땠을까? 키는 중간 정도이고 체격은 말랐으며 눈은 반짝반짝 빛나고 머리는 검고 머리의 크기는 약간 작고 코는 조금 매부리코이며 입은 굳게 다물고 있는 모습이다. 마키아벨리의 외양만 보면 다른 사람들에게 영향력을 많이 끼칠 것 같아 보이지는 않는다. 마키아벨리는 입 가장자리에 항상 냉소적인 표정을 짓고 있고 눈은 빛나고 있어 차갑고 무감각한 계산가의 분위기를 풍기고 있다. 그럼에도 불구하고 강력한 상상력이 마키아벨리를 지배하고 있어 그를 환상적인 비전으로 인도한다.[4]

『군주론』은 1640년 영국에서 처음으로 영어로 번역되었다. 마키아벨리에게는 이미 악의 화신이라는 오명이 붙어 있어 사탄을 뜻하는 'Old Nick'으로 불리고 있었다.[5] 마키아벨리를 악마와 처음으로 연관시킨 사람은 아마도 16세기 영국의 캔터베리 대 주교였던 레지날드 폴Reginald Pole, 1500-1558로 추정된다.[6] 폴 추기경은 이탈리아에서 마키아벨리의 『군주론』을 읽고 난 뒤 다음과 같이 비난하였다. "이 책은 문명의 기초를 공격한다. 이런 종류의 책은 인류의 적에 의해 집필된 것이 분명하다. 이 책은

---

2) 마키아벨리의 『군주론』은 마키아벨리 사후 1532년에 발간되었다. 처음에는 평판이 좋았으나 마키아벨리가 악덕, 폭군 정치를 옹호하는 인물로 해석되면서 16세기 중반부터 비판적인 시각이 출현하였다. 1559년 로마 교황청은 마키아벨리의 『군주론』과 그의 모든 저작을 금서로 지정하였다. 그러나 역사적으로 마키아벨리에 대한 평가는 여러 번의 변화를 거쳤고 그의 사상은 살아남았다. 지금은 마키아벨리의 정치사상이 정치학에서 영향력이 큰 위치를 차지하고 있음을 부인할 수 없다. Jacob Soll, "The Reception of the Prince 1513-1700, or Why We Understand Machiavelli the Way We Do," *Social Research*, 81:1, Spring 2014, p. 31.

3) Niccolo Machiavelli, *The Prince*, tr. with an introduction by George Bull, New York: Penguin Books, 1980, p. 9.

4) Machiavelli, 1980, p. 17.

5) Machiavelli, 1980, p. 9,

6) Mark Jurdjevic, "Virtue, Fortune, and Blame in Machiavelli's Life and The Prince," *Social Research*, 81:1, Spring 2014, p. 2.

종교와 정의와 덕을 지향하는 인간의 속성을 어떤 방법을 써서라도 파괴하려고 한다."[7] 미국의 대표적 정치사상가 레오 스트라우스 역시 마키아벨리를 악의 선생teacher of evil이라고 혹평하였다.[8] 정치인을 거짓말 잘하고 부패하고 비도덕적으로 보는 부정적 견해도 마키아벨리에 의해 비롯되었다.

그러나 마키아벨리의 인간 본성에 대한 예리한 성찰, 직설적이고 힘이 있는 격정적 문체, 현실 정치에 대한 통찰력과 역사에 대한 풍부한 지식, 이상 국가가 아닌 현실 정치에서 군주가 취해야 할 태도와 책략에 대한 가르침, 조국 이탈리아에 대한 애국심 등은 마키아벨리 개인의 파란만장한 일생과 더불어 『군주론』을 정치사상 분야에서 고전의 반열에 올려놓았다. 마키아벨리의 현실 정치에 대한 분석과 이론은 현재 21세기 정치를 분석하는 데에도 타당할 뿐만 아니라 많은 학자들에게 영감을 주었고 앞으로도 그럴 것이 분명하다.

마키아벨리Niccolo Machiavelli, 1469-1527는 1469년 이탈리아 피렌체에서 출생하였다. 피렌체는 상업과 금융업이 발달하여 근대 르네상스를 일으킨 대표적 도시로 단테1265-1321의 고향이기도 하다. 마키아벨리가 출생할 당시 그의 조국 이탈리아는 주변 강대국인 프랑스와 스페인의 침략을 받는 약소국으로 전락한 상태였다. 내부적으로는 크게 5개의 국가인 교황청, 밀라노 공국, 베네치아 공화국, 피렌체 공화국, 나폴리 왕국과 많은 자치 도시국가로 쪼개져 있었다.

마키아벨리의 정치사상과 플라톤의 정치사상의 출발은 비슷한 배경을 갖고 있다. 플라톤의 정치사상이 펠로폰네소스 전쟁에서 조국인 아테네가 패망한 데에 충격을 받고 출현하였듯이 마키아벨리의 정치사상도 이탈리아의 분열과 몰락에 충격을 받고 출현하였다. 마키아벨리가 『군주론』을 집필한 이유는 메디치 가의 로렌초 군주에게 바친 헌정사에 잘 나타나 있다.

---

7) Erica Benner, *Machiavelli's Prince: A New Reading*, Oxford, Oxford University Press, 2013, p. xx.

8) Leo Strauss, *Thoughts on Machiavelli*, Chicago: University of Chicago Press, 1958, p. 11.

마키아벨리는 분명히 다시 공직으로 돌아가고 싶은 사적인 이유에서 『군주론』을 집필하였다. 그러나 사적인 동기 외에 공적인 동기도 있다. 마키아벨리는 고대 로마 제국의 찬란했던 영광을 보았던 모국 이탈리아가 작은 나라로 분열되어 쇠락한 현실에 비통한 마음을 갖고 어떻게 하면 이탈리아를 부활시킬 수 있을까를 모색하기 위해 『군주론』을 저술하였다.

1) 마키아벨리의 학문 세계

마키아벨리는 『군주론』에서 군주가 국가를 유지하기 위해 무엇을 어떻게 해야 할 지에 대해 설파하고 있다. 그러나 일반 사람들은 글 쓰는 방법에 대해서도 커다란 교훈을 얻을 수 있다. 마키아벨리는 『군주론』 첫 부분에 나오는 '군주에게 바치는 헌정사'에서 오랜 시간 동안 수다한 고통과 위험을 겪으며 깨달은 내용을 군주가 빠른 시간 내에 이해할 수 있도록 자신의 책을 세련되고 아름다운 문장이나 과장되고 감동적인 단어들로 꾸미지 않았다고 밝히고 있다. 다른 사람들은 흔히 습관적으로 자신이 서술한 내용을 치장하기 위해 위의 방법들을 사용하지만 마키아벨리는 자신의 책, 즉 『군주론』이 오직 다양한 내용과 진지한 주제만으로 다른 책과 구별되고 평가받기 원한다고 기술하였다.[9]

마키아벨리가 오만함과 자신감을 갖고 단언한 대로 글 쓰는 사람이 내용을 완전히 습득하고 있으면 마키아벨리처럼 수식어를 쓰지 않고 쉽고 직선적으로 저자가 말하려는 의도를 표현할 수 있다. 화려하고 어렵고 긴 문장을 쓰는 사람은 자기가 말하려고 하는 내용을 잘 모르거나 남의 저작을 베끼는 사람들이다. 마키아벨리가 책을 바친 로렌초 군주가 『군주론』을 읽었는지는 확실히 알려진 바가 없다. 그러나 첫 페이지에 나오는 헌정사를 읽었다면 분명히 『군주론』을 끝까지 모두 읽었을 것이다. 문장은 단순하고 내용이 풍부하며 주제가 진지하다. 더욱이 이 책이 최근 일어난 사건뿐만 아니라 과거 위대한 인물에 대한 지식까지 모두 포함하고 있다는

9) Machiavelli, 1975, pp. 29－30.

데 어느 군주가 감히 『군주론』의 유혹을 뿌리칠 수 있겠는가?

마키아벨리가 수식어 없이 단순하게 글을 쓰는 방식은 그의 학문적 성숙함에서 비롯된다. 마키아벨리는 1498년 약관의 나이인 29세 때 피렌체 공화국 정부에서 외교 업무를 관장하는 제2 장관에 임명되었고 1512년 메디치 가문이 부활할 때까지 재직하였다. 메디치 가가 정권을 다시 잡으면서 마키아벨리는 공직에서 해임되었다. 마키아벨리의 불운은 여기서 끝나지 않고 메디치 가문에 반대하는 음모에 가담했다는 혐의로 고문을 받고 투옥되었다. 그는 한 달 후에 석방되었다. 그 후 마키아벨리는 피렌체를 떠나 시골에 은둔하며 끊임없이 독서하고 저술 활동을 계속하였다. 조지 불George Bull은 마키아벨리의 불운이 우리에게는 행운이 되었다고 논평하고 있다.[10]

마키아벨리가 은둔 생활을 하던 시기인 1513년, 친구에게 보낸 편지를 보면 학문에 대한 마키아벨리의 진지한 태도가 잘 나타나 있다. 마키아벨리는 자신의 생활을 다음과 같이 묘사하고 있다. 아침에 해가 뜨면 일어나 나뭇꾼이 어떻게 일을 하나 감독을 한다. 속세를 떠나 혼자 산책하며 단테의 시를 읽는다. 지나간 젊은 시절의 연애를 즐겁게 회상하기도 한다. 집에 오는 길에는 주막에 들러 사람들과 이야기도 하고 카드 게임도 한다.

저녁에 집에 돌아오면 서재로 들어간다. 책을 통해 과거에 살았던 위대한 인물들을 만나고 그들의 사상을 이해할 수 있는 이 시간이 너무나 소중해서 마키아벨리는 흙 묻은 더러운 옷을 벗고 궁정에서 입었던 옷으로 갈아입고 최고의 격식을 갖춘다. 그리고 상상력의 날개를 펴서 고대 궁정으로 돌아가 과거의 위대한 인물들과 우호적으로 대화한다. 어떤 때는 마키아벨리가 태어난 목적인 정치에 대해 이야기한다. 그들이 취한 정책에 대해 묻기도 하며 그들에게 답을 듣기도 한다. 과거의 지도자들과 대화하며 마키아벨리는 아주 심층적으로 이들에게 국가란 무엇이며 국가를 어떻게 획득하고 유지했으며 왜 잃게 되었는지를 묻는다.[11]

10) Machiavelli, 1980, p. 15.
11) Machiavelli, 1980, pp. 18–19.

마키아벨리는 선조들과 대화하는 네 시간 동안 지루함을 거의 느끼지 않았고 모든 근심과 가난에 대한 두려움을 잊는다고 하였다. 마키아벨리는 자기 자신을 완전히 선조들에게 맡긴다고 하였다. 단테가 우리가 읽은 것을 기록해 놓지 않으면 지식이란 있을 수 없다고 말했기 때문에 마키아벨리는 선조들과 대화를 통해 얻은 성과를 기록하여 책을 저술하였다고 기술하고 있다. 이 책을 현재의 군주들, 특히 신생 군주들이 좋아할 것이므로 마키아벨리는 이 책을 줄리아노 데 메디치에게 바치려 한다고 밝히고 있다.[12]

마키아벨리가 앞에서 서술하듯이 그는 하루 저녁 네 시간 동안 옛날 사람들이 쓴 책을 읽으며 근심과 가난도 잊고 죽음도 두려워하지 않으며 학문 탐구에 집중하였다. 그 결과 마키아벨리의 『군주론』에는 마키아벨리가 살던 당시 이탈리아의 인물뿐만 아니라 고대로부터 중세에 이르는 동서양의 인물들과 사건에 대한 해박한 지식이 잘 나타나 있다. 이와 같은 학문적 완숙함을 갖추었기 때문에 마키아벨리는 누구보다도 그가 가진 지식을 겉치레 없이 쉽고 명확한 문장으로 표현할 수 있었던 것이다.

2) 마키아벨리의 성악설

『군주론』은 마키아벨리가 공직에서 물러나 은둔 생활을 하고 있을 때 집필한 책이다. 마키아벨리가 『군주론』을 집필한 때는 1513년 7월에서 1514년 초기로 추정된다.[13] 마키아벨리가 1513년 친구에게 쓴 편지에서 알 수 있듯이 마키아벨리는 『군주론』을 처음에는 피렌체 통치자였던 줄리아노 데 메디치에게 바치려고 하였다. 그러나 줄리아노의 형 조반니 메디치가 교황 레오 10세로 선출되며 줄리아노도 로마로 같이 갔기 때문에 로렌초(2세) 데 메디치1492-1519에게 바치게 되었다.[14]

공화국 정부에서 일했던 마키아벨리가 군주에게 저서를 헌정한 것은 좀 이상해 보인다. 그러나 마키아벨리는 공화정이냐 군주정이냐 하는 정부

12) Machiavelli, 1980, p. 19.
13) Machiavelli, 1980, p. 19.
14) Machiavelli, 1980, p. 29.

형태보다는 국가 그 자체에 충성심을 갖고 있었다. 『군주론』을 피렌체 군주에게 바치려 한 이유는 마키아벨리가 작게는 피렌체, 크게는 이탈리아의 분열을 극복하고 통일 이탈리아를 이룩하는 데 공헌하기 위해서였다.

『군주론』은 마키아벨리의 개인적 비극과 국가적 비극이 혼재되어 탄생한 산물이지만 희망의 정신을 담고 있다고 평가받는다.[15] 마키아벨리는 25장 '운명의 장'에서 인간사 반은 운명이고 나머지 반은 인간의 의지라고 하였다. 마키아벨리 시대는 아직 기독교와 교황의 영향력이 크게 작용하고 있던 시기이다. 그러므로 운명은 인간의 일에 개입하는 기독교의 하나님을 의미할 수 있다. 마키아벨리는 이탈리아 통일을 위해 교황과 인간이 좌지우지할 수 없는 운명과 하나님의 역할을 축소시키기를 원하였다. 대신 그 자리를 인간의 의지와 군주의 의지로 채우기 원했을 것이다.

마키아벨리 개인적으로 볼 때 공화정의 몰락은 자신의 힘으로는 어쩔 수 없는 운명의 힘에 의해 이루어졌다. 메디치 가문의 등장으로 공직에서 물러나고 메디치 가의 전복 기도에 가담하였다는 혐의로 감옥에 갇히게 된 것도 마키아벨리는 운명의 힘으로 돌렸을 것이다. 그러나 마키아벨리 자신의 의지로 『군주론』을 집필한 데서 알 수 있듯이 『군주론』을 메디치 가의 군주에게 바쳐 운명을 극복하고 공직으로 복귀하려고 시도하였다. 1527년 피렌체는 공화정으로 복귀하였다. 그러나 마키아벨리는 메디치 가의 가신으로 간주되어 공직 진출 시도에 실패하였다. 마키아벨리의 의지가 운명에 굴복하였는지 마키아벨리는 공화정이 복귀한 해인 1527년에 사망하였다.

『군주론』이 센세이션을 일으키게 된 이유는 무엇보다도 군주에게 악덕을 행하라고 직설적으로 충고했기 때문이다. 마키아벨리가 『군주론』에서 군주에게 국가를 유지하기 위해 악덕을 권고한 것은 인간 본성에 관한 마키아벨리의 성찰에서 기인한다. 마키아벨리는 인간의 본성을 선하게 본 고대와 중세의 사상가들과 달리 인간의 본성을 악하다고 보았다. 물론 서양에서는 동양의 성선설과 달리 아리스토텔레스가 제시한 바와 같이 공동

15) Machiavelli, 1980, p. 10.

체적 특성으로 나타난다. 그러나 마키아벨리의 인간 본성에 대한 이론은 고대와 중세의 성선설이나 공동체적인 특성과 명백하게 구분된다. 그는 인간의 본성을 이기적이고 사악하다고 이해하였다.

마키아벨리의 성악설은 『군주론』 처음 부분인 3장, '복합 군주국'에서부터 나타난다. 마키아벨리는 인간은 강자에게 약하고 약자에게 강한 비열한 속성을 갖고 있다고 본다. 그러므로 인간을 마음대로 하게 내버려 두거나 아니면 짓밟아버려야 한다고 주장한다. 왜냐하면 인간이란 사소한 피해에 대해서는 보복하려 들지만 엄청난 피해에 대해서는 감히 복수할 엄두조차 내지 못하기 때문이다. 따라서 마키아벨리는 군주가 사람들에게 피해를 주려면 그들이 복수할 수 없을 정도로 감당하기 어려운 피해를 주어야 한다고 충고한다.[16]

마키아벨리의 견해는 플라톤의 『국가론』 중 정의론 부분에 나오는 트라시마커스의 인간 본성에 대한 이해와 비슷하다. 고대 아테네 소피스트인 트라시마커스는 인간은 작은 죄를 지으면 처벌받고 불명예를 당하지만 지배자들처럼 모든 국민을 노예로 만드는 큰 죄를 지으면 오히려 처벌받지도 않고 잘 산다고 하였다.[17]

마키아벨리의 성악설은 3장에서 계속 이어진다. 마키아벨리는 인간은 은혜를 모르고 힘이 커지면 배신하기 때문에 타인에게 도움을 주면 안 된다고 충고한다. 타인이 강력해지도록 도움을 주는 자는 누구든지 파멸을 자초하기 때문이다. 강력해진 타인의 힘은 도움을 주는 자의 술책과 힘에 의해 생긴다. 그런데 술책과 힘, 이 두 가지 도움을 받아 강력해진 자원래 약자가 의심을 품고 도리어 도와준 자원래 강자를 없애려고 한다.[18]

16세기 초 이탈리아의 예를 들면 프랑스 왕 루이 12세는 교황 율리우스 2세와 스페인의 페르디난도 2세가 힘이 세지도록 도와주었지만 이 결과로 프랑스의 루이 12세는 오히려 이탈리아에서 쫓겨나게 되었

16) Machiavelli, 1980, pp. 37-38.
17) Plato, 1941, p. 26.
18) Machiavelli, 1980, p. 44.

다.[19] 따라서 국가 통치술을 이해하는 군주는 타인이나 다른 국가가 힘이 강력해지는 것을 용납해서는 안 된다.

마키아벨리는 7장 '운과 타인의 무력에 의해 얻은 신생국'에서 인간은 은혜를 모르는 존재이므로 과거에 피해를 입혔다면 새롭게 은혜를 베풀어도 과거의 피해를 기억하여 배신한다고 하였다.[20] 그러므로 군주는 과거에 피해를 입힌 자를 기용하면 안 된다. 체사르 보르지아Cesare Borgia, 1475-1507는 아버지인 알렉산더 6세 교황이 죽은 후 파우스 3세 교황의 짧은 재위 기간 이후 다음 교황을 선출할 때 이 부분에서 치명적인 실수를 저질렀다. 체사르 보르지아는 그가 과거에 피해를 주었던 추기경을 새로운 교황 율리우스 2세로 선출하였기 때문에 궁극적으로 그의 파멸을 자초하였다.[21]

인간의 악한 본성에 대한 마키아벨리의 주장이 가장 설득력을 얻는 부분은 아마도 17장 '잔인함과 인자함, 사랑과 두려움'일 것이다. 마키아벨리는 인간이 천륜보다 소중히 여기는 재산에 대한 욕심에 대하여 언급한다. 마키아벨리는 인간은 다른 어떤 것보다도 자신의 재산을 잃는 것을 제일 아까워 한다고 보았다. 그러므로 군주가 국민들의 재산과 그들의 여자를 빼앗지 않으면 권력을 유지할 수 있다. 그중에서도 특히 군주는 다른 사람들의 재산을 빼앗는 것을 삼가야 한다. 왜냐하면 인간은 아버지의 죽음은 쉽게 잊어도 재산을 빼앗기는 것은 절대 잊지 못하기 때문이다.[22]

록크 역시 『제2 정부론』에서 이와 유사한 견해를 피력하고 있다. 록크는 사람들이 평등하고 자유로운 자연 상태를 버리고 지배자에 복종하는 노예 상태로 들어가 국가를 성립한 주된 이유는 재산권의 보호 때문이라고 주장하였다.[23] 프랑스 혁명이 발발한 이유도 마키아벨리의 주장과 같이 루

19) Machiavelli, 1980, pp. 42-44.
20) Machiavelli, 1980, p. 61.
21) Machiavelli, 1980, p. 61.
22) Machiavelli, 1980, p. 97
23) Locke, 1980, p. 52.

이 16세가 삼부회의를 열어 국민들에게 세금을 걷으려고 했기 때문이다.

3) 악덕이 덕이다

인간 본성에 대한 성악설을 기초로 마키아벨리는 군주가 국가를 유지하기 위해서는 악한 방법으로 국가를 통치해야 한다고 강력하게 충고한다. 고대 정치사상은 정치를 도덕과 윤리로, 중세 정치사상은 정치를 종교의 연장으로 인식하였다. 그러나 마키아벨리는 정치의 본체는 악덕이라고 주장함으로써 근대 정치사상을 탄생시켰다.

마키아벨리가 악마의 유혹을 받아 『군주론』을 저술했다는 오명은 악덕을 강조하는 15장 '군주가 칭송이나 비난을 받는 일'에서 비롯된다. 마키아벨리 정치사상의 핵심은 바로 15장 이 부분으로 볼 수 있다. 마키아벨리는 군주가 권력을 유지하려면 "선하지 않을 수 있는 법"how not to be virtuous를 배워야 하고 필요에 따라 악덕을 행하는 법을 배워야 한다고 직설적으로 강조한다.[24] 이와 비슷한 견해는 18장 '군주가 약속을 지켜야 하는가'에서도 잘 드러난다. 마키아벨리는 18장에서 군주가 가능하면 미덕에서 벗어나지 말아야 한다고 쓰고 있다. 그러나 마키아벨리는 역시 운명과 상황이 변하면 그것이 명령하는 대로 군주는 융통성을 발휘하여 악을 행할 줄 알아야 한다고 가르친다.[25]

마키아벨리는 악덕을 추천하는 자신의 충고가 논란을 많이 일으킬 것이라는 점을 충분히 인지하고 있었던 것 같다. 마키아벨리는 군주의 통치술에 대한 문제는 이미 자신 이전에도 많은 사람들이 저술하였던 것을 알고 있다고 기술하고 있다. 그러므로 이 문제에 대한 자신의 저술이 건방지게 보이지 않기를 바란다고 썼다. 그러나 마키아벨리는 자신이 말하려고 하는 내용이 완전히 창의적인 원칙이라고 주장한다. 이전의 정치사상가들은 현실을 논하지 않고 플라톤의 이상국가론처럼 존재하지도 않는 상상 속

24) "if a prince wants to maintain his rule he must learn how not to be virtuous, and to make use of this or not according to need." Machiavelli, 1980, p. 91.

25) Machiavelli, 1980, p. 101.

의 정치에 대해 논하였다고 한다.

이전의 정치사상가들과 달리 마키아벨리의 의도는 실제 정치에 사용될 수 있는 원칙과 실제로 존재하는 진실에 대해 언급하는 데 있다고 주장한다. 인간이 어떻게 살아야 하는가와 실제 현실에서 어떻게 살고 있는가 사이에는 커다란 간격이 있다. 그러므로 실제 행해지는 정치를 무시하고 이상적으로 무엇이 행해져야 하는가에 관심을 갖는 군주는 권력을 보존하기보다 권력을 잃는 지름길로 간다고 본다. 세상은 선하지 않은 많은 사람들에게 둘러싸여 있기 때문에 선하게 행동하는 군주의 몰락은 불가피하기 때문이다.[26]

군주는 국가를 보호하기 위해 악하게 행동하는 법을 배워야 하고 악덕으로 인해 악명을 떨치는 것도 개의치 말아야 한다. 악덕으로 보이는 일을 하는 것이 결과적으로 군주의 안전을 확보하고 번영을 가져온다. 마키아벨리는 심지어 군주가 미덕을 행하면 파멸한다고까지 강조한다.[27]

마키아벨리는 18장에서 특히 신생 군주는 권력이 안정되지 않았기 때문에 국가를 유지하기 위해 필요하다면 악행을 저지를 수 있어야 한다고 강조한다. 신의가 없고 무자비하며 비인도적으로 행동하고 종교적 가르침에 반하는 행동을 강요당하더라도 군주는 이를 수행해야 한다.[28]

많은 사람들의 추측처럼 마키아벨리가 실제로 악마의 자식이어서 악덕을 주장하였을까? 마키아벨리의 악덕 이론은 마키아벨리와 동 시대 사람인 체사르 보르지아의 행동을 보고 형성된 이론이다. 체사르 보르지아는 분열된 이탈리아를 통일하려는 꿈을 가지고 있던 인물이었다. 그는 교황 알렉산더 6세의 사생아로 태어났다. 교황인 아버지의 도움을 받아 이탈리아 중동부 지방인 로마냐 지역을 정복하고 이탈리아의 강력한 지도자로 떠오르고 있었다. 체사르 보르지아의 권력이 강해지자 피렌체 도시는 체사르의 능력을 시험해보기 위해 마키아벨리를 특사로 파견하였다. 마키아벨리

26) Machiavelli, 1980, pp. 90-91.
27) Machiavelli, 1980, p. 92, 100.
28) Machiavelli, 1980, p. 101.

는 1502년 10월부터 1503년 1월까지 체사르 보르지아의 궁정에 머물면서 그의 정치적 행위를 관찰하였다.[29]

마키아벨리가 권장하는 악덕은 주로 체사르 보르지아를 모델로 하여 나온 이론이다. 체사르 보르지아는 정적을 제거하기 위해 속임수를 써서 정적들을 불러 모은 다음 1502년 12월 31일 밤에 이들을 살해하였다. 이것이 바로 시니갈리아의 학살이라고 불리는 유명한 사건이다.[30] 일반적인 도덕 기준으로 볼 때 체사르 보르지아의 학살은 당연히 비난받아야 마땅하지만 마키아벨리는 국가를 유지하기 위해 군주에게는 거짓말, 살인과 같은 악덕도 허용된다고 보았다.

체사르 보르지아는 이 사건을 통해 로마냐 지역을 확실히 정복하였다. 체사르는 잔인하지만 유능한 장군 레미로 데 오르코Remirro de Orco를 로마냐 지방에 파견하여 그에게 전권을 맡기고 로마냐 지방을 평정하였다. 그 후 체사르는 잔인하다는 평판을 피하기 위해 레미로에게 죄목을 뒤집어씌워 레미로의 시체를 두 토막으로 자르고 그 옆에 형을 집행한 나무토막과 피 묻은 칼을 두고 체세나 광장에 전시하였다.[31]

1503년 체사르의 아버지인 알렉산더 6세가 갑자기 사망하면서 체사르의 권력은 급격히 몰락하기 시작하였다. 새로 선출된 교황 율리우스 2세는 보르지아 집안과 과거부터 적대적인 관계에 있었기 때문이다. 결국 체사르 보르지아는 이탈리아 통일의 꿈을 이루지 못하고 31세인 1507년에 피살을 당하였다.

마키아벨리는 체사르 보르지아의 실패를 체사르가 통제할 수 없는, 전적으로 예외적이고 악의적인 운명의 탓이라고 돌린다. 그러나 체사르의 과감하고 결단력 있고 신속한 정적 제거에 감명을 받아 국가를 유지하기 위

29) John M. Najemy, "Machiavelli and Cesare Borgia: A Reconsideration of Chapter 7 of The Prince," *Review of Politics*, 75:4, October 2013, p. 540; John C. Hulsman, *To Dare More Boldly: The Audacious Story of Political Risk*, Princeton: Princeton University Press, 2018, ch. 4.

30) Machiavelli, 1980, p. 57.

31) Machiavelli, 1980, pp. 57-58.

해서는 악덕을 행할 줄 알아야 한다고 설파하였다. 악덕을 강조했다는 점에서 마키아벨리는 '악의 선생'이라는 오명을 뒤집어썼지만 마키아벨리가 가르친 악덕의 술책은 그 뒤 많은 정치가들에게 금과옥조가 되고 있다.

마키아벨리는 선을 가르치는 다른 사상가들과 달리 파격적으로 악덕을 행하라고 가르쳤다. 악덕의 내용은 무엇일까? 첫째, 마키아벨리는 군주에게 약속을 지키지 말라고 설교한다. 약속을 지키지 말라는 이 가르침이야말로 꾀가 많고 교활한 마키아벨리의 악덕 사상을 대표적으로 나타낸다. 마키아벨리는 18장 '군주가 약속을 지켜야 하는가'에서 위대한 업적을 성취한 군주들은 자신들이 한 말을 가볍게 여기고 술수를 써서 사람들을 속이는 자들이라고 하였다. 약속을 지키지 않는 군주가 정직하게 원칙을 지키는 자들에 맞서 결국에는 승리를 거둔다고 하였다.[32]

인간이란 사악하고 타인과 맺은 약속을 지키려 하지 않기 때문에 타인과 맺은 약속에 구속되어서는 안 된다. 게다가 군주는 약속을 지키지 못하는 배신행위를 포장할 변명거리를 많이 갖고 있다. 마키아벨리 당시에도 많은 조약과 약속이 신의 없는 군주들에 의해 파기되고 무효화된 것처럼 군주는 약속을 파기하고 능숙한 기만자와 위선자가 되어야 한다. 그러므로 마키아벨리는 총명한 군주는 "약속을 지키는 것이 그에게 불리할 때, 그리고 약속을 맺은 이유가 더 이상 존재하지 않을 때 약속을 지킬 수가 없으며 또 지켜서도 안 된다"고 강조한다.[33] 만약 모든 인간이 선하다면 이 교훈은 적절하지 못하다. 그러나 인간이란 사악해서 당신과 맺은 약속을 지키려고 하지 않는다. 그러므로 당신도 그들과 맺은 약속에 구속되어서는 안 된다.[34]

마키아벨리는 약속을 지키지 말라는 교훈을 가르치면서 이 방법이 인간의 도리가 아니라는 점을 인지하고 있었던 것 같다. 왜냐하면 이러한 방법은 인간의 방법이 아니라 짐승의 방법이라고 설명하고 있기 때문이다.

---

32) Machiavelli, 1980, p. 99.
33) Machiavelli, 1980, pp. 99-100.
34) Machiavelli, 1980, p. 100.

씨우는 법에는 두 가지 방법이 있다. 하나는 법에 호소하는 방법이고, 다른 하나는 힘을 사용하는 방법이다. 이 중에 법에 호소하는 길은 인간에게 합당한 방법이고 힘에 호소하는 길은 짐승에게 마땅한 방법이다. 록크도 마키아벨리와 비슷하게 이성은 인간의 방법이고 무력은 동물의 방법이라고 주장한다.[35] 그러나 법에 호소하는 방법만으로는 충분하지 않기 때문에 군주는 인간의 방법과 짐승의 방법 두 가지를 적절하게 사용할 줄 알아야 한다. 고대 저술을 보면 아킬레스나 다른 많은 군주들이 반인반수에 의해 양육된 것을 볼 수 있다. 이것은 바로 군주가 이 두 가지 방법을 다 알아야 된다는 것을 의미한다. 만약 군주가 이 중 한 가지를 결여한다면 살아남을 수 없다.

마키아벨리는 군주가 배워야 할 짐승의 특성 중 특히 여우와 사자의 특성을 배워야 한다고 쓰고 있다. 왜냐하면 사자는 덫을 피하지 못하고 여우는 늑대를 물리칠 수 없기 때문이다. 군주는 덫을 피하기 위해 여우가 되어야 하고 늑대를 물리치기 위해서는 사자가 되어야 한다. 단순히 사자처럼 행동하는 군주는 어리석다. 총명한 군주는 여우의 기질을 배워 약속을 지키지 말아야 한다. 역사를 보면 여우를 가장 잘 모방하는 군주가 가장 큰 성공을 거두었다.[36]

마키아벨리는 사자의 특성을 닮은 군주의 행동에 대해서는 특별히 따로 설명하지 않았다. 아마도 대부분의 군주는 시민군이건 용병이건 무력을 사용할 수 있는 수단을 갖고 있으므로 마키아벨리는 사자보다 꾀와 지혜를 쓰는 여우의 특성을 더 중요하게 생각한 것으로 보인다.[37]

마키아벨리의 사자 형, 여우 형 이론은 19세기 엘리트 이론에 지대한 영향을 끼쳤다. 이탈리아의 정치 사회학자 파레토는 마키아벨리의 분류법을 그대로 사용하여 엘리트를 사자 형 엘리트와 여우 형 엘리트로 분류하

35) Locke, 1980, p. 94.
36) Machiavelli, 1980, pp. 99－100.
37) 사자의 특성을 중요시하는 의견은 다음 논문을 참조할 것. Timothy J. Lukes, "Lionizing Machiavelli," *American Political Science Review*, 95:3, September 2001.

였다. 엘리트의 순환은 이 두 가지 타입의 엘리트가 번갈아 가며 지배하므로 이루어진다.

마키아벨리는 약속을 지키지 않으면서도 의도한 대로 효과를 거둔 사람으로 체사르 보르지아의 아버지인 교황 알렉산더 6세를 꼽았다. 그는 오로지 남을 속일 수 있는 방법만 생각하였고 항상 그에게 속아 넘어가는 희생자가 있었다. 알렉산더 6세 교황처럼 진실이라고 맹세하고 확고하게 약속을 하면서 사기를 치는 사람도 찾기 어렵다고 말하고 있다.[38]

군주가 약속을 지키지 않아도 성공하는 이유는 군주의 성품보다 사람들에게 어떻게 보이느냐가 더 중요하기 때문이다.[39] 사람들은 손으로 만져보고 판단하기보다 눈으로 보고 판단하기 마련이다. 군주를 볼 수는 있지만 직접 만져 볼 수 있는 사람은 매우 드물다. 사람들은 밖으로 드러낸 외양만 볼 수 있을 뿐이다. 진실로 어떤 사람인지 경험으로 직접 알 수 있는 사람은 소수에 불과하다. 그러므로 군주는 자비롭고 신의가 있으며 정직하고 인간적이며 경건한 것처럼 보이면 족하다. 군주의 진실을 아는 소수는 겉으로 보이는 군주의 위엄을 보고 지지하는 다수를 감히 반박하기 어렵다. 속임수를 쓰고 약속을 지키지 않더라도 군주가 오로지 전쟁에 이기고 국가를 보존하면 어떤 수단을 썼는지는 별 문제가 되지 않는다. 사람들은 국가를 보존하는 결과에만 신경을 쓰기 때문이다.[40] 신의를 지키려다 국가를 잃는다면 그것만큼 어리석은 군주는 없다. 여기서 수단방법을 가리지 않고 목표를 달성하는 경향을 비난하는 의미로 마키아벨리즘이 탄생하였다.

마키아벨리의 주장대로 실제로 역사에서 약속을 지키지 않고 거짓말을 해서 승리를 가져온 사람은 무수히 많다. 현대의 대표적인 예를 한 가지 들어보자. 히틀러는 1938년 무력으로 오스트리아를 점령하였다. 영국 수상인 챔벌린은 그해 9월 히틀러와 회담하기 위해 독일의 뮌헨을 방문하

38) Machiavelli, 1980, p. 100.
39) Machiavelli, 1980, p. 100.
40) Machiavelli, 1980, p. 101.

였다. 챔벌린은 전쟁을 피하기 위해 히틀러의 요구대로 체코슬로바키아 일부를 독일의 영토로 인정하는 뮌헨 협정을 체결하였다. 히틀러는 더 이상의 영토 야욕은 없다고 하였고 챔벌린은 히틀러를 생각보다 이성적인 사람이라고 평가하였다.

순진한 영국 수상 챔벌린은 런던의 히드로 공항에 내려 뮌헨 합의 문서를 흔들어 보이며 독일의 영토 침공을 걱정하지 않아도 된다고 자신 있게 말하였다. 챔벌린은 자신이 우리 시대의 평화를 가져왔다고 자랑스럽게 말하였다. 그러나 히틀러는 마키아벨리의 충실한 제자로 다른 나라를 침범하지 않겠다는 챔벌린과의 약속을 깨고 뮌헨 합의 이듬해인 1939년 9월 폴란드를 침공하였다. 여기서 제2차 세계대전이 발발하게 되었고 챔벌린은 두고두고 세상 사람들의 놀림감이 되었다. 물론 히틀러는 제2차 세계대전에서 패해 본인도 자살로 끝을 맺고 독일도 패전국이 되었다. 그러나 약속을 지키지 않음으로써 단기간의 이익은 얻을 수 있었다.

악덕의 두 번째 내용은 『군주론』의 16장 '관대함과 인색함'에 나오는 내용으로 군주는 관대하기보다 인색해야 한다는 점이다.[41] 군주가 관대하다는 평판을 들으면 훌륭한 성품을 소유한 것으로 보일 것이다. 그러나 군주가 실제로 관대하다면 군주는 파멸에 이르게 될 것이다. 군주가 진심으로 성심껏 관대하게 행하여도 아무도 주목하지 않을 것이며 인색하다는 평판을 피하지도 못할 것이다. 군주는 관대하다는 평을 들으려면 소유한 재물을 과시하며 아낌없이 써야 된다. 그런 식으로 행동하다 보면 군주는 모든 재원을 낭비하게 될 것이다.

그럼에도 불구하고 군주가 관대하다는 평판을 유지하려면 재원이 계속 필요하다. 군주는 국민들에게 강제로 세금을 징수하여 과도한 부담을 주게 되고 돈을 걷기 위해 모든 수단을 동원할 것이다. 만약에 군주가 관대했다가 가난해져 계속해서 관대하지 못하게 되면 군주는 오히려 경멸을 받거나 미움을 받아 권력을 잃게 될 것이다.[42]

41) Machiavelli, 1980, pp. 92–95.
42) Machiavelli, 1980, p. 92.

결과적으로 군주가 관대하려고 다수에게 피해를 주었기 때문에 사소한 도전에 직면해도 권력이 위태롭게 될 것이다. 나중에 실질적인 위험에 직면하게 되면 군주는 비탄한 처지에 빠지게 될 것이다. 뒤늦게 군주가 관대함에서 비롯된 잘못을 깨닫고 가던 길을 바꾸려 하면 군주는 그 즉시 인색하다는 평판을 듣게 될 것이다. 국민들은 시간이 지나면 인색한 군주야말로 본질적으로 관대한 군주였다는 사실을 깨닫게 될 것이다. 왜냐하면 군주가 인색했기 때문에 국민에게 세금을 부과하지 않고도 전쟁을 수행할 재원이 충분히 남아있고 침략자에 대항해 국가를 방어할 수 있기 때문이다.[43]

마키아벨리는 그가 살고 있는 당대에도 위대한 업적을 성취한 사람들은 모두 인색하다는 평판을 들었고 관대한 군주들은 파멸을 맞았다고 평가한다. 따라서 현명한 군주라면 인색하다는 평판에 신경을 쓰지 말아야 한다.[44] 마키아벨리는 아주 노골적으로 인색함이야말로 군주가 권력을 유지하게 하는 악덕이며 군주는 인색함이라는 악덕을 행해야 한다고 강조한다.[45]

마키아벨리는 고대 로마의 지도자인 시저의 예를 들며 관대해서 권력을 쟁취한 경우도 있다는 사실을 인정한다. 그러나 이 경우를 논박하기 위해 마키아벨리는 군주는 운명과 상황에 따라 변해야 하므로 관대할 것인가 인색할 것인가의 여부는 지도자가 되기 전과 지도자가 된 후를 구분해서 행동해야 한다고 충고한다. 지도자가 되려는 사람은 지지 세력이 필요하므로 관대해야 한다. 그러나 이미 지도자가 된 사람은 인색해야 권력을 유지할 수 있다. 시저가 관대했던 시기는 지도자가 되기 전이었다.

마키아벨리의 위 주장은 동양의 경우에서도 찾아볼 수 있다. 진시황의 진나라가 멸망한 후 항우와 유방이 천하를 두고 다투게 되었다. 처음에는 힘이 장사인 항우가 우세하였다. 그러나 시간이 지나면서 유방의 세력이

43) Machiavelli, 1980, p. 93.
44) Machiavelli, 1980, p. 93.
45) Machiavelli, 1980, pp. 93-94.

강해져 결국 유방이 승리하고 한나라를 세우게 되었다. 항우가 거의 다 얻었던 천하를 유방에게 내준 데에는 여러 가지 이유가 있다. 항우와 유방이 만난 '홍문鴻門의 회會'에서 항우의 책사인 범증이 유방을 죽이라고 하였는데도 항우가 말을 듣지 않아 기회를 놓친 것도 있다.

그러나 천하를 지배하는 지도자가 되기 전에 항우와 유방의 태도를 비교하면 왜 항우가 패배하였는지 그 이유를 짐작할 수 있다. 유방은 전투에서 승리하면 전리품을 부하들에게 관대하고 후하게 나누어 주었다. 반면에 항우는 전리품을 부하들에게 나누어주지 않고 혼자서 독차지하였다. 이로 인해 관대한 유방에게 인재가 모여들어 결국 유방이 천하장사인 항우를 누르고 패권을 잡을 수 있었다. 지도자가 되려면 지도자가 되기 전에 관대해야 한다는 원칙을 항우는 깨닫지 못했기 때문에 다 잡았던 천하를 놓쳐버리고 말았다. 항우는 죽기 전에 사면초가 상황에서 역발산 기개세力拔山氣蓋世, 힘은 산을 뽑을 만하고 기개는 세상을 덮을 만하다를 읊으며 자신이 관대하지 못함을 한탄했을지도 모른다.

악덕의 세 번째 내용은 『군주론』의 17장 '잔인함과 인자함, 그리고 사랑받는 것과 두려움을 받는 것 중 어느 것이 나은가'에 나오는 내용으로 군주가 잔인해야 한다는 내용이다. 사람의 특성에는 잔인함과 인자함의 특성이 있다. 마키아벨리는 악덕을 선호하였기 때문에 군주는 인자하지 말고 잔인해야 한다고 가르친다.

잔인함이 군주에게 필요한 악덕이라고 주장하는 이 부분에서 마키아벨리는 역시 그가 좋아하는 체사르 보르지아의 예를 든다. 마키아벨리는 체사르 보르지아가 잔인하다는 평판을 얻었지만 그의 잔인한 정책이 로마냐 지방을 개혁하여 통합을 가져왔고 질서와 충성심을 회복시켰다고 추켜세운다.[46] 잔인하다는 평판을 피하려고 피스토이아피렌체 북쪽의 위성도시가 분열되도록 방치했던 피렌체 사람들과 비교하면 잔인해서 국가에 질서를 가져온 체사르 보르지아가 국민에게 훨씬 더 인자한 군주라고 주장한다.

---

46) Machiavelli, 1980, p. 95.

군주가 국민을 단결시키고 국가에 충성하게 만든다면 군주는 잔인하다고 비난받는 것을 걱정할 필요가 없다. 군주가 잔인하지 않고 인자하면 오히려 무질서를 방치해 많은 사람이 죽거나 약탈당하게 된다. 그러므로 소수 몇 명을 시범적으로 처벌해 기강을 바로 잡는 군주가 실제로는 훨씬 더 자비롭다고 할 수 있다. 특히 신생 국가는 위험으로 가득 차 있으므로 신생 군주는 잔인해야 한다.[47]

마키아벨리는 한니발의 예를 들며 잔인함을 정당화한다. 고대 카르타고의 한니발이 강대국 로마를 꺾고 전투에서 이길 수 있었던 이유는 잔인했기 때문이다. 한니발은 외국에 진격할 때 다양한 인종들로 구성된 대군을 이끌었다. 그러나 상황이 유리하든 불리하든 군대 내부에서 지도자인 한니발에 대해 어떠한 분열이나 불복종도 일어나지 않았다. 그 이유는 한니발이 다른 역량virtue도 있겠지만 한니발이 잔인해서 그의 부하들이 한니발을 두려워하고 존경하였기 때문이다. 역사가들은 한니발의 잔인성을 평가하지 않고 오히려 비난한다. 그러나 한니발이 잔인하지 않았다면 그의 다른 역량만으로는 전투를 승리로 이끌기에 충분하지 않았을 것이다.[48]

로마의 스키피오가 한니발을 전투에서 이기고도 원로원에서 탄핵을 당한 이유는 스키피오가 잔인하지 않고 인자했기 때문이다. 스키피오의 군대는 스페인에서 반란을 일으켰는데 유일한 이유는 스키피오가 과도하게 인자해서 병사들이 군대의 규율을 지키지 않고 방종했기 때문이었다. 스키피오는 그의 인자함 때문에 원로원에서 로마 군대를 부패시킨 장본인이라고 비난받았다.[49]

마키아벨리는 군주가 인자한 특성보다 잔인한 특성을 갖출 것을 추천한 다음 곧이어 군주는 사랑받는 것보다 두려움의 대상이 되어야 한다고 역설한다.[50] 군주가 잔인하면 국민들이 군주에게 두려움을 느껴 군주를 잘

47) Machiavelli, 1980, p. 95.
48) Machiavelli, 1980, pp. 97-98.
49) Machiavelli, 1980, p. 98.

해치지 못한다.[51] 사람들은 두려움의 대상이 되는 군주보다 사랑받는 군주를 해치는 것을 덜 걱정한다. 인자해서 국민에게 사랑받는 군주는 위험에 직면했을 때 위험에 대항할 다른 대책, 즉 잔인함이 없다. 체사르 보르지아처럼 군주가 잔인해서 국가의 갈등을 없애면 오히려 국민에게 더 인자한 군주가 된다.[52] 마키아벨리는 군주가 사랑받는 것과 두려움의 대상이 되는 것을 선택해야 한다면 사랑받지 못할 바에야 오히려 잔인해서 두려움의 대상이 되는 것이 더 낫다고 본다.

군주가 두려움의 대상이 되어야 한다는 마키아벨리의 주장 역시 인간 본성에 대한 성악설에 기초한다. 인간은 은혜를 모르고 변덕스러우며 거짓말을 잘하고 속임수에 능하다. 위험한 일이 생기면 피하고 이익만 좇고 탐욕스럽다. 사람들은 군주가 잘 해주고 위험한 때가 아닐 때에는 군주를 위해 피를 흘리고 그들의 재산과 생명 그리고 자식들까지 모두 바칠 것 같이 행동한다. 그러나 군주가 어려운 처지에 처하면 국민은 금방 등을 돌린다. 사악한 인간들이 내세우는 깨지기 쉬운 약속만을 믿고 아무런 방비를 하지 않는다면 군주는 파멸하고 말 것이다.[53]

앞에서 살펴본 바와 같이 마키아벨리는 군주가 국가를 멸망시키지 않고 권력을 유지하기 위해 악덕을 행할 것을 강력하게 권유하였다. 그러나 마키아벨리의 악덕을 받아들여 사람들이 모두 악덕을 행한다면 타인을 신뢰하지 못해 약속을 지키지 않고 서로에게 해를 입히는 약육강식의 사회, 다른 말로 표현하면 홉스가 말하는 만인의 만인에 대한 전쟁상태가 될 지도 모른다.[54]

한 가지 위안이 되는 사실은 마키아벨리가 악덕을 보통 사람에게는 권하지 않고 군주에게만 권했다는 사실이다. 앞서 말한 대로 마키아벨리가 살던 당시의 이탈리아는 프랑스, 스페인 등 주변 강대국의 침입을 자주 받

50) Machiavelli, 1980, p. 97.
51) Machiavelli, 1980, p. 96.
52) Machiavelli, 1980, p. 95.
53) Machiavelli, 1980, p. 96.
54) Hobbes, 1962, p. 113.

았다. 이탈리아 내부에서도 자치도시 사이에 전쟁이 자주 일어나 한 도시가 다른 도시에게 정복당하는 일이 빈번하게 일어났다. 마키아벨리는 시대와 상황의 필요에 의해 외세의 침입으로부터 이탈리아를 지키고 분열된 이탈리아를 통일시키기 위해 군주에게 무자비하고 비도덕적이고 잔인한 악덕을 권고했던 것이다.

02 근대 정치사상의 효시 마키아벨리

인간 본성에 대한 마키아벨리의 성악설, 선이 아닌 악덕을 행하라는 마키아벨리의 파격적 가르침, 이상 정치가 아닌 현실정치에 대한 분석, 이 모든 것을 종합해 볼 때 마키아벨리의 정치사상은 작게는 이탈리아의 통일을 위한 사상이고 크게는 근대 정치사상의 출발이라고 할 수 있다. 마키아벨리의 사상을 왜 근대 정치사상의 효시라고 할까?

근대의 특징은 무엇일까? 첫째, 중세의 기독교 이상론과 전혀 다른 세속적 사상이 나타났다는 점이다. 마키아벨리는 정치와 종교를 분리시켜 세속적 정치사상을 처음으로 출현시켰다. 고대 정치사상은 철학을, 중세 정치사상은 종교를 기반으로 했다는 점에서 차이가 있지만 이상사회를 추구했다는 점에서는 공통점이 있다. 플라톤은 앞서 말한 바와 같이 강대했던 조국 아테네가 펠로폰네소스 전쟁에서 패한 것에 충격을 받고 어떻게 하면 이상 국가를 실현할 수 있는가를 연구하였다. 플라톤의 철인 왕 이론은 현실 국가에서 실현 가능한 지배체제가 아니라 이상 국가에서 가능한 지배체제이다.

플라톤의 이상 국가론에 영향을 받아 대부분의 정치사상가들은 모순으로 가득 찬 현실 정치를 극복하고 어떻게 하면 미래에 살기 좋은 국가를 이룩할 수 있을까 하는 이상 국가론의 탐구에 중심을 두고 있다. 중세는 기독교가 지배했던 시대로 기독교를 대표하는 사상가인 어거스틴 역시 역사의 마지막 단계에서 하나님의 뜻이 실현된 이상 국가 건설을 목표로 삼고 있다. 이상사회를 꿈꾸던 고중세 학자들과 달리 마키아벨리는 현실에서 훌륭한 국가를 이룩하는 것을 목표로 하였다. 이런 의미에서 마키아벨리의 사상은 고대 플라톤의 이상 국가론과 중세 기독교의 이상 국가론과의 단절을 의미한다.

마키아벨리는 시대를 앞서가는 선구자가 모두 그렇듯이 고대로부터 중세로 이어져 내려오는 정치사상의 전통을 갑자기 바꾸는 것에 대해 조금은 두려움을 가졌던 것 같다. 그러나 동시에 마키아벨리는 자신의 새로운 시도에 대해 자부심이 컸다. "나는 독창적인 원칙을 끌어내고 있다. 나의 의도는 통치술에 대해 탐구하는 사람에게 실제 유용하다고 증명되는 이론을 기술하려고 한다. 이 문제를 이해할 수 있는 사람은 누구에게나 유용한 것을 쓰려고 하기 때문에 사물통치법을 상상해서 쓰는 것보다 실제적이고 진실하게 기술하려고 한다."[55] 이러한 자신감은 루소에게서도 나타난다. 루소는 『사회계약론』에서 "인간은 평등하게 태어났다. 그러나 인간은 쇠사슬에 묶여 있다. 어떻게 이런 변화가 일어났을까? 무엇이 이러한 변화를 정당하게 할 수 있을까? 나는 이 문제에 대해 대답할 수 있다."[56]

마키아벨리는 이상 국가론에 대해 탐구했던 고중세 사상가들을 비판하면서 현실 국가에 대한 자신의 접근법이 군주에게 실제 유용하다고 말하며 자신의 업적을 내세우고 있다. 현실적으로 좋은 국가를 이룩하는 방법에 대한 마키아벨리의 이론과 제안은 당장 현재에 사용할 수 있는 방법이었다. 때문에 현실에서 강대한 국가를 유지하기 원하는 그 당시 지배자들과 마키아벨리 이후에 나타난 정치가들에게도 많은 영향을 주었다. 이제 고중세와 다른 새로운 사상, 세속적 근대 사상의 출발을 알리는 선구자가

---

55) Machiavelli, 1980, p. 90.
56) Jean Jacque Rousseau, *On the Social Contract*, edited by R. D. Masters, New York: St. Martin's Press, 1978, p. 46.

출현한 것이다.

마키아벨리가 고중세 정치사상가들과 달리 이상 국가에 관심을 갖지 않고 현실 정치에 관심을 가지게 된 계기는 당시 조국인 이탈리아의 상황과 무관하지 않다. 당시 이탈리아는 분열되어 있었고 외국의 세력이 나폴리, 밀라노 등 이탈리아 지역의 군주로 군림하고 있었다. 언제 외세의 침략에 넘어갈지 모르는데 현실에서 살아남는 것이 중요하지 한가하게 이상국가에 대해 논할 여유가 있겠는가?

마키아벨리는 특히 중세 기독교 교회를 대표하는 교황과 교황령 국가를 이탈리아 통일에 가장 장애가 되는 세력으로 간주하고 있었다. 당시 교황은 종교적 지배력과 아울러 세속적 지배력도 소유하고 있었다. 세속 정치에 적극적으로 간섭하고 직접 군대를 지휘하기도 하였다. 교황은 같은 이탈리아에 속하는 국가나 자치도시를 공격하고 점령하기 위하여 프랑스와 스페인 같은 외세를 끌어들이기도 하였다. 교황은 성직자이므로 세속적 생활이 금지되어 있음에도 불구하고 결혼도 하고 정부도 있고 아이도 낳고 성직에 대한 매관매직을 자행하였다. 체사르 보르지아의 아버지 교황 알렉산더 6세가 대표적인 예이다.

마키아벨리는 이탈리아를 통일하기 위해서는 종교적 직위인 교황을 세속 정치와 분리시키고 교황의 세력을 약화시켜야 한다고 생각하였다. 교황의 세속 정치에 대한 간섭은 이탈리아를 분열시켜 이탈리아의 많은 지역이 교황파와 황제파로 갈라져 끊임없이 분쟁이 일어나고 있었다. 따라서 교황을 제거하고 이탈리아를 세속 지배자에 의해 통일시키려고 하였다.

마키아벨리는 처음에는 체사르 보르지아를 이탈리아를 통일시킬 인물로 보았다. 그러나 마키아벨리가 생존해 있을 때 체사르가 31살의 젊은 나이에 피살되었다. 그다음으로 마키아벨리는 이탈리아를 통일시킬 인물로 메디치 가에 희망을 걸고 『군주론』을 피렌체 군주인 로렌초 데 메디치에게 헌정하였다.

재미있는 점은 마키아벨리가 기독교 영향에서 벗어나 신이 통치하는 신국이 아니라 군주가 지배하는 현실 국가에 대해 서술하였지만 『군주론』에는 기독교적인 색채가 많이 나타난다는 점이다. 이탈리아를 통일할 인물을 기다리는 것은 기독교에서 메시아를 기다리는 것처럼 기독교적 요소이다.[57] 이탈리아를 통일할 인물, 또는 현실의 군주에게 이상적인 모델로 제시하는 인물에 성경의 모세를 예로 들고 있다.[58] 또한 용병에 반대하며 남의 힘이 아닌 자신의 힘으로 싸운 사례로 다윗을 들고 있다.[59]

마키아벨리는 역사에 대한 심층적이고 광범위한 지식을 갖고 있었다. 『군주론』에는 고중세뿐만 아니라 과거 동서양의 역사와 인물에 대한 예가 많이 나온다. 그러나 플라톤처럼 미래 군주의 모습이나 이상 국가에 대해서는 언급하고 있지 않다. 그만큼 마키아벨리는 철저히 세속적인 이론가였던 것이다. 그러나 역설적이게도 기독교를 부정했던 마키아벨리는 사망 후 교회 묘지에 묻혔다.

둘째, 마키아벨리를 근대 정치사상의 효시라고 하는 이유는 근대 민족국가의 출현이 그에게 많은 빚을 지고 있기 때문이다. 중세는 종교적으로는 기독교, 철학적으로는 스토아주의를 중심으로 유럽의 여러 다른 민족이 하나의 세계, 코스모폴리스 아래에 통합되어 있던 시기였다. 다른 한편으로는 봉건 영주에 의해 분할 통치되던 지방분권의 시대였다. 다시 말하면 세계적인 코스모폴리스와 지방 도시라는 서로 모순되는 두 측면이 공존하고 있던 시기였다. 마키아벨리는 분열되어 있는 이탈리아 민족을 통일하기 위해 단일의 군주가 필요하다고 소리 높여 주장하였다. 이제 마키아벨리에 의해 지방분권으로 분할된 영토를 통합 지배하는 단일 군주의 근대 민족국가가 본격적으로 출현하게 되었다.

마키아벨리는 공직에 있을 때 외교 업무를 담당하고 있던 장관으로서 프랑스와 스페인을 여러 차례 방문하였다. 그 당시 이탈리아를 침략했던 프랑스는 이미 군주국으로 통일되어 있었다. 스페인도 아라곤의 페르난도

57) Germino, 1972, p. 35.
58) Machiavelli, 1980, p. 134, 50.
59) Machiavelli, 1980, p. 85.

왕자가 카스티야의 이사벨 공주와 결혼하면서 스페인 왕국으로 통합되어 있었다. 이탈리아만이 하나의 국가로 통일되지 못하여 주변 강국의 침략을 자주 받는 상태에 있었다. 이런 상황에서 마키아벨리는 이탈리아에서도 통일된 민족국가가 건설되기를 고대하였다.

유럽에서 민족국가 출현이 완성된 계기는 제도적으로는 종교전쟁 이후 체결된 베스트팔렌 조약1648에 의해서이다. 사상적으로는 중세 기독교에 바탕을 둔 코스모폴리스가 해체되고 민족을 단위로 하는 국민국가를 주창한 마키아벨리에 의해서이다.

근대 국가가 출현하기 위해서는 통합된 영토와 단일 군주 외에 국가를 지탱할 자국의 군대를 필요로 하는데 이 부분에서도 마키아벨리의 공헌이 크다. 이탈리아는 다섯 개의 국가와 여러 개의 자치도시로 쪼개져 있었는데 이들 모두 자국의 국민으로 이루어진 군대를 갖추고 있지 못하였다. 그래서 스페인이나 프랑스가 침략한다든가 또는 공화국 사이에, 자치도시 사이에 전쟁이 일어나면 이들 국가나 도시들은 용병을 고용하였다. 용병은 다른 도시 사람일 수도 있고 그 도시의 사람일 수도 있는데 돈을 주고 고용하기 때문에 국가에 대한 애국심이 부족하였다. 용병 지도자의 사익에 따라 승리를 목전에 두고도 포기하는 경우가 있었다.

예를 들면 1499년 피사의 정복을 목전에 두고 다른 나라 사람인 용병대장 비텔리가 퇴각을 명령한 경우이다. 1495년 피사가 반란을 일으키기 전에는 피렌체가 피사를 지배했었다. 피렌체는 계속해서 피사를 다시 정복하려고 시도하였다. 피사는 피렌체가 무역을 위해 바다로 나아가는 유용한 출구를 제공해 주기 때문이었다. 피렌체는 유명한 용병 대장인 비텔리를 막대한 돈을 주고 고용하였다. 마침내 1499년 피사는 비텔리의 군대에 의해 포위되어 함락 직전에 있었는데 비텔리가 갑자기 퇴각을 명령하였다. 피렌체 시민들은 분노했고 용병 대장 비텔리를 붙잡아 처형하였다.[60]

마키아벨리는 이 사건을 보고 전쟁이 일어나면 애국심으로 충만해서

---

60) Machiavelli, 1980, p. 63, 80.

조국을 위해 목숨 걸고 싸울 자국 국민으로 구성된 군대의 필요성을 절감하게 되었다. 마키아벨리는 피렌체가 자국의 신민으로 구성된 강한 군대를 가져야 한다고 확신하였다. 피렌체 공화국 지도자인 소데리니는 1505년 마키아벨리에게 시민군을 결성하는 것을 허락하였다. 마키아벨리는 피렌체 전역에서 병사를 충원하기 위해 쉬지 않고 열심히 일하였다. 마침내 1507년 초 시민군을 창설하는 법령이 발표되었고 마키아벨리는 사령관으로 임명되었다. 그러나 마키아벨리의 시민군은 그 후 피사와의 전투에서 두드러진 역할을 하지 못했고 1512년 메디치 가를 복권시킨 스페인과의 전투에서 처참하게 패하고 말았다.[61]

그럼에도 불구하고 마키아벨리는 국민 군대에 대한 확신을 포기하지 않았다. 마키아벨리는 찬란했던 고대 로마 제국이 멸망하게 된 시초가 이민족인 고트족을 용병으로 고용했기 때문이라고 생각하였다.[62] 마키아벨리는 현명한 군주는 국가를 유지하기 위해 자신의 군대를 조직해야 한다고 하였다. 체사르 보르지아 역시 용병을 사용했을 때보다 자신의 군대에 절대적으로 의존했을 때 더 위대해졌고 실질적으로 존경을 받았다고 보았다.[63]

국민 군대란 무엇을 의미할까? 마키아벨리는 국민 군대는 군주의 신민이나 시민 또는 부하들로 구성된 군대를 의미한다고 하였다. 그 이외 다른 모든 군대는 용병이나 외국의 원군이다. 어떤 군주국도 자신의 군대를 갖지 못하면 안전하지 못하다. 국민으로 구성된 군대가 없으면 외적이 침략했을 때 국가를 방어할 역량이나 충성심 대신에 운명에 의존하기 때문이다.[64] 마키아벨리는 군주가 국민 군대를 형성하면 인간의 의지로 운명을 극복할 수 있다고 알려준다. 그러므로 군주가 국민 군대를 조직하여 평상시 전쟁에 대비해 군사 훈련을 부지런히 하면 언제 쳐들어올

61) Machiavelli, 1980, p. 15.
62) Machiavelli, 1980, p. 86.
63) Machiavelli, 1980, pp. 84–85.
64) Machiavelli, 1980, pp. 86–87.

지 모르는 외적으로 인한 예측할 수 없는 운명에 대처할 수 있다.[65]

결론적으로 요약하면 상상 속의 이상 국가가 아닌 실제 존재하는 현실 국가에 대한 사상, 고대 철학이나 중세 종교와 분리된 세속 정치, 민족 국가와 국민 군대 출현에 관한 사상을 최초로 제시했다는 점에서 마키아벨리는 근대 정치사상의 효시로 인정받고 있다.

65) Machiavelli, 1980, pp. 130－131.

Chapter 05

문학 속의 이상과 현실

Chapter 05

문학 속의 이상과 현실

01 테네시 윌리암스의 욕망이라는 이름의 전차

1) 좌절한 이상주의자 테네시 윌리암스

사람들은 현재 본인의 상태에 대해 만족하며 살아갈까? 백 프로 자신 있게 그렇다고 답하는 사람들은 별로 없을 것 같다. 동서고금을 막론하고 사람들은 좀 더 나은 나의 모습을 만들기 위해, 좀 더 살기 좋은 사회를 이룩하기 위해 끊임없이 노력하고 시도하였다. 고려시대 처음으로 무신정권을 수립하였던 최충헌의 노비 만적은 왕후장상의 씨가 따로 있냐고 처절하게 울부짖으며 미래에 평등한 사회를 실현하기 위해 반란을 일으켰다. 프랑스 사람들은 배가 고프다, 빵을 달라고 외치며 거리로 몰려나와 바스티유 감옥을 파괴하고 프랑스 혁명의 서곡을 알렸다. 그러나 이러한 무수한 노력

Tennessee Williams

에도 불구하고 인간 사회는 크게 나아지고 있는 것 같지 않다. 절대적 빈곤은 현대에 와서 어느 정도 사라졌지만 아직도 세계 도처에서는 빈부 격차, 소득 불평등, 실업률 증가로 아우성치고 있다.

이상사회의 추구는 인간 본성을 어떻게 이해하느냐와 밀접한 관계가 있다. 동양 사람들은 인간 본성이 선하거나 악하다고 생각하여 성선설과 성악설로 구분하였고 인간 본성의 이해에 따라 추구하는 이상사회의 모습이 다양하게 나타났다. 앞에서 설명한 바와 같이 서양 정치사상에서 인간 본성에 대한 이해는 크게 아리스토텔레스의 공동체적 본성과 홉스의 원자적 본성으로 구분할 수 있다.[1]

현대에 이르러 산업화와 자본주의 사회의 폐해가 목도되면서 인간의 본성을 선과 악이나 공동체적 또는 원자적으로 분류하는 구분을 넘어 막스는 인간의 존재를 노동하는 존재로, 프로이드는 인간을 성적 욕망을 추구하는 존재로 보았다. 프로이드의 인간 본성에 대한 탐구는 이후 많은 사람들에게 지대한 영향을 끼쳤다. 우리가 여기서 탐구하려는 『욕망이라는 이름의 전차』 역시 프로이드 식의 인간에 대한 이해를 바탕으로 창작된 희곡이라고 할 수 있다.

『욕망이라는 이름의 전차A Streetcar Named Desire』의 저자인 테네시 윌리암스Tennessee Williams, 1911-1983는 퓰리처상을 수상한 미국의 유명한 희곡 작가이다.[2] 이 작품은 아서 밀러의 『세일즈맨의 죽음』, 유진 오닐의 『밤으로의 긴 여로』와 함께 미국의 대표적 3대 희곡으로 꼽힌다.[3] 윌리암스는 미국 남부 미시시피 주에서 출생한 작가로 그의 작품에는 산업화로 사라진 미국 남부 사회에 대한 향수가 강하게 담겨 있다. 윌리암 포크너의 『음향과 분노』, 마가렛 미첼의 『바람과 함께 사라지다』 역시 남부의 전통과 가치에 대한 향수를 담고 있다. 그러나 윌리암스의 작품에는 사라져 간 남부

1) 이 책 pp. 5–6 참조.
2) Tennessee Williams, *A Streetcar Named Desire*, New York: The New American Library, 1951.
3) Arthur Miller, *Death of a Salesman*, New York: Viking, 1949; Eugene G. O'Neill, *Long Day's Journey into Night*, Yale University Press: New Haven, 1956.

의 가치관에 집착하다 근대화의 변화에 적응하지 못하고 파멸하고 마는 인간의 슬픈 자화상이 어느 작품보다도 강력하면서도 압축되어 잘 나타나 있다.

테네시 윌리암스는 그가 묘사한 희곡의 비극적 주인공들처럼 파란만장한 일생을 살았다. 그는 술과 마약에 찌들어 살았고 동성애자였으며 본인 스스로 고백하고 있듯이 호색한이었다.[4] 윌리암스의 비극적 일생을 반영하듯 윌리암스의 일생을 다룬 연극의 제목은 '신이 버린 남자God Looked Away'이다. 이 연극은 미국에서 2017년에 공연되었다.[5] 테네시 윌리암스는 정말 신이 버린 남자였을까? 그의 일생을 살펴보기로 하자.

윌리암스의 모계는 정신병 병력을 가진 사람이 많았다.[6] 그 영향으로 윌리암스의 누나 로즈는 정신병으로 고생하였다. 윌리암스는 2남 1녀의 첫째 아들로 태어났다. 남동생 데이킨과는 윌리암스가 회고하듯이 경쟁 관계에 있었지만 누나 로즈와는 매우 친밀했고 윌리암스는 죽을 때 유산도 누나에게 남겼다. 누나 로즈는 윌리암스의 소설에 등장인물로 형상화되어 많이 나타난다. 윌리암스의 자서전이라고 할 수 있는 『유리 동물원Glass Menagerie』의 여주인공 로라는 바로 누나 로즈를 반영하는 인물이다. 이 희곡으로 윌리암스는 무명의 작가에서 일약 스타 작가로 발돋움하게 되었다. 어떤 비평가는 윌리암스 작품의 주제가 근친상간이라고 하였다. 윌리암스는 자신과 누나의 관계는 결코 육체적 관계로 더럽혀진 관계가 아니라고 항변하였다.[7]

윌리암스의 아버지는 신발회사의 외판원이었는데 알코올 중독자였고 포커를 즐겨하였다. 윌리암스의 아버지는 신발 판매 업적이 좋아 미주리 주의 세인트 루이스 지점장으로 승진하였고 윌리암스의 가족은 윌리암스가 출생한 미시시피 주에서 미주리 주의 세인트 루이스로 이주하게 된다.

---

4) Tennessee Williams, *Memoirs*, Taipei: Imperial Book, 1975, p. 9, pp. 53-54.
5) New York Times, December 18, 2016.
6) Williams, 1975, p. 116.
7) Williams, 1975, p. 119.

윌리암스의 부친은 세인트 루이스로 이주한 뒤에도 술과 포커 게임에 대한 집착을 버리지 못했다. 어느 날 윌리암스의 아버지가 세인트 루이스의 제퍼슨 호텔에서 포커를 하다가 돈을 많이 잃게 되었는데 어떤 사람이 윌리암스의 아버지에게 심한 욕을 하였다. 윌리암스의 아버지는 돈도 잃고 욕까지 들어 화가 나서 그 사람을 때렸고 상대방은 윌리암스 아버지의 귀를 물어뜯어 버렸다. 이로 인해 윌리암스의 아버지는 귀의 대부분을 훼손당해 성형수술을 하였다. 세인트 루이스는 작은 도시라 윌리암스 아버지의 추문은 순식간에 도시 전체에 퍼졌다.[8] 그럼에도 불구하고 윌리암스의 아버지는 일주일에 한 번씩 꼭 포커를 하였다.[9] 『욕망이라는 이름의 전차』에는 포커 장면이 많이 나오는데 이것은 아마도 아버지의 행동에서 따온 것 같다.

윌리암스는 어렸을 때 디프테리아를 심하게 앓았다. 병은 1년 동안 지속되었고 이 기간에 공격적이고 활발하던 윌리암스의 성격은 그가 직접 토로하듯이 수줍고 여성적인 성격으로 변하였다. 강하고 남성적인 아버지는 이런 윌리암스가 못마땅해 자주 야단을 쳤다.[10] 위축되어 있는 윌리암스를 따뜻하게 감싸준 사람은 성공회 목사였던 외조부였다.[11] 윌리암스는 외조부를 기념하기 위해 유산 대부분을 성공회 계열 대학인 테네시 주 스와니에 소재한 스와니 남부 대학Sewanee: The University of the South에 기부하였다.[12]

윌리암스의 문학적 재능은 어렸을 때부터 나타났다. 윌리암스는 다섯 살 때 고대 그리스 시인 호메로스가 쓴 『일리아드』를 읽었다. 윌리암스는 특히 트로이 전쟁에 흥미를 느껴 트로이 전쟁을 바탕으로 카드놀이를 하였

---

8) Williams, 1975, p. 8, 124.
9) Williams, 1975, p. 202.
10) Williams, 1975, pp. 11－12.
11) John S. Bak, " "Love to you and Mother": An Unpublished Letter of Tennessee Williams to his Father, Cornelius Coffin Williams, 1945," *Mississippi Quarterly*, 69:3, Summer 2016, p. 1.
12) New York Times, March 12, 1983.

다.[13] 1957년에는 고대 그리스 신화에 나오는 에우리디케와 오르페우스 이야기를 바탕으로 『오르페우스 하강하다』를 집필하였다.[14]

윌리암스는 글을 쓰는 목적에 대해 끊임없이 변화하고 소진해가는 존재의 순간을 파악하기 위해 저술한다고 하였다.[15] 『욕망이라는 이름의 전차』의 원래 제목은 'Blanche's Chair in the Moon'이었다고 한다. 윌리암스는 1944년 겨울에서 1945년 초, 겨울까지 시카고에서 이 희곡의 첫 부분의 한 장면을 집필하였다. 극의 여주인공 블랑쉬가 찜통 더위의 남부 지방 마을에서 달빛이 창문에 비치는 가운데 의자에 혼자 앉아 멋진 남성을 기다리지만 그 남성은 결코 오지 않는 장면이다. 윌리암스는 이 한 장면을 쓰고 깊은 우울증에 빠져 더 이상 집필을 계속하지 못하였다.[16]

1947년 가을 윌리암스는 루이지애나 주의 뉴올리안즈로 이주하였고 여기서 비로소 『욕망이라는 이름의 전차』를 다시 쓰기 시작하였다. 그 당시 제목은 '포커 게임하는 저녁The Poker Night'이었다.[17] 윌리암스는 어릴 때부터 수영을 잘 해 바다를 좋아하였다. 뉴올리안즈는 해수면보다 낮은 지대에 위치한 도시로 하늘 빛깔이 매우 아름답고 구름은 손에 잡힐 듯했다. 뉴올리안즈의 날씨가 마음에 들었는지 저술에 대한 열정이 다시 살아나 윌리암스는 이른 아침부터 오후까지 계속 집필을 하였다. 뉴올리안즈는 『욕망이라는 이름의 전차』의 배경이 된다. 마침내 1947년 가을 플로리다 주의 키 웨스트Key West에서 『욕망이라는 이름의 전차』를 완성하였다.[18]

윌리암스는 『욕망이라는 이름의 전차』 마지막 장면에서 블랑쉬가 정신병원 의사에게 끌려가며 마지막으로 하는 대사인 "나는 언제나 낯선 사람의 친절에 의지해 왔다"[19]를 백미로 꼽고 있다. 이 대사는 1947년 봄

13) Williams, 1975, p. 11.
14) Williams, 1975, p. 180.
15) Williams, 1975, p. 84.
16) Williams, 1975, p. 86.
17) Williams, 1975, p. 109.
18) Williams, 1975, p. 111.
19) "I have always depended upon the kindness of strangers." Williams, 1951, p. 142.

뉴욕 근처의 케이프 코드Cape Cod에서 썼다.[20] 윌리암스는 자신도 블랑쉬처럼 익숙한 친구보다 낯선 사람의 친절에 의존해 왔다고 고백한다.[21]

윌리암스의 자서전에는 우리가 알고 있는 유명 인사들에 대한 평이 나온다. 실존주의 철학자이며 사르트르와의 계약 결혼으로 유명하고 여성학의 대표적 저서인 『제2의 성』을 쓴 시몬느 드 보바르에 대해서는 얼음같이 차가운 여성이라고 묘사한다. 뉴욕 필하모니의 지휘자였던 레오날드 번스타인에 대해서는 급진주의자라고 평하고 있다.[22]

윌리암스와 더불어 미국 희곡계를 대표하는 유명한 희곡 작가인 손톤 와일더에 대해서도 재미있는 일화를 소개하고 있다. 1947년 11월 뉴 헤이븐에서 『욕망이라는 이름의 전차』 공연이 끝난 뒤 윌리암스는 뉴 헤이븐 근처에 사는 와일더의 집에 초대받았다.[23] 와일더는 윌리암스에게 여주인공 블랑쉬의 동생 스텔라의 캐릭터가 잘못 설정되었다고 비판하였다. 남부 상류 지방 출신으로 교황처럼 엄숙하게 살던 스텔라가 스탠리 같은 육욕적이고 속물적인 남성과 결혼했을 리 없다며 이 희곡은 잘못된 전제 위에 기반하고 있다고 혹평하였다.[24]

와일더와 관련된 또 다른 일화가 있다. 존 F. 케네디 대통령 때 프랑스의 유명한 문인으로 드골 정부 문화장관을 지낸 앙드레 말로가 백악관에 초청되었다. 윌리암스는 이 모임에 초청받았는데 와일더도 그 자리에 있었다. 이 모임에 초청된 인사들은 성姓의 알파벳 순서대로 서 있으라는 요청을 받았다. 와일더Wilder는 윌리암스Williams에게 알파벳 순서대로 하면 윌리암스가 와일더 다음 순서이니 자기 뒤에 서 있으라고 말하였다. 윌리암스는 내가 와일더 뒤에 서는 것은 이번이 처음이자 마지막이라고 하였다.[25]

20) Williams, 1975, pp. 130−111.
21) Williams, 1975, p. 131.
22) Williams, 1975, pp. 92−94.
23) 뉴 헤이븐(New Haven)은 미국 동부 코넷티컷 주에 소재하는 도시로 예일대학교가 이 도시에 있다.
24) Williams, 1975, p. 136. 손톤 와일더에 대해서는 이 책 5장 3절, 『우리 읍내』 부분을 참조할 것
25) Williams, 1975, p. 136.

윌리암스는 같은 희곡 작가로서 와일더보다 자신이 더 우월하다고 생각했던 것 같다.

윌리암스는 미국의 천재 시인 하트 크레인Hart Crane, 1899-1932을 존경하였다. 크레인은 윌리암스처럼 동성애자였는데 카리브해에서 투신자살을 하였다. 윌리암스는 유언장에 자신이 죽으면 크레인의 뼈에 가까이 있게 그의 몸을 깨끗하고 하얀 자루에 담아 하바나쿠바의 수도에서 배를 타고 북쪽으로 12시간 간 후에 카리브해에 던져 달라고 하였다.[26] 윌리암스의 이 유언은 『욕망이라는 이름의 전차』 마지막 부분에 나오는 블랑쉬의 유언과 똑같다. 블랑쉬는 "나는 깨끗하고 하얀 자루에 싸여 바다에 묻힐 거야, 내 첫 사랑의 파란 눈동자처럼 푸른 바다 속으로 떨어질 거야"라고 말한다.[27]

『욕망이라는 이름의 전차』 서문에는 크레인의 시가 인용되고 있다.

> "나는 사랑이라는 환상의 친구를 좇아 부서진 세상으로 들어왔네. 그 목소리는 바람 속 순간에 불과하네(어디로 던져졌는지 나는 모르겠네) 곧 절망스러운 선택에 매달리겠네. -하트 크레인의 부서진 탑에서"[28]

윌리암스의 종말 역시 그의 일생과 마찬가지로 비극적이고 드라마틱하였다. 윌리암스는 1983년 뉴욕의 엘리제Elysee 호텔 방에서 갑자기 사망하였다.[29] 윌리암스의 유언과 달리 가족들은 카톨릭 신자인 그를 미주리주 세인트 루이스에 있는 카톨릭 교회 갈보리 묘지에 묻었다.

윌리암스는 자서전에서 블랑쉬를 신경질적인 인물이라고 해석하였고

---

26) Williams, 1975, p. 117.
27) Williams, 1951, p. 136.
28) Williams, 1951, 페이지 번호 없음.
29) 윌리암스의 사망 원인은 정확히 알려지지 않고 있다. 뉴욕시 검시관은 코 약병의 병마개가 목에 걸려 질식사하였다고 판정하였다. 그러나 심장병이나 약물 중독으로 사망했다는 주장도 있다. New York Times, 1983. 2. 26; CBSNewYork, February 25, 1983.

자신 역시 블랑쉬처럼 신경질적인 인물이라고 기술하였다.[30] 윌리암스가 죽은 호텔 이름 엘리제는 천국을 의미한다. 윌리암스는 블랑쉬처럼 현실과 화합하지 못하고 천국을 찾아 헤매다 실패한 걸까?

윌리암스와 비슷하게 비극적 종말을 맺은 사람으로 현대 무용의 창시자인 이사도라 덩컨이 있다. 덩컨은 택시에서 내리다가 자신의 긴 스카프가 차 바퀴에 끼여 목이 졸려 죽었다. 『바람과 함께 사라지다』의 저자 마가렛 미첼은 책과 영화로 선풍적인 인기를 끌었지만 이 소설 단 한 권을 쓴 뒤 교통사고로 요절하였다. 실존주의 문학의 대표작인 『이방인』의 저자 알베르 까뮈 역시 44세 약관의 나이에 프랑스 실존주의 철학의 대표자인 사르트르보다 먼저 노벨문학상을 수상1957년하였으나 노벨상 수상 3년 뒤 교통사고로 즉사하였다.

2) 비참한 현실에서 천국으로 도피

『욕망이라는 이름의 전차』를 읽는 대다수의 사람들은 그 작품을 문학적으로 분석하였다. 예를 들면 퓰리처 상을 수상한 미국 시인 베넷William Rose Benet은 이 희곡을 사랑에 배신당하는 아름다운 여성의 비극적인 이야기로 정의하고 있다.[31] 이 책에서는 대부분의 문학적 평가와 달리 이 희곡이 갖는 의미를 이상사회의 추구라는 정치사상적 측면과 연관지어 살펴보려고 한다.

이 희곡에 등장하는 주요 인물은 블랑쉬와 블랑쉬의 여동생 스텔라, 스텔라의 남편 스탠리, 스탠리의 친구 미치 네 사람이며 여주인공 블랑쉬를 중심으로 스토리가 전개된다. 블랑쉬Blanche는 불어로 하얗다는 뜻이다. 하얗다고 불리는 여인은 보기만 해도 깨끗하고 순수하여 세상의 더러움은 전혀 모를 것 같은 이미지를 갖고 있다.

『욕망이라는 이름의 전차』의 여주인공 블랑쉬는 여동생 스텔라가 사

---

30) Williams, 1951, p. 117.
31) Williams, 1951, 첫 부분 “A World Success.” 페이지 번호 없음.

는 천국이라는 뜻을 갖고 있는 엘리시온의 들판Elysian Fields라는 도시로 가기 위해 욕망이라는 이름의 전차를 타고 간다. 블랑쉬가 천국으로 생각하고 있는 엘리시온 들판은 고대 그리스 로마 신화에 나오는 이상향이다. 이곳은 그리스 로마 신화에서 영웅들이 죽은 후에야 갈 수 있는 곳이다. 멸망한 트로이의 장군이며 로마 건국의 원조인 아이네이아스를 노래한 베르길리우스의 서사시 『아이네이아스』를 보면 천국Elysian Fields는 죽은 사람들 중에서도 아이네이아스의 아버지 앙키세스처럼 소수의 축복받은 사람들만이 갈 수 있는 곳이다.[32] 그러므로 블랑쉬가 추구한 이상사회는 현실에서는 이루어질 수 없는 꿈이다.

욕망이라는 이름의 전차를 타고 블랑쉬가 내린 동네는 아이로니컬 하게도 천국이라는 이름과는 정반대의 다른 모습을 가진 동네이다. 이곳은 하루하루 살아가는 것이 괴롭고 무질서하며 욕정과 폭력으로 가득 찬 사람들이 사는 뉴올리안즈의 더럽고 누추한 빈민가이다.

이 동네를 대표하는 비열하고 본능적인 인물로 스텔라의 남편 스탠리 코왈스키가 있다. 스탠리 코왈스키는 실제 인물로 테네시 윌리암스가 미주리대학을 중퇴하고 구두 공장에서 일할 때의 동료로[33] 윌리암스의 희곡 『유리 동물원』에서 짐 오코너의 모델이 된 사람이다. 두 사람 사이에 동성애적 연애 사건이 있었는지는 확실하지 않다. 스탠리 코왈스키는 곧 결혼했고 10년 후에 사망하였다.[34]

스탠리는 코왈스키라는 성姓에서 알 수 있듯이 폴란드 계열의 이민자 가정 출신이다. 희곡 첫 장면에서 스탠리가 부인 스텔라에게 정육점

---

32) Vergil, 1951, p. 137, 162, 169. 여기서는 Elysium으로 나온다. 파리 번화가 상젤리제Champs Elysees 거리는 바로 '천국의 들판이라는 뜻이다. Champs은 불어로 들, 들판을 뜻하며 Elysees는 천국을 뜻한다. 프랑스 대통령이 거주하는 엘리제궁의 이름도 고대 그리스 로마 신화에서 유래하였다.

33) Vicki Collins, "Table, Bottle, and Bed: The Insatiable Southern Appetite of Tennesse Williams," *Journal of the Georgia Philological Association*, 8, 2018－2019, p. 54.

34) https://deardigitaldramaturg.wordpress.com/2019/02/22/the－men－who－became－the－inspiration－for－stanley－kowalski/ 검색일 2022. 9. 3.

에서 사 온 핏물이 밴 고기 덩어리를 던져 주는 데서 알 수 있듯이 스탠리는 육체를 상징하며[35] 동물같이 본능만 남은 남자이다. 나이는 스물여덟에서 서른 살 사이로[36] 체격이 탄탄하고 야성적이며 교양이 없는 남자이다. 젊었을 때 군대에서 상사로 근무한 배경을 갖고 있다. 화려한 깃털을 가진 수탉이 힘을 자랑하는 것처럼 옷은 항상 원색으로 몸에 착 달라붙게 입고 다닌다. 청년 때부터 삶의 중심이 여자와 쾌락을 나누는 데 있다. 동물적 본능만 남아 여자를 보면 첫 눈에 성적 매력으로 등급을 매기는 남자이다.[37] 게다가 스탠리는 임신 중에 있는 부인을 두드려 패고 툭하면 물건을 집어 던지고 말은 상스럽게 하고 행동도 천박하게 한다.[38] 스탠리의 취미는 술과 담배와 포커, 볼링 등이다.

블랑쉬의 동생 스텔라는 스탠리의 부인이다. 그녀의 이름 스텔라는 별이라는 뜻이다. 스텔라는 야비한 스탠리와는 전혀 다르게 남부 미시시피 상류층에서 숙녀다운 교양을 쌓으며 성장한 사람이다. 천박하고 상스러운 남편 스탠리를 혐오하면서도 정력적이고 추진력이 있으며 육체적 매력을 갖고 있는 스탠리에게서 벗어나지 못한다. 스탠리의 친구 독신남 미치는 아픈 노모를 모시고 사는 사람으로 부서질 것같이 여리고 매력적인 블랑쉬를 사랑하여 결혼을 꿈꾸는 사람이다.

5월 초 어둠이 깃드는 초저녁, 직장에서 쫓겨나 현재 가진 재산이라고는 달랑 65센트가 전부인[39] 블랑쉬가 비참한 현실에서 도피해 천국이라는 이름을 갖고 있는 동네에 사는 동생 집에 얹혀살려고 미시시피 주에서 루이지애나 주의 뉴올리언즈에 사는 동생을 찾아온다. 블랑쉬는 천국이라는 이름과 달리 가난에 찌들고 저속하고 폭력에 물든 동네에 실망하고 이를 대표하는 무식하고 교양 없는 동생의 남편 스탠리를 멸시하게 된다.

---

35) Philip C. Kolin and Jurgen Wolter, "Williams' A STREETCAR NAMED DESIRE," *Explicator*, 49:4, Summer 1991, p. 242.
36) Williams, 1951, p. 13.
37) Williams, 1951, p. 29.
38) Williams, 1951, p. 57.
39) Williams, 1951, p. 68.

스탠리와 스텔라는 뉴올리언즈의 허름한 이층집 아래층에 세 들어 살고 있다. 방은 두 개로, 방 하나는 부엌으로 겸해 쓰고 있고 다른 방 하나는 침실로 쓰고 있는데[40] 방 사이에는 문이 없어 화장실로 가기 위해서는 침실 방을 거쳐야 한다.[41] 좁은 집에 블랑쉬가 찾아오자 육욕에 빠진 스탠리와 스텔라의 생활은 지장을 받게 된다. 과거 고귀한 삶에 대한 향수에 젖어 있는 블랑쉬와 현재 저급하고 본능적인 삶밖에 모르는 스탠리가 충돌을 빚으며 둘 사이의 갈등과 적대감이 고조되기 시작한다.[42] 스탠리는 블랑쉬가 자신을 짐승이라고 비하하는 말을 엿듣고[43] 블랑쉬의 정체를 밝히려 한다. 이제 스탠리에 의해 감춰 두었던 블랑쉬의 과거가 서서히 드러나기 시작한다.

블랑쉬는 하얀 기둥이 있는 남부의 대저택에서 철없이 성장하였다. 이 저택은 불어로 '아름다운 꿈'이라는 뜻의 벨 리브Belle Reve라고 불리었다.[44] 블랑쉬 집의 이름 역시 꿈을 좇는 블랑쉬를 상징한다. 블랑쉬는 이름만 하얀 게 아니라 그녀가 살았던 대저택도 순수함을 의미하는 하얀 기둥으로 이루어져 있다. 그러나 블랑쉬가 마주한 현실은 하얀 순수함과는 거리가 멀다. 블랑쉬는 혼자서 늙고 병든 가족을 부양하고 살다가 농장은 남에게 빼앗기고 지금은 한 푼도 없는 빈털터리 신세다.

블랑쉬는 16살 어린 나이에 시를 쓰는 미소년을 만나 불같은 사랑에 빠져 결혼을 하였다. 그런데 블랑쉬가 결혼한 남편은 알고 보니 동성애자였다. 블랑쉬는 우연히 남편이 친구였던 나이 든 남자와 동침하는 것을 목격하게 된다. 블랑쉬와 남편은 이를 내색하지 않고 마치 아무 일도 없었던 것처럼 살아간다.[45]

---

40) Williams, 1951, p. 17.
41) Williams, 1951, p. 22.
42) Philip C. Kolin, "The First Critical Assessments of A Streetcar Named Desire: The Streetcar Tryouts and the Reviewers," *Journal of Dramatic Theory and Criticism*, 6:1, Fall 1991, p. 53.
43) Williams, 1951, p. 72.
44) Williams, 1951, p. 17, 112.
45) Williams, 1951, pp. 95-96.

어느 날 블랑쉬는 남편과 남편의 동성애 친구와 같이 셋이서 놀러 간다. 블랑쉬는 남편과 춤을 추다가 그동안 억누르고 있던 감정을 참지 못하고 갑자기 "나는 봤어! 나는 안다고! 역겨워"라고 말해 버린다.[46] 이 말을 들은 블랑쉬의 남편은 충격을 받고 그 즉시 밖으로 뛰쳐나가 입에 리볼버 권총을 넣고 방아쇠를 당겨 자살을 한다. 블랑쉬는 남편의 뒷 머리가 날아갔다는 얘기를 듣는다.[47]

블랑쉬는 이 사건에 충격을 받아 정신적으로 심약해지고 모르는 남자들과 어울리며 문란한 생활을 하게 된다. 남편이 자살한 뒤 낯선 사람과 관계를 갖는 것만이 블랑쉬의 텅 빈 가슴을 채울 수 있는 전부인 것 같았기 때문이다.[48] 블랑쉬에게 낯선 사람과의 관계는 과거를 잊고 새로운 삶을 시작하려는 필사적인 시도이다. 블랑쉬는 목욕을 자주 하는데 이것은 자기의 죄를 씻는 것을 의미한다. 급기야 블랑쉬는 자신이 선생으로 있는 고등학교에서 17살의 어린 남학생을 유혹하여 도덕적으로 교사직에 적합하지 않다고 해고된다.[49]

현실의 삶에 지친 블랑쉬는 남자와의 관계에서도 위안을 얻지 못하고 신경쇠약과 알코올 중독에 걸려 천국이라는 이름을 가진 동네에 사는 동생을 찾아와 위안을 받으려고 한다. 천국이라는 동네 이름대로 동생이 사는 동네가 블랑쉬에게 이상사회로 가는 길을 열어 주었는지 블랑쉬는 스탠리의 친구 미치를 만나게 된다. 미치는 스탠리와 달리 순진한 남자이다. 미치는 아름다운 블랑쉬에 반해 결혼을 꿈꾸고 블랑쉬 역시 미치와의 결혼을 통해 미래의 새로운 이상사회를 꿈꾼다.

그러나 처절하고 비극적이게도 바로 블랑쉬의 생일날 스탠리에 의해 블랑쉬의 과거가 낱낱이 밝혀지게 되고 블랑쉬가 가졌던 미치와의 꿈도 산산이 부서지게 된다. 임신 중인 스텔라는 언니의 과거를 듣고 충격을 받아

---

46) Williams, 1951, p. 96.
47) Williams, 1951, p. 96.
48) Williams, 1951, p. 118.
49) Williams, 1951, p. 118.

유산 증세로 병원에 입원하게 된다. 그 사이 스탠리는 다른 장소도 아닌 부인과 사는 집에서, 부인의 언니인 블랑쉬를 폭력으로 강간한다. 이제 스탠리에게 블랑쉬는 더 이상 도덕적 관계를 유지해야 할 부인의 언니가 아니다. 블랑쉬는 더 이상 가족의 일원이 아니라 한낱 힘없고 매력 있는, 성적 본능을 채우기에 알맞은 여자일 뿐이다.

정신적으로 허약한 블랑쉬는 강간을 당한 뒤 완전히 정신이상이 된다. 스텔라는 언니 블랑쉬로부터 자기 남편이 언니를 강간했다는 말을 듣는다. 그러나 스탠리의 육체적 매력에 포로가 된 스텔라는 남편과 같이 살기 위해 언니를 정신병원으로 보내기로 결심한다. 스탠리의 말대로 스탠리는 스텔라를 고귀한 흰 기둥의 대저택에서 끌어내렸고 현실적인[50] 스텔라는 그것을 좋아한 것이다. 흰 기둥 대신 색 전등을 켜놓고 말이다.[51]

동생 스텔라에 의해 버려진 블랑쉬를 정신병원으로 데려가기 위해 정신병원에서 남자 의사와 간호사가 온다. 간호사는 블랑쉬를 폭력을 행사하여 강제로 끌고 가려고 한다. 고상하고 귀족적 취향을 지닌 블랑쉬는 이들의 몰상식한 태도에 정신병원으로 끌려가지 않으려고 저항한다. 이를 본 남자 의사는 블랑쉬가 고결한 여성이므로 점잖은 방법으로 정신병원으로 데려가야 한다는 것을 깨닫는다. 의사는 블랑쉬에게 다가가 부드럽게 "드브아 씨"하고 부른다. 의사의 친절한 태도에 블랑쉬는 "나는 언제나 낯선 사람의 친절에 의지해 왔다"며 순순히 남자 의사를 따라간다.[52]

블랑쉬가 찾아온 천국이라는 동네는 과연 블랑쉬를 천국으로 인도했을까? 낯선 남자가 데려가는 세계는 과연 블랑쉬에게 천국일까?

---

50) Kolin, 1991, p. 49.
51) Williams, 1951, p. 112.
52) Williams, 1951, p. 142.

3) 실패한 이상사회 추구

우리에게 내일이 있다는 사실은 참 다행스러운 일이다. 오늘보다 더 나은 내일이 있다고 믿기에, 현재 정치 지도자보다 더 훌륭한 지도자가 있다고 믿기에, 현실보다 더 좋은 이상사회가 있다고 믿기에 사람들은 희망을 갖고 살아간다. 인간을 인간으로서 선하게 만드는 요소에는 도덕, 윤리, 철학이 있지만 내일이 있기 때문이라고도 말할 수 있다. 내일을 기대하는 우리의 처절함은 현실이 나락으로 떨어져 더 이상 최악의 상태가 있을 수 없다고 생각할 때 더 간절해진다.

여기 비참한 현실을 벗어나 이상사회를 추구하다 나락으로 떨어지는 한 여인의 이야기가 있다. 눈이 크고 아름다운 여주인공 블랑쉬는 결혼의 비극적인 종말로 인하여 아무 남자하고나 관계를 갖다 주홍 글씨의 낙인이 찍혀 고향에서 쫓겨난다. 마지막 돌파구로 여동생이 사는 천국 동네를 피난처로 삼아 찾아왔지만 욕망으로 가득 찬 세계로 인하여 블랑쉬는 재기하려는 마지막 기회마저 박탈당한다.

테네시 윌리암스는 『욕망이라는 이름의 전차』가 뉴욕에서 개막되기[53] 나흘 전 뉴욕 타임즈에 기고한 글에서 이 작품의 원래 제목을 "포커 게임하는 저녁"이라고 하였다가 "욕망이라는 이름의 전차"로 변경하였다고 밝히고 있다.[54] 원래 제목에서 알 수 있듯이 이 작품의 주요한 전개는 팽팽한 긴장감이 넘치는 포커 장면과 밀접한 연관을 가지고 있다. 포커 게임이 벌어지는 밤은 마지막 구원을 찾으려는 블랑쉬의 인생에 중요한 계기를 제공한다. 미치를 만나 인생의 희망이 시작되는 시점이 포커 게임이 벌어지는 밤이며, 동시에 구원에 실패한 블랑쉬가 정신병원으로 끌려가는 시점도 포커 게임이 벌어지는 밤이다.

---

53) Williams, 1951, p. 142. 첫 공연은 1947년 10월 30일 뉴 헤이븐에서 열렸다. Kolin, 1991, p. 45; 뉴욕 브로드웨이 첫 공연은 1947년 12월 3일이다. https://www.history.com/this-day-in-history/a-streetcar-named-desire-opens-on-broadway 검색일 2022. 3. 27. 영화로는 1951년에 제작되었다. Kolin, 1991, p. 51.

54) Williams, 1951, 테네시 윌리암스가 직접 쓴 서론 부분, 페이지 번호 없음.

밤은 인간의 욕망이 가장 적나라하게 드러나는 시간이다. 밤이란 인간의 더러운 행동과 치부가 남에게 보이지 않는 은밀한 시간으로 인간의 원초적 욕망인 섹스, 도박, 술에의 탐닉이 주로 이루어지는 시간이다. 작가는 밤에 이루어지는 포커, 섹스 등이 결국 인간의 원초적 욕망이라고 말한다. 욕망을 중심으로 인간의 치열한 삶이 전개되고 파멸과 죽음이 찾아오기 때문에 작가는 이 모든 것을 포함할 수 있도록 작품의 제목을 '욕망'이라고 바꾼 것으로 추정된다.

변경된 제목이 보여주듯이 테네시 윌리암스는 인간의 본성을 욕망, 특히 성적 욕망으로 이해하고 있다. 이 작품은 실제 인생보다 더 긴장감이 있고 폭력이 난무하는 무실서로 가득 자 있다.

테네시 윌리암스는 인간이 이성을 가장해 욕망을 억누르고 도덕적으로 가족과 사회를 구성하고 살지만 동생 남편이 처형을 폭력적으로 강간하는 장면을 통해 인간을 파멸시키는 동물적 욕망을 고발하고 있다. 참을 수 없이 터져 나오는 인간의 욕망에 의해 인간관계 중 가장 도덕적이어야 할 가족 관계가 붕괴되고 이성이 말살된다.

욕망으로 인한 파멸은 블랑쉬가 구원을 얻기 위해 동생이 사는 천국 동네로 오기 위한 교통 수단이 전차라는 점에서도 적나라하게 드러난다. 전차는 누구나 탈 수 있다. 스텔라가 사는 동네로 데리고 오는 욕망이라는 이름의 전차는 프렌치 쿼터 지역프랑스인 거주지의 오르막 내리막 좁은 길을 덜컹거리며 달리는 낡아빠진 전차이다.[55] 낡아빠진 전차는 스텔라와 스탠리가 집착하는 동물적 욕망을 의미한다. 마찬가지로 욕망이라는 이름의 전차는 남편이 자살한 뒤 마음이 공허한 블랑쉬가 아무 남자하고나 관계를 맺는 욕망을 상징하기도 한다. 블랑쉬 역시 남자의 욕망이 발동하면 아무 때나 탈 수 있는 욕망의 전차로 전락하였다는 점을 의미한다. 블랑쉬는 완전히 망가진 인생이 되어 욕망과 파멸에서 벗어나기 위해 욕망이라는 이름의 전차를 타고 천국으로 왔다. 그러나 블랑쉬의 인생은 현실에

55) Williams, 1951, p. 70.

서 구원받을 수 없고 천국이 아닌, 현실보다 더 처참한 정신병원으로 끌려가게 된다. 블랑쉬의 이상사회를 추구하는 시도는 결국 실패로 끝나고 마는 것이다.

어렸을 때부터 아름다운 꿈이라는 '벨 리브' 저택에서 성장한 블랑쉬에게 몰락한 현실은 마주할 수 없는 꿈일지도 모른다. 현실에서 벗어나 이상사회를 추구하려는 시도 역시 절대로 이루어 질 수 없는 꿈인지도 모른다. 블랑쉬도 현실 세계에서 자신을 구원해 줄 사람이 없다는 것을 깨달았는지 미치와 만난 뒤 하나님이 너무 빨리 나타났다고 애통해한다.[56]

현실에서 이상사회를 실현할 수 없다는 점을 상징하듯이 블랑쉬 동생 스텔라가 사는 천국 동네는 공교롭게도 욕망이라는 전차를 타고 가다 묘지라는 전차로 갈아타야 도달할 수 있는 곳이다. 고통과 욕망으로 가득 차 있는 현실을 벗어나 이상사회로 가려면 죽음을 뜻하는 묘지를 거쳐야만 한다. 이것은 살아있는 동안에는 이상사회로 가지 못하고 죽어야만 이상사회로 갈 수 있다는 뜻을 내포하고 있다.[57] 블랑쉬는 이 사실을 이미 알고 있었을까? 블랑쉬는 욕망의 반대는 죽음이며 욕망으로 들끓는 이 세상을 벗어나는 길은 죽음뿐이라고 부르짖고 있다.[58]

사람들은 현실보다 좀 더 살기 좋은 사회를 찾으려고 끊임없이 노력해 왔다. 하지만 『욕망이라는 이름의 전차』의 여주인공 블랑쉬처럼 우리는 결코 이상사회를 찾을 수 없을지도 모른다. 특이한 점은 이상사회를 추구하는 소설의 주인공은 거의 다 자살이나 죽음으로 종말을 맞는다는 것이다. 어네스트 헤밍웨이의 소설 『누구를 위하여 종은 울리나』의 주인공 로버트 조단은 스페인에서 프랑코 군부독재가 들어서는 것을 막고 공화정을 실현하기 위해 미국을 떠나 먼 거리를 달려왔다. 그러나 다리를 폭파하려

56) Williams, 1951, p. 96.
57) 이런 시각에서 어떤 학자는 이 작품에 욕망과 죽음이라는 두 개의 전차가 있다고 분석한다. 단 여기서 블랑쉬의 죽음은 육체적 죽음이 아니라 정신적 죽음으로 나타난다. Daniel Thomieres, "Tennessee Williams and the Two Streetcars," *Midwest Quarterly*, 53:4, Summer 2012, p. 375, 389.
58) Williams, 1951, p. 120.

는 목표가 실현되는 것을 목전에 두고 죽음을 맞이한다.

최인훈의 『광장』을 보아도 이상사회를 찾아 이념에 심취했던 이명준은 이념을 좇아 남한에서 월북해 북한으로 갔지만 6.25전쟁 때 포로가 된다. 거제도 포로수용소에서 포로들에게 각자 거주하기 원하는 나라로 갈 수 있는 선택권을 부여받았을 때 이명준은 중립국가로 가기로 결심한다. 이 선택은 결국 이명준이 이념이 이상사회를 실현해 줄 수 있다는 헛된 망상에서 벗어나 어떤 이념도 버리고 이념과 상관없는 중립국으로 간다는 것을 의미한다. 그러나 이명준은 배를 타고 중립국으로 가는 도중 중립국으로 가는 것조차 포기하고 바다로 뛰어드는 자살을 택함으로써 이상사회를 추구했던 자신의 노력이 실패했다는 것을 보여준다.

이문열의 『영웅시대』[59]는 일제 식민지로 전락한 조국의 독립을 쟁취하기 위해 이념에 의존했던 일제 강점기 영웅들을 다룬다. 주인공 이동영은 6.25 전쟁 때 이념을 위해 노모와 아내, 자식을 버리고 북으로 갔지만 이념은 허구라는 것을 깨닫고 일본으로 도망치려 한다. 동영은 공산주의 이념이 실패했다는 것을 처절하게 깨달았기 때문이다.

동영은 공산주의 이념을 실현하기 위해 건설된 북한에서 소외에서 벗어난 노동의 기쁨, 필요의 충족에서 오는 만족감, 완전한 자유와 평등의 성취가 가져온 인간 존엄의 회복, 자아의 주체적 실현과 같은 이상사회의 모습을 보고 싶었다. 그러나 동영이 실제로 북한에서 목격한 진실은 자유는 복종과 동의어였으며 평등은 가난과 천박에서만 실현된다는 점이었다.[60] 소유와 축적의 기쁨을 잃어버린 이기심의 맥 빠진 얼굴들. 이상사회의 약속에 비해 너무도 초라하게 실천된 천년 왕국에 대한 감추어진 비웃음, 등뼈가 휘도록 일한 뒤에야 최저의 형태로 돌아올 뿐이라는 씁쓸한 자각, 빈곤으로 남보다 더 고통받을 염려는 없어졌지만 또한 풍요로 남보다 더 행복해질 가망도 없어져 상대성을 상실한 만족감, 이것뿐이었다.[61] 동영

59) 이문열, 『영웅시대』, 서울: 민음사, 1984.
60) 이문열, 1984, p. 586.
61) 이문열, 1984, p. 586.

은 소유욕은 인간의 본능이므로 국가가 땅의 주인이고 농민이 공동 소유하는 협동농장보다는 한 뙈기라도 제 땅을 가지는 것이 농민의 입장에서 더 좋다는 것을 깨닫는다. 칼 막스가 말하는 이상적 공산사회, 필요한 만큼 가져다 쓰는 사회는 오히려 열심히 일한 사람들을 맥 빠지게 할 것이라는 점을 뒤늦게 인식한다.[62]

동영은 일생을 바친 이념이 허상이라는 것을 깨닫는다. 그러나 부패한 혁명과 오류로 가득 찬 이념과 싸우기 위해, 후대가 이념의 오류를 되풀이하지 않기 위해, 북한에 남아 공산주의 이념의 허구를 밝히기 위해 일본으로 도망치는 것을 포기한다. 동영의 신체는 이미 열병으로 쇠약해져 죽음으로 끝을 맺지만 동영의 정신은 수많은 사람들을 속이고 희생시켜 왔던 이념과 싸울 투지로 살아 있다. 동영을 사랑한 안명례는 동영을 일본으로 탈출시켜 줄 배를 구해주지만 본인이 북한에서 살아남기 위해 동영을 배반하고 동영이 탄 배를 나포한다.[63] 이념을 위해서라면 사랑도 배반할 수 있다.

동영은 추상적 이념의 대안으로 휴머니즘과 민족주의를 내세운다.[64] 동영은 공산주의 이념 역시 서양 사람들에 의해 만들어진 것으로 동양인을 아시아적 전제국가로 비하하는데 우리는 그것이 진리라고 열광한다고 비난한다. 이것은 우리의 콤플렉스를 나타낸다.[65] 하나의 이념만이 옳다고 주장하는 것은 잘못된 이론이다.[66] 이념을 위해 죽겠다는 사람이 있으면 비웃고 경멸해라. 어떠한 이념이건 사상이건 언제까지나 교묘한 논리와 현란한 수식으로 민중을 현혹하도록 놓아두지 마라.[67] 휴머니즘, 이것이 최선이다. 인간은 인간에게 잘해야 한다.[68] 공산주의는 인간을 위해 이념을

62) 이문열, 1984, p. 587.
63) 이문열, 1984, p. 599.
64) 이문열, 1984, p. 653.
65) 이문열, 1984, p. 600.
66) 이문열, 1984, p. 602.
67) 이문열, 1984, p. 650.
68) 이문열, 1984, p. 606.

만들었지만 오히려 이념의 이름으로 인간을 죽이고 이념을 위해 인간을 희생시킨다. 이념이 인간보다 우선시 되는 전도현상이 일어났다. 민족은 아무리 거역하고 거부하려 해도 끝내 거기서부터 자유로울 수 없는 집단이다.[69] 동영은 민족주의는 쇼비니즘광신적 애국주의도 징고이즘호전적 민족주의도 아니라고 강조한다. 동영은 서양 사람들이 만든 이념을 위해 민족이 분단된 것을 가슴 아파한다. 이 땅에서 이데올로기 과잉 현상을 치유하는 것이 필요하고 반 외세의 보루로 민족주의가 필요하다고 말한다.[70]

동영은 자전 노트에서 뒤늦게나마 자신이 깨달은 것을 이념의 추종자가 아니라 휴머니즘을 상징하는 가장 인간적인 아비로서 아들에게 알리기 위해 쓴다고 밝히고 있다. 동영이 자전 노트를 쓴 시간은 1953년 6월 13일 새벽이었다.[71] 이 시간은 이념 전쟁으로 인해 동족상잔이 가장 극심했던 6.25 전쟁의 막바지 시기였다.

02 조지 오웰의 동물농장

1) 실패한 이념가 조지 오웰

사회주의자인 조지 오웰George Orwell, 1903-1950이 사회주의 국가인 소련을 비난하는 것은 앞뒤가 맞지 않는다. 오웰은 처음에는 사회주의 국가인 소련이 모든 국민에게 평등한 부를 나눠주는 이상사회가 될 것이라고 확신하였다. 그러나 스탈린이 집권한 이후 소수 지배자 계급만을 위한 독재국가로 급격히 변질되어 가는 것을 보고 실망하고 분노하여 스탈린과 소련 사회를 비판하기 위해 『동물농장Animal Farm』을 저술하였다.[72] 오웰은 『동물

69) 이문열, 1984, p. 652.
70) 이문열, 1984, p. 653.
71) 이문열, 1984, p. 654.
72) George Orwell, *Animal Farm*, New York: Penguin Books, 1999.

농장』의 우크라이나 판 서문에서 사회주의 운동을 회복하기 위해서는 소련에 대한 신화를 파괴하는 것이 핵심이라고까지 역설하였다.[73] 더 나아가 오웰은 이 책이 소련에 밀반입되기를 희망한다고 썼다.[74]

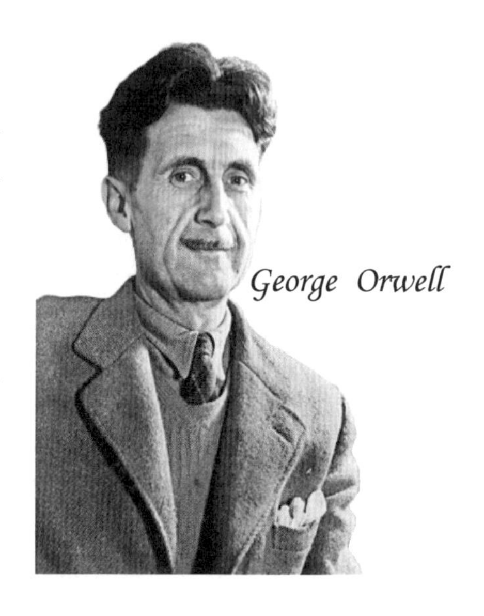

George Orwell

조지 오웰의 본명은 에릭 아서 블레어Eric Arthur Blair로 아버지가 아편국 하급 관리로 근무하던 인도에서 1903년에 출생하였다. 오웰은 한 살 때 영국으로 돌아왔고 1917년 이튼학교에 입학하였다. 여기서 『멋진 신세계A Brave New World』를 쓴 올더스 헉슬리로부터 프랑스어를 배웠다. 가난한 집안 형편으로 오웰은 대학에 진학하는 것을 포기하였다. 경찰 시험에 합격하여 1922년부터 1927년까지 버마현재 미얀마에서 인도 제국 경찰로 근무하였다.[75]

오웰은 참여 문학가로 스스로 말하기를 정치적 목적이 없는 글은 생명이 없는 글이라고 하였다.[76] 『동물농장』은 바로 이런 정치적 목적하에 공산주의 혁명의 배반과 스탈린의 독재를 비판하기 위해 저술된 책이다. 소련 공산주의를 비판한 오웰의 또 다른 책으로 『1984년』이 있다. 이 두 책으로 오웰은 소련 사회를 비판하는 대표적 작가가 되었다. 오웰이 소련

---

73) Orwell, 1999, p. xi.

74) Samantha Senn, "All Propaganda is Dangerous, but Some are More Dangerous than Others: George Orwell and the Use of Literature as Propaganda," *Journal of Strategic Security*, 8:5, Fall 2015, p. 150.

75) Orwell, 1999, 책 표지 뒤 첫 페이지. 페이지 번호 없음.

76) Orwell, 1999, p. vii; Orwell의 "WHY I WRITE," Michael Marland, ed., *Ideas, Insights and Arguments: A Non-fiction Collection*, Cambridge University Press, 2008, pp. 76-85를 참조할 것

을 비판했다고 해서 사회주의자의 입장을 포기한 것은 아니다. 대부분의 유럽 진보 지식인들처럼 오웰은 사회주의를 지지하는 입장을 견지하였다.

공산주의를 비판하는 『동물농장』에 관한 아이디어는 오웰이 스페인 내전1936-1939에 참가하면서 겪은 경험에서 유래한다. 오웰은 스페인에서 프랑코 장군이 이끄는 파시스트 군대와 공화파 사이에 내전이 발발하였을 때 공화파를 지원하기 위해 스페인으로 가서 내전에 참가하였다. 그러나 이념 갈등으로 극심한 내분에 빠져있던 공화파에 실망을 느끼면서 스탈린 계열의 전체주의에 대해 혐오감을 가지게 되었다. 왜냐하면 스페인 공화파는 스탈린의 지원을 받고 있었기 때문이다. 오웰은 폭력적인 혁명은 독재를 가져온다고 생각하였다 따라서 오웰은 동시대 사회주의 지식인들과 달리 소련식 공산주의가 이상사회를 가져온다는 이데올로기 신화에 속지 않고 반 유토피아주의자가 되었다.[77]

오웰은 『동물농장』을 제2차 세계대전 기간인 1943년 11월부터 1944년 2월까지 단 3개월 동안에 집필하였다. 출판을 하기 위해 여기저기 출판사를 알아보았으나 모두 거절당하였다. 그 시기는 2차 세계대전 당시로 소련이 영국의 동맹국이어서 소련과 스탈린을 비판하는 것은 영국의 이해에 어긋났기 때문이었다.[78] 출판사를 구하지 못해 오웰은 자비로 출판할 생각도 하였다. 마침내 1945년 영국의 Secker and Warburg 출판사가 『동물농장』을 출간하기로 하면서 세상에 빛을 보게 되었다. 제2차 세계대전이 종식된 후 미국과 소련을 중심으로 냉전이 전개되며 소련에 대한 오웰의 예언이 정확하다는 것이 증명되었고 이 책은 더욱 큰 관심을 얻게 되었다.

---

77) Jason Cowley, "The road to revolution," *New Statesman*, December 11, 2020, pp. 39－40.

78) 오웰은 소련의 눈치를 보는 영국의 태도를 사상과 표현의 자유에 대한 위협이라고 비판하였다. 오웰은 자유(liberty)는 (소련에 대해) 듣고 싶지 않은 사실을 말하는 것이라고 역설하였다. 소련 사람들은 특히 소련 지도자를 돼지로 묘사하는 데에 거부감을 느꼈다. George Orwell, "Telling People what they don't want to hear: the original preface to 'Animal Farm'," *Dissent*, 43:1, January 1996; John Rodden, "Introduction, or Orwell Into the Twenty－First Century," *Midwest Quarterly*, 56:1, September 2014, p. 12.

오웰의 『동물농장』은 인간을 동물로 비유한 점에서 시사점을 찾을 수 있다. 인간은 이성을 소유하고 있는 존재로 본능만을 소유하고 있는 동물과는 존재적 측면에서 커다란 차이가 난다. 그러나 공산주의 사회의 지배자는 국민의 이익을 위해서가 아니라 자신들의 사리사욕만을 채우기 위해 지배자가 되려고 한다. 그러므로 공산주의 사회의 지배자를 이성은 없고 본능만을 가진 동물로 묘사하며 비판한 오웰의 통찰력은 예리하고 정확하다고 볼 수 있다.

2) 동물에 의한 동물을 위한 동물의 농장

윌링던Willingdon에 있는 매너Manor 동물농장의 소유주인 존스 씨가 동물들에게 일만 시키고 잘 돌보지 않기 때문에 동물들은 불만에 가득 차 있었다.[79] 농장 이름인 '매너'는 중세 시대의 장원이나 영지를 뜻하는 말로 동물농장의 동물들이 중세 장원에 사는 농노들처럼 착취당하고 지낸다는 것을 나타낸다. 늙은 수퇘지인 메이저 돼지는 배고프고 일만 하며 학대당하는 동물들의 불만을 부추긴다. 인간 존스 씨를 내쫓고 동물들이 지배하는 농장을 만들면 모든 동물을 위한 이상적 동물농장을 실현할 수 있다고 선동한다.[80] 이에 영향을 받은 동물들은 혁명을 일으켜 주인인 존스 씨를 내쫓고 동물들로만 구성된 동물농장을 만든다.

지도자 계급으로 부상한 돼지는 이상사회를 만들기 위해 동물주의의 원리인 칠 계명을 제정하여 써 붙이고 동물들을 교육시킨다. 칠 계명은 다음과 같다. 1. 무엇이건 두 발로 걷는 것은 적이다. 2. 무엇이건 네 발로 걷거나 날개를 가진 것은 친구다. 3. 어떤 동물도 옷을 입어서는 안 된다. 4. 어떤 동물도 침대에서 자서는 안 된다. 5. 어떤 동물도 술을 마시면 안 된다. 6. 어떤 동물도 다른 동물을 죽여서는 안 된다. 7. 모든 동물은 평등하다.[81]

---

79) Orwell, 1999, p. 3.
80) Orwell, 1999, pp. 3-10.
81) Orwell, 1999, pp. 15-16.

여기에 감동받은 일반 동물들은 열심히 일하면 이상사회가 도래한다는 지도자 돼지 나폴레옹의 말을 철썩같이 믿고 열심히 일한다. 동물들 중에서도 특히 마차를 끄는 말로 몸집이 우람하고 힘이 매우 센 복서는 돼지들의 가장 충실한 추종자이다. 복서는 몸이 부서지는 줄도 모르고 누구보다도 더 열심히 아침부터 밤까지 일한다. 복서의 모토는 "내가 더 열심히 일한다"와 "나폴레옹은 언제나 옳다"이다.[82] 복서는 일이 잘못되어도 위의 두 가지 모토를 되새기며 전혀 불평하지 않고 계속 열심히 일만 한다.

동물농장에서 가장 나이가 많은 당나귀 벤자민은 혁명이 성공해도 다른 동물들과 달리 흥분하지도 않고 웃지도 않으며 가끔 냉소적인 논평만 한다.[83] 알파벳도 잘 읽을 줄 모르는 다른 동물들과 달리 당나귀는 글을 잘 읽을 줄 알지만 현실에 참여하지 않고 지켜보기만 한다.[84]

동물들은 처음에는 음식도 많이 먹고 여가도 즐기게 되어 좋아하지만[85] 지도자 계급인 돼지와 다른 동물들 사이에 점점 불평등이 생기기 시작한다. 불평등은 칠 계명을 정하고 평등 사회를 만들기로 한 첫날부터 암소의 우유가 사라지면서 시작된다.[86] 존스 씨가 농장 주인일 때는 동물들에게도 가끔 우유를 주었는데 동물에 의한, 동물을 위한 동물농장이 세워진 후부터는 우유가 사라지고 땅에 떨어진 사과도 어디론가 사라져 버렸다. 알고 보니 우유와 사과는 돼지들의 사료로 주어진 것이었다.[87]

돼지들은 자기들은 육체노동을 하는 다른 동물들과 달리 농장의 경영과 조직을 담당하는 머리를 쓰는 정신 노동자이므로 건강이 특히 중요하여 우유와 사과를 먹어야 한다고 주장한다.[88] 돼지가 건강하지 못해 농장의

82) Orwell, 1999, p. 34.
83) Orwell, 1999, p. 4.
84) Orwell, 1999, p. 20.
85) Orwell, 1999, p. 17.
86) Orwell, 1999, p. 16.
87) Orwell, 1999, pp. 21－22.
88) Orwell, 1999, p. 22.

경영과 감독을 잘못하면 존스 씨가 다시 돌아오므로 돼지들만을 위해서가 아니라 오로지 전체 동물의 이익을 위해 우유와 사과가 필요하다는 것이다. 동물들은 존스 씨가 돌아오는 것은 원치 않으므로 돼지의 특권화를 받아들인다. 이제 모든 동물이 평등한 세상을 만들기 위해 설립된 동물농장이 동물들 사이에 계급화가 고착된 불평등한 농장으로 변모한 것이다.

지배자 계급인 돼지들은 점점 더 많은 특권을 누리기 시작하여 농장의 다른 동물들을 감독한다는 명목하에 일도 하지 않고 놀고먹는다. 말을 비롯한 일반 동물들이 노예처럼 죽어라 열심히 일했지만 먹는 양은 점점 줄어들었다. 동물들은 늘 추웠고 항상 배가 고팠다. 일반 동물들의 불평이 조금씩 터져 나오기 시작하자 지배자인 나폴레옹 돼지는 호위대로 키운 사나운 개를 이용해 반대 의견을 가진 동물들을 억압한다.[89]

급기야 돼지들은 존스 씨가 살던 집에서 살고 칠 계명의 금지조항을 어기고 인간처럼 침대에서 자며 옷을 입고 술을 마시며 담배를 핀다. 다른 동물들은 언제나 배가 고프게 지내는데 돼지들만이 배부르게 호의호식해서 피둥피둥 살이 쪄 몸이 불어난다. 동물들의 마음을 가장 슬프게 한 것은 돼지들이 존스 씨처럼 회초리를 들고 동물들이 일하는 것을 감독하러 나온 것이다.[90]

동물들은 인간을 닮아 변해버린 돼지들의 모습에 충격을 받고 칠 계명을 보러 간다. 그런데 네 번째 계명의 "어떤 동물도 침대에서 자서는 안 된다"는 어떤 동물도 "시트를 깔고" 침대에서 자서는 안 된다로 바뀌어 있었다.[91] 동물들에게 술을 마시는 것을 금지한 다섯 번째 계명도 "어떤 동물도 술을 마시면 안 된다"에서 어떤 동물도 "너무 지나치게" 술을 마시면 안 된다로 변해 있었다.[92]

가장 충격적인 사건은 지도자 나폴레옹 동지가 호위대 개를 이용해

89) Orwell, 1999, p. 32.
90) Orwell, 1999, p. 77.
91) Orwell, 1999, p. 40.
92) Orwell, 1999, p. 63.

동물들을 갈기갈기 찢어 죽여 버린 일이다.[93] 무시무시한 숙청이 일어난 지 며칠 후가 지나서야 동물들은 비로소 용기를 내어 같은 동물을 죽여서는 안 된다는 여섯 번째 계명을 보러 갔다. 여섯 번째 계명 역시 "어떤 동물도 다른 동물을 죽여서는 안 된다"에서 어떤 동물도 "이유 없이" 다른 동물을 죽여서는 안 된다로 바뀌어 있었다.[94] 칠 계명은 평등한 동물주의의 원칙이 아니라 어느새 교묘하게 지배계급인 돼지들의 특권과 불평등을 수호하는 조항으로 변질되 있었던 것이다.

동물들은 그럴 리가 없다고, 분명히 칠 계명을 기억하고 있다고 생각한다. 그러나 언변이 좋아 지도자 돼지의 정책을 홍보하고 동물들을 속여 넘기는 스퀼러 돼지는 동물들이 상상을 했거나 꿈을 꾼 거라고 둘러댄다. 동물들은 내가 잘못 기억했겠지, 잘못 보았겠지 하고 넘겨버린다.

혁명에 동참한 동물들의 꿈은 모든 동물이 평등하고 배부르게 살고 강자가 약자를 보호해 주는 사회였다. 그러나 허리가 휘도록 일하고 남은 것이라곤 굶주림과 회초리뿐이었다. 드디어 동물들은 돼지들이 인간처럼 걷는 것까지 목격하게 된다.[95]

동물농장의 배반에 대해 의심하는 다른 동물들과 달리 열심히 일만 하면 좋은 날이 올 거라고 믿고 자신의 몸을 혹사하던 말 복서는 폐가 나빠졌는데도 불구하고 피를 흘릴 때까지 일하다 결국 쓰러지고 만다.[96] 아픈 복서를 병원에 데려가 치료해 준다며 마차 한 대가 온다. 마차에 적힌 글씨를 보고 흥분한 당나귀 벤자민은 복서가 끌려가는 것을 막으려고 난생 처음 뛰어 다니며 동물들을 마차 주위로 끌어모은다.[97] 글을 읽을 줄 모르는 동물들은 마차가 아픈 복서를 치료해 주려고 데리러 온 줄 알고 안심한다. 당나귀 벤자민은 글씨를 읽지 못하는 멍청한 바보 동물들에게 마차에 적혀있는 글자를 읽어 준다. 마차 겉에는 말 도살업이라고 쓰

---

93) Orwell, 1999, pp. 48-50.
94) Orwell, 1999, p. 52.
95) Orwell, 1999, p. 76.
96) Orwell, 1999, p. 68.
97) Orwell, 1999, p. 69.

여 있었다. 동물들은 마차 안에 갇힌 복서에게 "너를 죽이러 가는 것이니 마차에서 빨리 나오라"고 소리치지만 이제는 늙어 힘이 없는 복서는 마차에서 탈출하지 못한다. 동물들은 복서를 몰고 가는 말 두 마리에게 형제를 죽음으로 끌고 가면 안 된다며 소리지른다. 그러나 멍청한 말 두 마리는 너무 무식해서 무슨 일인지 영문도 모르고 더욱 빨리 달려갈 뿐이다.[98]

복서가 끌려간 지 사흘 후 동물들은 복서가 윌링던의 병원에서 치료를 잘 받았음에도 불구하고 숨을 거두었다는 발표를 듣는다. 스퀼러 돼지는 항상 그랬던 것처럼 현란한 언변으로 동물들을 속인다. 복서를 싣고 간 마차에 말 도살업이라는 문구가 적힌 것을 보고 복서가 폐마 도축업자에게 넘겨졌다는 성급한 결론을 내린 동물들이 있다는 것을 안다고 말한다. 그러나 농장에 왔던 마차는 원래 폐마 도축업자의 소유였다가 후에 윌링던의 수의사에게 팔린 것이고 그 수의사가 마차 천막에 적힌 옛날 상호를 미처 지우지 않아 생긴 오해라고 말한다.[99] 동물들은 스퀼러의 말에 또 속아 넘어간다.

지도자 돼지 나폴레옹은 복서의 죽음을 애도하는 연설을 한다. 복서가 생전에 좋아하던 두 개의 모토인 "내가 더 열심히 일한다"와 "나폴레옹 동지는 언제나 옳다"를 상기시키며 모든 동물에게 복서처럼 더 열심히 일할 것과 지도자를 숭배할 것을 독려한다.[100]

복서의 유해는 지도자 돼지의 약속과 달리 동물농장에 묻히지도 않는다. 며칠 후 윌링던의 식품 가게에서 커다란 나무 상자 하나가 돼지들이 사는 집으로 배달된다. 그날 밤 돼지들이 사는 집에서는 왁자지껄한 노랫소리가 들리고 시끄럽게 다투는 소리도 들리더니 밤늦게 와장창 유리 깨지는 소리와 함께 잠잠해졌다. 다음 날 정오가 될 때까지 집에서는 돼지 한 마리도 부스럭거리지 않았다. 소문이 나돌기는 돼지들이 어디에선가 돈이 생겨 위스키를 한 상자나 사서 마셨다는 것이다.[101] 돼지

98) Orwell, 1999, p. 70.
99) Orwell, 1999, p. 71.
100) Orwell, 1999, p. 72.

들은 복서를 도축한 돈으로 위스키를 한 상자 사서 밤새도록 거나하게 마시며 취하고 놀았던 것이다.

복서도 죽고 혁명 이전의 과거를 기억하거나 반란 초기의 농장이 지금보다 살기 더 좋았는지 아니면 더 나빴는지 기억하는 동물들은 거의 없었다.[102] 오로지 늙은 당나귀 벤자민만이 자신의 긴 생애를 한 토막도 빠짐없이 고스란히 기억하고 있다고 말할 뿐이었다. 당나귀는 지금의 사정이 옛날보다 더 나을 것도 못 할 것도 없고 앞으로도 더 나아지거나 더 못해지지도 않을 것이며, 굶주림과 고생과 실망은 삶의 바꿀 수 없는 불변의 법칙이라고 하였다.[103]

이제 동물농장에서 모든 동물이 평등하다는 원칙을 내세우던 칠계명은 사라지고 오직 단 하나의 계명, "모든 동물은 평등하다. 그러나 어떤 동물은 다른 동물보다 더 평등하다"만이 남아 있었다.[104] 남아있는 단 하나의 계명은 동물들 간의 불평등을 수호하고 일반 동물들을 과거의 노예계급으로, 피착취 계급으로 다시 돌려놓았던 것이다. 동물농장의 이름도 동물농장에서 과거 존스 씨의 매너 농장으로 다시 돌아갔다. 돼지 지배계급은 존스 씨 때의 인간과 똑같은 특권계급으로 돌아가 누가 돼지이고 누가 인간인지 구분할 수 없는 모습이 되었다.[105]

3) 배반당한 혁명

조지 오웰의 『동물농장』은 빈부 간의 격차, 계급의 불평등을 없애고 이상사회를 이룩한다는 명목하에 혁명을 일으켰으나 혁명을 배반한 소련의 지도자들, 특히 스탈린을 비판한 소설이다. 오웰이 스페인 내전에 참가한 기간은 1936년 12월에서 1937년 6월까지로 길지 않은 기간이지만 이 기간에 소련식 전체주의에 대해 혐오감을 가지게 되었다. 오웰은 이 경험

101) Orwell, 1999, p. 72.
102) Orwell, 1999, p. 72.
103) Orwell, 1999, p. 74.
104) Orwell, 1999, p. 77.
105) Orwell, 1999, p. 81.

을 바탕으로 모든 역사적 변화는 결국 기존의 지배계급이 다른 지배계급으로 대치되는 것이라고 요약한다. 민주주의, 자유, 평등, 박애, 혁명, 유토피아, 계급없는 사회, 지상에서의 천국 실현과 같은 구호는 새로운 계급이 막무가내로 권력을 차지하려는 야심을 가리는 사기라고 비판한다.[106]

오웰은 스페인 내전에서 부상을 입고 영국으로 돌아와 1940년까지 월링턴Wallington에 거주하였다. 월링턴은 런던에서 북쪽으로 약 50km 떨어진 전원 지역으로 오웰은 이곳에 사는 동안 염소, 수탉, 강아지 등을 키우며 전원생활의 즐거움을 만끽하였다. 오웰은 수탉을 미국의 자동차 왕 포드의 이름을 그대로 따서 헨리 포드Henry Ford라고 불렀고 푸들 강아지는 막스라고 부르며 전원생활을 즐겼다. 소설에서 동물농장의 소재지인 윌링던 Willingdon은 바로 오웰이 살았던 월링턴Wallington이 배경이 된 것으로 보인다.

이 소설에 등장하는 주요 동물로 돼지와 말이 있다. 돼지는 특권화된 공산당 관료집단을 의미하며 말인 복서가 대표하는 동물은 일반 국민, 프롤레타리아를 의미한다. 오웰은 왜 돼지를 혁명이 일어난 새로운 동물사회의 지배자 계급으로 설정했을까? 일반적으로 생각하는 돼지의 이미지는 아둔하고 탐욕스러우며 게으르고 뚱뚱하다. 그런데 오웰은 돼지를 동물 중 가장 똑똑하고 머리가 좋은 동물로 우스꽝스럽게 변형시켜 놓았다. 다른 동물들은 글자를 읽을 줄 모르지만 돼지들은 읽고 쓰기를 완벽하게 할 줄 알고 혁명에 필요한 아이디어도 제공해 모든 동물들은 자연스럽게 돼지를 혁명의 리더로 받아들인다.

동물농장에서 가장 높은 지도자인 나폴레옹은 유일한 수컷 돼지인데 번식력이 좋아 농장의 모든 암컷 돼지들과 교미를 해서 새끼들을 생산한다.[107] 돼지의 번식력은 모든 동물을 위해 이상사회를 수립할 수 있다며 혁명을 부추긴 메이저 돼지도 마찬가지이다. 메이저 돼지는 자기가 퍼뜨린

106) Nic Panagopoulos, "Utopian/Dystopian Visions: Plato, Huxley, Orwell," *International Journal of Comparative Literature & Translation Studies*, 8:2, April 2020, p. 22에서 재인용. 원문은 George Orwell, "Burnham's View of the Contemporary Struggle," *New Leader*, 30:13, March 29, 1947.

107) Orwell, 1999, p. 64.

자손만도 사백 마리가 넘는다고 우쭐대며 자랑을 한다.[108]

지도자 돼지 나폴레옹을 돕는 돼지로 선전책 스퀼러Squealer가 있다. 오웰은 영어로 깍깍 운다는 뜻을 가진 squeal에서 이름을 따와 스퀼러라고 이름 지었다. 스퀼러 돼지는 이름 그대로 화려한 말솜씨로 나폴레옹의 정책을 선전하고 거짓말로 동물들을 속이는 역할을 담당한다. 동물들이 칠계명이 바뀌었다고 의심할 때 스퀼러는 동물들이 잘못 상상했거나 잘못 기억하고 있다고 속여 동물들의 의심을 잠재운다.

돼지는 동물농장에서 가장 많은 권력을 가진 지배자 계급이다. 이들은 농장을 경영하고 감독하는 머리 쓰는 일을 담당한다는 핑계를 대며 일도 하지 않고 늦게 일어나며 돼지처럼 많이 먹기만 한다. 길 막스의 사상을 좇아 혁명을 일으켜 설립된 공산주의 국가들을 보면 모두가 잘 산다는 혁명의 슬로건과는 달리 공산당 관료로 이루어진 특권계급이 돼지처럼 사회의 모든 재화를 독점하고 자기들만 배부르게 사는 현상이 나타났다.

돼지 다음으로 머리가 좋은 동물은 개이다. 나폴레옹은 개가 태어나자마자 교육을 시켜 나폴레옹을 반대하고 비판하는 동물들을 위협하거나 잡아먹는 충복으로 키운다.[109] 어릴 때부터 나폴레옹에게 교육을 받고 독재자의 충복으로 성장한 개는 히틀러 시대의 유겐트나 모택동의 홍위병을 연상시킨다. 어렸을 때부터 맹목적으로 지배자의 이데올로기를 주입받은 사람들은 독재자에게 무조건 복종하고 독재자의 권력을 지켜주는 역할을 하게 되는 것이다.

무지한 일반 국민을 상징하는 대표적 동물로 말인 복서가 있다. 복서는 힘은 세지만 머리가 나빠 알파벳을 외우려고 아무리 열심히 노력해도 D까지 밖에 외울 수가 없다.[110] 복서는 여기에 만족하고 대신 일을 많이 함으로써 지배자 계급인 돼지에게 보답하려고 한다. 다른 동물들은 복서보다도 더 머리가 나빠 A 이상은 외울 수가 없다.[111]

---

108) Orwell, 1999, p. 6.
109) Orwell, 1999, p. 21.
110) Orwell, 1999, p. 20.

나이가 많은 당나귀 벤자민만은 글자를 읽을 줄도 알고 기억력도 좋아서 상황이 어떻게 돌아가는지 알지만 거의 말을 하지 않고 현실참여도 하지 않는다. 혁명이 일어나도 혁명에 대해 별 기대를 하지 않으며 혁명 전이나 혁명 후나 같은 태도를 유지한다. 당나귀가 유일하게 흥분을 해서 펄쩍 뛸 때는 친구인 복서가 말 도축업자에게 끌려갈 때이지만 복서를 구출하기에는 너무 늦어버렸다.

말은 공산주의 혁명이 발발한 사회에서 공산주의 이데올로기를 신봉하며 지도자의 말에 순종하는 프롤레타리아 계급을 의미한다. 소설에서 보는 바와 같이 이들은 지식도 없고 아이디어도 없는 순진한 사람들이다. 오로지 지도자의 말만 믿고 일만 하며 제대로 먹지도 못하고 학대만 당한다. 모든 국민을 위해 존재한다는 공산주의 사상은 결국 허구였던 것이다.

공산사회의 지배자 계급에게 쉽게 속아 넘어가는 국민을 구출하기 위해 지식인의 역할이 중요하다. 그런데 소설 속의 당나귀와 같이 지식인들은 침묵하거나 변질된 혁명에 비판도 제대로 못 하는 비겁한 계층이다. 지식인들은 지배자의 테러가 무서워 비난을 못 할 수가 있다. 아니면 오히려 정권에 빌붙어 독재자들을 선전하는 앞잡이가 되어 국민을 속이는 데 앞장설 수도 있다. 그럴듯하게 말만 잘하는 스퀼러는 실제 구 소련의 공산당 기관지인 일간 신문 프라우다를 의미한다. 지식인들은 스퀼러처럼 공산 독재자의 프로퍼갠더를 선전하는 선전꾼으로 전락할 수도 있다.

살기 좋은 이상사회를 선전하던 늙은 수퇘지 메이저는 칼 막스를 뜻한다. 메이저 돼지는 동물들의 삶이 비참하고 고달프며 죽을 때까지 일만 하다 인간들에게 도살당한다며 혁명을 일으켜 모든 동물이 평등한 이상사회를 만들자고 열변을 토한다.[112] 하지만 그것은 꿈에 불과할 뿐 혁명이 일어난 후의 동물농장은 지배계급이 된 돼지만 기름지게 먹어 살이 피둥피둥 찌고 나머지 동물들은 혁명 전과 마찬가지로 여전히 배고프고 춥게 지낸다. 혁명이 일어났지만 소수의 지배계급을 제외하고 국민들의 삶은 하

111) Orwell, 1999, pp. 20－21.
112) Orwell, 1999, p. 20.

나도 나아진 것이 없는 것이다.

왜 이렇게 되었을까? 본질적으로는 국민을 속인 지배계급에 일차적 책임이 있다. 그러나 아둔하고 판단력이 없어 무조건 돼지들에 순종하는 동물들에게도 책임이 있다. 영리한 돼지와 힘을 가진 말 복서가 협동하면 이상적 동물농장이 실현될 수 있다고 믿은 동물들에게도 잘못이 있는 것이다. 당나귀와 같은 지식인이 책임 의식이 없는 것도 비난을 면할 수 없다. 이들은 사태가 어떻게 변질되어 가는지 다 알고 있으면서도 냉소적인 논평만 가끔 낼 뿐 앞장서서 혁명의 변질이나 지도자의 부패를 견제하지 않았던 것이다.

오웰이 그린 동물농장에서 일어난 혁명이 배반은 공산주의 혁명이 일어난 소련에서 똑같이 나타났다. 동물농장의 돼지들과 마찬가지로 레닌이나 스탈린과 같은 소련의 혁명 지도계급도 처음에는 빈부 차와 계급의 불평등을 없애고 모든 사람이 살기 좋은 이상사회를 건설한다는 약속하에 혁명을 일으키고 공산주의 국가를 건설하였다. 그러나 혁명을 일으킬 때 혁명의 정당화 근거로 내세웠던 평등한 사회는 구호로만 끝나고 혁명 후에는 평등과는 거리가 먼, 불평등이 심화된 사회가 출현하였다. 공산주의를 70여 년 동안 실험하였지만 동물농장에서와 마찬가지로 실제로 소련에서는 먹을 것이 없어 식품을 구하려고 사람들이 정육점과 슈퍼마켓 앞에 길게 줄을 늘어섰고 이는 결국 공산주의 소련의 붕괴를 가져왔다.[113]

왜 혁명이 부패하고 독재자가 출현하였을까? 막스는 자본주의 사회가 발달하면 할수록 빈부 격차가 심해져 노동자들이 혁명을 일으킨다고 주장하였다. 그러나 막스의 이론과 달리 공산주의 혁명이 처음 일어난 러시아 사회를 보면 노동자가 아니라 레닌을 비롯한 소수의 지식인들이 주동이 되어 혁명을 일으켰다. 그 당시 제정 러시아는 프롤레타리아가 형성되어 있지도 않았고 핍박을 당하던 농민들도 혁명을 일으키는 주도 세력

113) 오웰이 『동물농장』과 『1984년』에서 공산주의의 암울한 독재를 예언했기 때문에 오히려 사람들이 이것을 경고로 받아들여 공산주의의 몰락을 가져왔다고 해석한다. John Rodden, 2014, p. 18.

이 아니었다. 왜 가난하고 억압받는 사람들이 혁명을 일으키지 않을까? 왜 중산층 지식인들이 혁명을 일으킬까?

헌팅턴Samuel P. Huntington에 의하면 혁명을 일으킬 가능성이 있는 계층으로 막스가 말하는 도시에 사는 빈민룸펜 프롤레타리아와 산업 노동자가 있다. 그런데 도시 빈민들은 도시 빈민가에 살지라도 생활 수준이 시골에 살던 때의 생활 수준보다 높고 정치적 수동성과 사회적 복종이라는 시골의 가치에 매몰되어 혁명 세력이 되지 않는다. 산업 노동자들은 노동조합에 가입되어 통제를 받기 때문에 혁명과 같은 정치적 급진 행동에 가담하지 않는다.[114] 따라서 혁명을 주도하는 계층은 구 체제에 불만을 품고 새로운 이데올로기에 노출된 중산층 출신의 지식인이다. 소련의 공산주의 혁명뿐만 아니라 프랑스 혁명, 중국 혁명을 보더라도 혁명을 주도한 세력은 중산층 출신의 지식인 계층이었다.

존슨Chalmers Johnson은 이를 혁명 전위대revolutionary vanguard와 혁명 계급revolutionary class 사이의 충돌로 해석한다.[115] 혁명을 일으키는 과정에는 혁명 전위대와 혁명 계급, 즉 대중이 있다. 혁명을 유발시키고 지도하는 사람들은 새로운 이념에 노출되어 새로운 세상을 꿈꾸는 소수의 지식인이다. 혁명 과정에서 혁명을 성공시키기 위해서는 혁명을 지지하는 추종자의 도움이 필요하다. 혁명 전위대는 대중을 동원하기 위해 사탕발림의 공약을 내놓고 대중은 여기에 속아 혁명 전위대의 혁명을 지지하는 동원 수단으로 합류한다.

그러나 혁명이 끝난 뒤 혁명 전위대는 혁명 계급을 버리고 자기들만의 이익을 위하는 정치를 한다. 존슨이 말한 것처럼 혁명 전위대와 혁명 계급 간의 갈등이 일어나게 되는 것이다. 이 갈등에서 결국 승리하는 자는 혁명 전위대이고 혁명 계급은 단지 혁명에 승리하기 위해 숫자만을 제공하

114) Samuel P. Huntington, *Political Order in Changing Societies*, New Haven: Yale University Press, 1968, 5장 참조.

115) Chalmers Johnson, "What's Wrong with Chinese Political Studies?" *Asian Survey*, 22:10, October 1982.

는 수단으로 전락하게 된다. 혁명이 일어났지만 혁명의 결과는 평등한 이상사회가 구현되는 것이 아니다. 오히려 구 체제보다 훨씬 더 심한 불평등이 일어나는 독재체제가 탄생하는 것이다. 혁명은 반드시 배반한다.[116]

4) 새로운 계급의 등장

공산주의 혁명 후 정권을 장악한 공산당 관료는 독재정치를 시행하였다. 구 유고연방의 밀로반 질라스Milovan Djilas, 1911-1995는 새롭게 지배계급으로 출현한 공산당 관료계급을 비판하며 새 계급new class라고 명명하였다.[117] 새로운 계급이 탄생하였다면 당연히 구 계급old class가 있을 것이다. 구 계급은 누구를 뜻할까? 구 계급은 바로 자본주의 사회의 부르주아 계급을 지칭한다.

질라스는 공산혁명이 일어나 구 계급인 자본주의 사회의 부르주아 계급은 사라졌지만 계급의 평등이 일어난 것이 아니라 오히려 불평등이 심화되고 새로운 특권계급이 나타났다고 주장하였다.[118] 이 새로운 계급은 구 계급보다 훨씬 더 독재적이고 더 많은 특권을 소유하였다며 공산주의 사회를 신랄하게 비판한다. 공산주의를 비판했다는 사유로 질라스는 제2차 세계대전 당시 유격대 동료였으며 당시 구 유고 대통령이었던 티토에게 숙청당한다.[119] 질라스는 과학과 역사의 이름을 빌어 공산주의만이 절대적으로 옳다고 하는 혁명적 막시즘과 결별하고 지적, 사회적 비판을 수용해 사회를 개혁해야 한다는 개혁주의자로 변모한다.[120]

질라스는 『새로운 계급』의 서문에서 공산주의자로서의 자신의 여정을 담담하게 술회한다. 성인이 된 후 질라스는 공산당의 낮은 계급에

116) Cowley, 2020, p. 40.
117) Milovan Djilas, *The New Class*, New York: Harcourt Brace Jovanovich, 1957.
118) Djilas, 1957, p, 58.
119) Jan De Graaf, "Outgrowing the Cold War: Cross-Continental Perspectives on Early Post-War European Social Democracy," *Contemporary European History*, 22:2, April 2013, p. 336.
120) Milovan Djilas, *The Unperfect Society*, tr. by Dorian Cooke, New York: Harcourt, Brace & World, 1969.

서 높은 계급까지, 지방의 공산당 포럼에서 전국석, 국제적 포럼까지, 진정한 공산당의 설립을 위해 혁명의 조직부터 사회주의 설립까지 전 과정을 함께 하였다고 말한다. 아무도 질라스에게 공산주의를 수용하거나 거부하라고 강요한 적이 없지만 자신의 확신에 따라 공산주의자가 되기로 자유롭게 결정하였다고 고백한다. 그 후 공산주의에 대한 실망이 극단적이거나 충격적이지는 않았지만 점차적으로 공산주의에 대한 실상을 알게 되면서 현대 공산주의의 실체로부터 의도적으로 멀어졌다고 회고한다.[121]

기존의 혁명, 즉 부르주아 혁명과 공산주의 혁명의 다른 점은 부르주아 혁명은 혜택이 모든 사람에게 돌아갔지만 공산주의 혁명은 혁명의 열매가 혁명에 참여한 모든 사람에게 돌아가지 않고 관료들에게만 돌아갔다고 비판한다.[122] 혁명이 성공하기 위해 소수의 지도 세력이 필요하지만 공산주의는 혁명이 성공으로 끝난 뒤에도 여전히 소수 집단의 독재와 중앙집권주의, 이념의 배타성, 이념의 동일성을 유지한다고 보았다.[123]

질라스는 공산주의는 가장 이상적인 이념으로 혁명을 시작하였지만 국민을 속이는 가장 거대하고 영원히 지속되는 환상으로 전락하였다고 비판하였다.[124] 프랑스 혁명은 자유, 평등, 박애를 약속했지만 로베스피에르의 독재로 끝났고 러시아 혁명은 세계를 완전히 변혁시킨다는 과학적 견해로 수행되었지만 이 역시 독재로 끝났다는 것이다.[125]

공산주의는 역사적으로 볼 때 어떤 다른 혁명보다도 많은 것을 약속했지만 아무 것도 성취하지 못했고 공산혁명은 필요하지 않았다고까지 신랄하게 비판한다. 공산혁명 후에 나타난 체제는 절대적이고 전체주의적 권력에 의해 지배되는 체제이다. 계급의 불평등이 없는 사회가 나타나리라는 막스의 예견도 틀렸고 특히 프롤레타리아 독재정치의 도움으로 자유롭고

121) Djilas, 1957, p. vi.
122) Djilas, 1957, p. 27.
123) Djilas, 1957, p. 26.
124) Djilas, 1957, p. 30.
125) Djilas, 1957, p. 32.

계급 없는 사회가 출현할 것이라는 레닌의 예측도 틀렸다.[126]

질라스는 공산주의가 계급을 없앤다는 이상으로 출현하였지만 혁명 이전의 사회와 하나도 다를 것이 없는 공산주의 독재로 귀결되었다고 본다. 공산주의 사회의 계급 관계는 계급 없는 사회가 아니다. 완전한 권력을 소유한 공산당 관료라는 새로운 단일 계급이 탄생하여 이들이 행정을 독점하고 국가의 소득과 재화를 관리하는 영원한 특권계급이 되었다고 맹렬하게 비판한다.[127]

러시아뿐만 아니라 다른 공산주의 국가를 보더라도 레닌, 스탈린, 트로츠키, 부카린이 예견한 것과 전혀 다른 공산주의의 모습이 나타났다. 공산주의자들은 국가가 빠르게 소멸되고 생활 수준이 빠르게 향상하고 민주주의가 강화될 것이라고 예측하였다. 도시와 시골의 격차, 지적 노동과 육체노동의 격차도 느리지만 사라질 것이라고 선전하였다.

그러나 정반대의 현상이 나타났다. 공산주의 체제에서 국가가 소멸되기는커녕 더욱 강력해졌다.[128] 생활 수준도 향상되기는커녕 악화되었다. 소련에서 산업화가 진행되며 생산량은 늘어났지만 대중의 생활 수준은 향상되지 않았다. 반면에 공산당 관료 출신의 새 계급만이 경제 발전의 혜택을 가져갔다. 대중의 희생과 노력 위에 새 계급만 이득을 보았던 것이다. 특히 소련이 점령한 동유럽 국가에서는 생활수준이 더욱 악화되었다. 모든 공산주의 국가에서 산업화는 빠른 속도로 이루어졌지만 이에 비례해 생활 수준의 향상은 일어나지 않았다.[129]

소련 공산주의자들의 가장 큰 망상은 소련의 산업화와 집단화, 자본주의 체제의 타파와 사유재산 제도의 폐지가 계급 없는 사회를 가져오리라는 것이었다. 스탈린은 착취계급이 폐지될 것이라고 하였다. 소련에서 자본주의 계급과 봉건영주 같이 기원이 오래된 계급은 실제로 파괴되었

126) Djilas, 1957, pp. 31–33.
127) Djilas, 1957, pp. 35–36.
128) Djilas, 1957, p. 86.
129) Djilas, 1957, p. 50.

다. 그러나 역사상 존재한 적이 없었던 새로운 계급이 출현하였다.[130]

이 새로운 계급이란 바로 관료계급이다.[131] 아니 좀 더 정확하게 말하면 정치적 관료계급이다. 새로운 계급은 사회 위에 군림하며 사회 전체를 지배하는 권력을 갖고 있다. 사실 레닌조차도 새 계급을 예상하지 못했다. 새 계급은 공산당원 전체가 아니라 그중에서도 당의 핵심인 직업적 혁명가를 기원으로 한다. 직업적 혁명가라는 것은 혁명이 직업이라는 뜻이다. 이들은 모든 재화의 소유주이며 착취자이다. 새 정당이 새 계급은 아니다.[132] 새 계급은 당과 국가에서 최고의 위치를 갖고 있는 사람들로 행정적 독점권을 갖고 모든 특권과 경제적 이익을 누리는 자들이다.[133] 새 계급은 결국 전통적 과두제와 똑같다.[134] 새 계급이 강해질수록 당은 약해진다.[135]

새 계급이 출현한 현상은 소련에 의해 강제로 공산주의 정권이 수립된 국가의 경우는 물론 자생적으로 공산주의 정권이 수립된 국가에서도 동일하게 나타났다. 공산혁명으로 어렵게 권력을 획득한 이상, 새 계급은 절대로 권력을 내놓지 않으려 한다.[136] 이는 모든 권력에 공통적으로 나타나는 현상이다.

공산주의가 아닌 사회에도 관료는 있다. 그러나 이들 사회에서는 관료 위에 선거로 선출된 정치적 주인이 있다. 그러나 공산주의 사회에서는 관료 위에 주인이나 소유자가 없다. 로마법에서 소유권은 사용권, 즉 물질적 재화를 사용하고 즐길 수 있는 권리를 나타낸다. 공산주의 사회의 정치 관료는 국가의 모든 재산을 사용하고 즐기고 처분한다.[137] 이들은 국가와 사회를 위한다는 명목으로 국가재산을 관리하고 배

130) Djilas, 1957, pp. 37-38.
131) Joshua Muravchik, "The Intellectual Odyssey of Milovan Djilas," *World Affairs*, 145:4, March 1983, p. 326.
132) Djilas, 1957, pp. 38-39.
133) Djilas, 1957, p. 39, 55.
134) Djilas, 1957, p. 170.
135) Djilas, 1957, p. 40.
136) Djilas, 1957, pp. 174-175.
137) Djilas, 1957, p. 44.

분하면서 실제로는 모든 특권과 재산을 소유한다. 이들은 매우 부유하고 일할 필요가 없다.[138]

이들은 직업으로 권력이나 정치를 택한 기생 계층으로 다른 사람들을 희생시키며 이상적으로 살아갈 수 있다.[139] 혁명 전에는 공산당원이라는 이름이 희생을 뜻했지만 혁명 후 공산당이 권력을 장악한 다음에는 공산당원은 특권계급을 뜻한다. 공산당 핵심 당원은 전지전능한 착취자이고 주인이다.[140] 이들은 경제적으로도 엄청난 혜택을 누리고 있다.[141] 근사한 주택, 시골의 별장, 멋진 가구, 최고로 좋은 자동차, 일반 사람은 들어올 수 없는 그들만을 위한 배타적 지역들이 가장 높은 관료들을 위해 설정되었다.[142] 혁명이 성공한 후 이들 정치 관료들은 산업이라는 이름으로, 집단 소유제도라는 이름으로, 사회주의식 소유권이라는 이름으로 그들이 갖고 있는 실질적 소유권을 위장해 온 것이다.[143]

질라스의 독창성은 공산주의를 자본주의 사회와 마찬가지로 소유관계로 다시 분석하였다는 점이다. 질라스는 공산주의자들이 공산주의 사회에서 생산을 공유함으로써 자본주의 사회의 사유재산제를 폐지하였다고 주장하지만 실제로는 정치 관료가 국민 모두의 재산을 소유하는 관료 재산제도로 변환시켰다는 것을 발견하였다. 공산주의자들은 계급의 불평등을 없애기 위해 자본주의 사회의 사유재산 제도를 국가의 소유로 대신하였다. 질라스는 공산주의 사회가 노동자의 노동과 토지에서 생산된 재화를 모두 국가의 소유로 환원함으로써 국가에 의한, 정치 관료라는 새로운 계급에 의한 사유재산제도로 변형시켰다고 주장한다. 서구의 자본주의 사회가 사적인 자본주의였다면 공산주의 사회의 자본주의는 국가 자본주의이고 이것은 새로운 형태의 자본주의와 다름없다.

138) Djilas, 1957, p. 45.
139) Djilas, 1957, p. 46.
140) Djilas, 1957, p. 47.
141) Djilas, 1957, p. 53.
142) Djilas, 1957, p. 57.
143) Djilas, 1957, p. 47.

그러나 공산주의 체제의 관료 자본주의는 자본주의 체제의 자본주의보다 더 나쁜 자본주의이다.[144] 자본주의 사회에서는 자본가들이 노동자의 노동에서 나오는 이윤을 의회의 입법이나 노동자들의 스트라이크를 통해 노동자들과 공유한다. 하지만 공산주의 사회에서는 뉴 클래스가 노동자들과 이윤을 공유하는 것을 허락하지 않는다. 뉴 클래스가 노동자들과 이윤을 공유하게 되면 그들이 독점하고 있는 재산, 이데올로기, 정부 권한에 대한 독점을 박탈당하기 때문이다. 만약 노동자들과 이윤을 공유하게 되면 공산주의에서 바로 민주주의와 자유가 시작되는 것이고 나아가 공산주의 체제의 독점과 전체주의를 종식시키는 것이므로 절대로 용납될 수 없다.[145] 역사상 어떤 계급도 뉴 클래스처럼 최고로 응집력이 강하고 집단적이고 소유권과 전체주의적 권위를 유일하게 소유한 계급은 존재하지 않았다.[146]

뉴 클래스는 어떻게 탄생하였을까? 첫째 이유는 존슨이 주장한 대로 혁명이 성공한 후에 발생하는 혁명 전위대와 혁명 계급 사이의 갈등 때문이다. 둘째로는 소련의 빠른 산업화 과정에 의해 탄생하였다. 레닌에 의해 제정 러시아에서 혁명이 성공하였을 때 러시아의 상황은 막스가 예측한 대로 자본주의가 고도로 발달한 상태가 아니라 농업이 지배하던 사회였다. 레닌은 이미 산업화를 이룩한 유럽 국가들에 뒤처지지 않게 빠른 속도로 산업화를 이룩해야 할 필요에 처해 있었다. 이를 위해 레닌은 공산주의 이론에 따라 모든 사유재산을 없애고 국가가 주도하는 중공업 중심의 산업화를 이룩하려고 시도하였다. 이 목표에 따라 경제 발전 정책을 수립하고 재화를 국유화하고 사회를 지배하고 재산을 분배하는 행정가가 필요하게 되었다.[147]

빠른 산업화 과정에 요구되는 기능을 수행하는 과정에서 독점적

---

144) Djilas, 1957, p. 172.
145) Djilas, 1957, p. 45.
146) Djilas, 1957, p. 59.
147) Djilas, 1957, pp. 55–56.

권력을 소유한 뉴 클래스가 등장하게 되었다. 뉴 클래스는 권력을 갖기 위해 소유권이 매우 중요하다는 점을 깨달았고 이들의 권력은 더 절대적으로 변모하였다. 질라스는 뉴 클래스가 권력뿐만 아니라 산업화에서 나오는 열매도 모두 소유하였다고 본다. 질라스에 의하면 집단농장을 만든 것도 농업 생산력을 높이기 위해서가 아니라 농민과 중농업자의 소유권을 빼앗기 위해서라고 본다.[148] 이런 측면에서 질라스는 레닌에 의해 탄생되고 스탈린에 의해 건설된 소련을 "산업화된 봉건주의industrial feudalism"이라고 특징하였다.[149]

질라스는 여기서 한 걸음 더 나아가 '사회적'이라는 단어가 사실 공산주의에서는 법적인 픽션이라고 주장한다.[150] 모든 사람이 공유하는 사회적 재산, 사회적 권력은 없다. 실제로는 뉴 클래스가 국가의 모든 재화와 권력을 소유할 따름이다. 공산주의 사회에서는 권력과 소유가 동일하다.[151]

셋째, 뉴 클래스는 노동자들이 있기에 가능하다. 농민 사이에서 귀족이 탄생하고 상인과 장인 사이에서 지배계급인 부르주아가 탄생하듯이 새 계급은 노동자가 있기 때문에 탄생한다.[152] 노동자는 지적으로 뒤떨어졌기 때문에 새 계급이 출현할 수 있는 기반을 제공한다.

노동자들은 왜 뉴 클래스를 지지할까? 그 이유는 산업화가 진행되면서 뉴 클래스가 노동자 계급을 빈곤과 절망으로부터 구출해 줄 수 있다고 믿기 때문이다. 새 계급의 이해, 이념, 신념, 희망이 노동계급과 가난한 농민들의 이해와 일치하므로 이들은 연합한다. 이러한 현상은 다른 시기를 보더라도 마찬가지이다. 부르주아는 봉건영주와의 투쟁에서 농민들의 이익을 대변해 주었다.

새 계급은 또한 반 자본주의적이다. 따라서 논리적으로 노동 계층에

---

148) Djilas, 1957, p. 56.
149) Milovan Djilas, "A Revolutionary Democratic Vision of Europe," *International Affairs*, 66:2, April 1990, p. 269.
150) Djilas, 1957, p. 65.
151) Djilas, 1957, p. 66.
152) Djilas, 1957, p. 41.

의존할 수밖에 없다. 노동자들 역시 전통적으로 잔인한 착취가 없을 거라는 사회주의와 공산주의 사회를 신봉하기 때문에 새로운 계급은 노동자들의 투쟁에 의해 지지받는다. 새 계급은 노동계급의 이해를 대변하는 챔피언으로 자리매김한다.[153]

노동 계층의 지지를 받아 새 계급이 권력을 장악하지만 새 계급이 노동 계급과 가난한 사람들에게 관심을 가지는 정도는 생산을 지속시키고 가장 공격적이고 반항적인 사회 세력농민을 복종시킬 때까지 만이다. 노동 계급을 위한다는 명목으로 새 계급이 권력을 독점하지만 사실은 노동 계급에 대한 지배력을 독점하는 것이다. 새 계급은 처음에는 노동자들 중에서 지식이 있는 노동자들을 독점하고 다음에는 노동자 전체를 독점한다.[154]

넷째, 뉴 클래스는 스탈린에 의해 강화되었다. 레닌은 독재를 실시하였지만 스탈린은 독재보다 더 심한 전체주의를 실시하였다.[155] 스탈린 시기에 뉴 클래스는 정부, 소유권, 이념을 독점적으로 모두 지배하였다.[156] 그 결과 스탈린 시기의 소련에서 실제 나타난 현상은 "노동자에 의한 독재"는 허구가 되었고[157] 새 계급과 공산당의 독재는 더 심해졌다는 사실이다. 제정 러시아의 차르 때보다 더 무서운 독재가 출현하였다.[158] 새로운 형태의 관료적 독재bureaucratic despotism이 출현한 것이다.[159]

뉴 클래스의 등장은 영웅적 혁명의 시대가 끝나고 현실적 사람들의 시대가 들어섰음을 알리는 신호탄이다.[160] 그들은 권력과 부는 가졌지만 새로운 아이디어는 더 이상 제시하지 못한다. 그들은 더 이상 대중에게 말할 내용이 없다. 단 하나 남은 것은 단지 새 계급을, 그들 자신을 정당화하

153) Djilas, 1957, pp. 41–42.
154) Djilas, 1957, p. 42.
155) Djilas, 1957, p. 75.
156) Djilas, 1957, p. 78.–
157) Karl Marx, "Critique of the Gotha Program," *The Marx–Engels Reader*, ed. by Robert C. Tucker, New York: W. W. Norton & Company, 1978, p. 538.
158) Djilas, 1957, pp. 117–118.
159) Djilas, 1957, p. 141.
160) Djilas, 1957, p. 53.

는 것뿐이다. 공산주의 혁명 후 등장한 새 계급은 부르주아 혁명 후 일시적으로 등장한 크롬웰의 독재나 나폴레옹의 독재와 달리 영구적 독재이며 자의적 관료체제이다.[161] 질라스가 말한 것처럼 새로운 계급은 영구적이라 오직 공산주의 체제 그 자체가 붕괴될 때에만 없어질 수 있다.

새 계급의 출신배경은 어떠할까? 질라스는 헌팅턴과 같은 기존의 혁명이론가들과 달리 뉴 클래스는 노동 계층에서 충원된다고 주장한다. 예전에 노예 계층이 주인을 위해 가장 영리하고 능력 있는 사람들을 제공했던 것처럼 말이다.[162]

뉴 클래스에 대한 도전은 없었을까? 물론 있었다. 레닌이 죽고 스탈린이 집권할 때 트로츠키의 저항이 있었다. 트로츠키는 스탈린의 독재와 전체주의가 프랑스 혁명 사상을 끝내고 보수주의의 부활을 가져온 테르미도르의 반동과 같다고 생각하였다. 트로츠키는 새 계급을 없애기 위해 위로부터의 혁명, 궁정 혁명이 일어나야 한다고 생각하였으나 실패하였다.[163] 이것은 마치 동물농장에서 스노우볼트로츠키와 나폴레옹 돼지스탈린 사이에 갈등이 일어나 나폴레옹 돼지의 승리로 끝나는 것과 같다. 스탈린 사망 후 후르시초프에 의해 스탈린에 대한 부정이 일어났다. 그러나 질라스는 이것은 형식적이었고 새 계급의 독재는 더 심해졌다고 본다.[164]

질라스는 뉴 클래스가 인류 역사에서 가장 수치스러운 사기라고 단정한다. 그러므로 뉴 클래스는 역사에서 반드시 사라져야 한다고 소리 높여 주장하였다.[165] 질라스는 공산주의는 멸망할 것이며 이와 더불어 뉴 클래스도 사라질 것이라고 예언하였다.[166] 질라스의 염원대로 공산주의의 몰락과 더불어 공산주의 관료계급은 사라졌다. 그러나 아직도 다른 나라에는 뉴 클래스의 또 다른 유형이 남아있다. 질라스의 예언은 반은 맞고 반은 틀렸다.

---

161) Djilas, 1957, p. 54.
162) Djilas, 1957, p. 42.
163) Djilas, 1957, p. 51.
164) Djilas, 1957, p. 51.
165) Djilas, 1957, p. 69.
166) Djilas, 1957, p. 214.

03 손톤 와일더의 우리 읍내

1) 현실주의자 손톤 와일더

지금까지 신화와 성경, 그리고 문학 작품 속에 내포된 정치사상을 통하여 이상사회를 건설하려는 인간의 소망을 다양한 측면에서 분석하였다. 그러나 우리가 사는 이 땅에 이상사회를 실제로 구현하는 일은 사실상 거의 불가능하다는 결론에 도달한 사람들이 있다. 이상사회 건설이라는 이룰 수 없는 꿈에서 벗어나 현실의 삶에 충실하게 사는 것이 진정한 행복이라는 주장을 문학 작품으로 표현한 작가가 있다. 바로 『우리 읍내Our Town』의 저자 손톤 와일더Thornton Niven Wilder, 1897-1975이다.[167]

손톤 와일더는 그의 대표적 희곡인 『우리 읍내』에서 삶은 유한하므로 언제 도달할지 모르는 이상사회를 추구하느라 시간을 낭비하는 것보다 살아있는 동안에 매 순간순간을 소중히 여기며 살아야 한다고 역설한다. 와일더는 고대에 영화를 자랑했던 바빌론 제국에는 이백만 명이나 되는 사람들이 살았지만 그들에 대해 우리가 알고 있는 것은 함무라비 왕이나 느부갓네살 왕 같은 몇몇 왕들의 이름과 밀이나 노예매매 계약서 몇 장뿐이라고 말한다.[168]

---

167) Thornton Wilder, *Our Town: A Play in Three Acts*, New York: Harper Collins, 2003.

168) Wilder, 2003, p. 33. 함무라비 왕(BC. 1810−1750년경)은 "눈에는 눈, 이에는 이" 구절로 유명한 함무라비 법전을 만든 왕이다. 느부갓네살 왕(BC. 630?−561)은 성경 구약에 여러 번 나오는데 특히 다니엘서에 그에 관한 기록이 많이 나온다. 두 왕

바빌론이 위대한 제국이었다고 하지만 일회성에 그치는 몇몇 사건이 우리에게 무슨 의미가 있는가? 오랜 세월이 지나면 당시 중요하게 보였던 역사적 사건은 잊혀지고 말지만 사람들의 일상생활은 시대에 구애받지 않고 언제나 똑같이 진행된다. 고대 바빌론에서도 현재, 여기의 우리들처럼 매일 저녁 굴뚝에서는 연기가 솟아오르고 아버지가 직장에서 집으로 돌아오고 모든 가족이 둘러앉아 저녁을 먹었을 것이다.

몇 천 년이 지나도 하루하루의 평범한 일상생활이 없어지지 않고 지속되는 이유는 소소하게 보이는 일상생활이 사람이 살아가는데 제일 중요하기 때문이다.[169] 천 년 전이나 지금이나 또는 아득한 먼 미래에도 사람들이 태어나고 자라서 결혼하고 살다가 죽는 것은 똑같다.[170]

손톤 와일더는 1927년에 린드버그가 처음으로 대서양을 횡단한 비행이나 1919년 제1차 세계대전을 종결한 베르사이유 조약 같은 거대한 역사적 사건보다 매일매일 일어나는 사람들의 평범한 삶이 더 중요하다고 생각하였다. 손톤 와일더의 사상은 고대 로마의 에피쿠로스 학파 시인으로 일상적 삶의 행복을 추구했던 호라티우스 시의 한 구절인 "Carpe Diem" –지금 살고 있는 현재 이 순간에 충실하라–는 격언에 부합된다고 할 수 있다.

『우리 읍내』는 미국의 극작가이며 소설가인 손톤 와일더가 1937년에 발표한 희곡이다.[171] 테네시 윌리암스와 마찬가지로 와일더는 이 희곡으로 1938년 퓰리처상을 수상하였다. 와일더는 이미 1928년에 『The Bridge of San Luis Rey』로 생애 첫 번째 퓰리처상을 소설 부문에서 받았다. 와일더는 1943년 『The Skin Of Our Teeth』 희곡으로 세 번째 퓰리처상을 받았다. 그는 소설과 희곡 부문에서 동시에 퓰리처상을 받은 유일한 작가

이 통치하던 시기에 바빌론이 번성하였다.

169) Gerald Weales, "A Writer to the End," *Sewanee Review*," 118:1, Winter 2010, p. 122. 와일더는 이 작품의 주제가 거시적인 사회 역사나 종교적 관념에 대한 전망, 성찰이 아니라 인간 삶의 소소한 일상에 있다고 말한다.

170) Wilder, 2003, p. 33.

171) Wilder, 2003, p. xiv.

이다.[172]

손톤 와일더는 미국 위스콘신 주 매디슨에서 지적인 환경의 집안에서 출생하였다. 그의 아버지와 형은 와일더와 마찬가지로 예일대학교를 나왔고 거기에서 박사학위도 받았다. 와일더의 형과 여자 형제들 중에는 교수가 많았다. 형은 하버드대학교 신학 교수였고 여동생들은 영문학 교수와 생물학 교수였다.

와일더의 아버지는 미국 위스콘신 주의 매디슨에서 신문 소유주인 동시에 편집장이었다.[173] 와일더가 『우리 읍내』에서 여자 주인공 에밀리의 아버지인 웹 씨를 신문 발행인이며 편집장으로 설정한 것은 아마도 와일더의 아버지를 모델로 한 것 같다. 와일더의 아버지는 테오도어 루즈벨트 대통령에 의해 홍콩과 상하이에서 총영사로 재직하였고 와일더는 아버지를 따라 어린 시절을 중국에서 보냈다.[174]

와일더는 캘리포니아 버클리에서 고등학교를 나왔다. 예일대학교를 졸업하고 프린스턴대학에서 프랑스 문학으로 석사학위를 받았다. 졸업 후 이탈리아에 가서 고고학을 공부하여 영어, 중국어, 불어, 이탈리아어의 4개 국어에 능통하였다. 와일더는 시카고대학에서 1930년부터 1937년까지 비교문학 등을 가르쳤고 1950년부터 1951년까지 하버드대학에서 방문 교수로 시를 가르쳤다. 와일더는 당대의 유명한 인사들과 교류하였다. 그중에는 심리학의 아버지인 프로이드, 『누구를 위하여 종은 울리나』의 작가인 어니스트 헤밍웨이, 『위대한 개츠비』의 작가인 피츠제럴드 등이 있다.[175]

와일더는 여행을 좋아하였고 또 작품의 영감을 얻기 위해 세계 여러 나라를 돌아다녔다. 보통 1년에 200일 정도는 해외에 체류하였다. 와일더는 1930년 예일대학교가 위치한 코넷티컷 주의 뉴 헤이븐New Haven에서 가까운 햄든Hamden으로 이사하였고 거기서 1975년 일생을 마칠 때까지 거

172) Pulitzer.org/prize-winners.by-category/218 검색일 2021. 10. 21.
173) http://www.twildersociety.org/biography/life-and-family/ 검색일 2020. 9. 19.
174) http://www.twildersociety.org/biography/life-and-family/ 검색일 2020. 9. 19.
175) Wilder, 2003, pp. 179-180.

주하였다.[176]

와일더의 아버지는 자식 교육에 열성적이어서 어느 학교에 입학할 것인가도 모두 아버지가 결정하였다. 와일더는 청소년 시절에 아버지의 교육관에 따라 여름방학 동안 캘리포니아, 켄터키, 버몬트, 코네티컷, 매사추세츠 주 등의 농장에서 일을 하곤 했다.[177] 『우리 읍내』의 남자 주인공 조지가 농과 대학에 진학하는 꿈을 가지고 있고 에밀리와 결혼해 농장을 운영하도록 설정한 것은 와일더의 이러한 경험에서 유래한 것 같다.

2001년 미국 뉴욕에서 9.11 테러가 발생한 지 며칠 후 뉴욕 성 토마스 성당에서 테러 희생자를 위한 추모식이 열렸다. 당시 영국 수상이었던 토니 블레어는 와일더가 1927년에 저술한 소설인 『The Bridge of San Luis Rey』의 마지막 부분을 인용하였다. 이 소설에서도 다리에서 사고가 일어나 무고한 사람이 죽는다. 와일더는 이 소설의 마지막 부분에서 죄 없고 순진한 사람들의 죽음에 대한 신의 의사, 삶과 죽음에 대한 고찰, 삶에 대한 헌사에 대한 사상을 표출하였다. 토니 블레어 수상이 이 부분을 인용함으로써 와일더의 일상적인 삶에 대한 찬사가 세상 사람들의 공감을 얻고 있다는 사실이 다시 한번 입증되었다.

> 죽음을 목격한 사람들은 왜 그런 죽음이 일어났는지, 순진하고 무고한 사람들에 대한 신의 의사란 무엇인지에 대해 생각하게 된다. 그러나 우리도 곧 죽을 것이고 죽은 사람들은 산 사람들에 의해 사랑받고 기억되지만 그것도 잠깐이고 잊혀질 것이다. 그러나 사랑으로 충분하다. 살았을 때 사랑을 베풀어 주는 것이 죽은 자에 대한 기억보다 더 중요하다.[178]

176) Wilder, 2003, p. 181.
177) Wilder, 2003, p. 1; http://www.twildersociety.org/biography/life-and-family/ 검색일 2016. 8. 20.
178) https://www.theguardian.com/world/2001/sep/21/september11.usa11 검색일 2016. 9. 13.

2) 현실과 평범한 삶의 찬미

『우리 읍내』의 무대는 미국 북동부 뉴 햄프셔 주 가상의 마을인 그로버스 코너스Grover's Corners라는 마을이다. 이 희곡은 미국의 평균적인 마을을 대표하는 평범한 마을에서 일어나는 평범한 사람들의 이야기를 다루고 있다. 구석이라는 뜻을 가진 코너스라는 마을 이름에서 알 수 있듯이 크고 화려한 도시가 아닌 구석진 곳에 있는 조그맣고 평범한 마을이다. 극에서는 어떤 특별한 사건도 일어나지 않고 위대한 사람들도 등장하지 않는다. 이것은 조그만 마을에서 전개되는 보통 사람들의 일상적인 삶이 우리에게 중요한 의미를 가지고 있다는 점을 암시하고 있다.

와일더가 『우리 읍내』의 배경으로 뉴 햄프셔 주를 설정한 것은 와일더가 이 희곡을 주로 뉴 햄프셔 주 맥도웰에서 집필했기 때문으로 보인다.[179] 와일더의 저술 습관은 특이해서 집에 있는 책상에서 글을 쓰지 않고 호텔이나 사람 눈에 띄지 않는 은신처에서 집필하였다. 와일더는 『우리 읍내』를 카리브해의 섬, 스위스의 취리히, 생 모리츠 등 여러 지역에 머물면서 썼다고 밝히고 있다. 그중에서도 특히 뉴 햄프셔 주에 있는 맥도웰의 오두막에서 『우리 읍내』의 원고를 주로 저술하였다.[180] 와일더는 글을 쓸 때 루소와 마찬가지로 산책을 즐겼다. 뉴 햄프셔 주에 머물 때 비가 오든 날씨가 흐리든 상관없이 오랫동안 산보를 하며 『우리 읍내』를 구상하였다. 와일더는 하루 산보를 한 후 집필하는 원고의 분량이 15분 정도의 연극 장면이라고 회고하였다.[181]

『우리 읍내』는 다른 희곡과 달리 무대 감독이라는 독특한 캐릭터를 갖고 있다. 무대 감독은 극에 대한 배경을 설명하고 어떤 때는 극 중의 인물 역할을 하기도 한다. 조지와 에밀리가 결혼할 때 목사가 되어 주례를

179) 맥도웰이 『우리 읍내』 배경 마을인 그로버스 코너스의 모델이라고 한다. Bud Kliment, “The birth and life of an American classic: ‘Our Town,’ ” pulitzer.org/article/birth-and-life-american-classic-our-town 검색일 2022. 3. 18.

180) Wilder, 2003, p. 152.

181) Wilder, 2003, pp. 116-117, 145.

하기도 하고 조지와 에밀리가 드럭 스토어에서 사랑을 고백할 때는 드럭 스토어의 주인이 되기도 한다.

그러나 무엇보다도 이 희곡의 특징은 내용이 짧으면서도 구성이 아주 탄탄하다는 점이다. 마을에서 살아가는 보통 사람들의 삶을 다루고 있는 이 희곡은 100쪽 정도 분량밖에 되지 않는다. 그러나 여기서 사람의 인생살이 전 과정이, 삶과 죽음에 대한 철학적 성찰이[182] 짜임새 있게 3막으로 구성되어 있다. 1막은 일상 생활Daily Life를, 2막은 사랑과 결혼Love and Marriage를 다루고 있다. 다음에 오는 마지막 3막은 무엇에 대한 것일까? 무대 감독은 2막 뒤에 오는 장면은 마지막 막으로 우리가 그 내용이 무엇이 될지 짐작할 거라고 말한다.[183] 아침부터 밤까지 지속되는 매일매일의 생활, 사랑과 결혼, 그리고 그다음에 오는 인생의 과정으로 모든 사람들이 피할 수 없고 직면해야 하는 삶의 장면은 무엇일까? 그것은 다름 아닌 죽음이다. 사람들은 죽음을 맞이하고 싶지 않지만 죽음은 누구도 피할 수 없는 자연의 법칙이다. 인생의 마지막은 누구에게나 죽음으로 끝난다. 아무리 위대한 사람이라도 인생이 제공하는 이 세 단계를 뛰어넘을 수 있는 사람이 있을까?

『우리 읍내』의 시대적 배경은 1901년이다. 이 시기는 아직 경제 발전, 자본주의, 산업화, 도시화가 가파른 속도로 일어나기 전의 시대이다. 자동차는 5년 후에나 이 마을에 등장하는데 마을에서 제일 부유한 은행가인 카트라이트 씨에 의해서이다. 마을 사람들은 평온하고 전원적인 생활을 하는 시기로 아침은 닭 우는 소리로 시작한다.[184] 그러나 조금씩 도시의 영향이 이 구석진 마을에 밀려오는지 도시를 닮아 밤에 잘 때 앞문을 잠그는 사람도 있다. 그러나 대부분의 마을 사람들은 아직은 문을 잠그지 않고 산다.[185]

182) Kliment, 검색일 2022. 3. 18
183) Wilder, 2003, p. 48.
184) Wilder, 2003, pp. 4-5.
185) Wilder, 2003, p. 42.

20세기 초 이 마을에 사는 사람들은 동네 밖으로 거의 나가보지도 못하고 소득이 높지 않아 문화생활도 즐기지 못한다.[186] 가사와 양육은 모두 여성들의 몫이다. 아침 일찍 일어나 하루 종일 음식을 만들고 빨래하고 다림질하고[187] 마당에 채소를 심고 닭을 기른다.[188] 그것도 모자라 여자들은 난방 땔감에 쓰려고 뒷마당에서 장작까지 팬다.[189] 남편이 보기에도 부인들은 하루 종일 집 안팎을 돌아다니며 일만 하는데 가족들은 하나도 신경을 쓰지 않고 부려먹기만 해서 고용된 하녀나 다름없다.[190]

마을의 인구는 겨우 2,640명으로[191] 마을 사람들은 이웃사촌 같아 서로 모르는 게 없다.[192] 인간관계는 삭막한 산업화 시대와 달리 친밀하고 다정해 누가 아픈지, 어느 집에서 아기를 낳았는지 하는 시시콜콜한 점까지도 다 알고 있다.[193] 남자 주인공 조지의 아버지이며 의사인 깁스 씨는 동네 경찰관인 워런에게 조지가 담배피는 것을 보면 혼내달라고 부탁한다.[194]

동네 사람들은 이 마을에서 태어나고 자라고 마을에 있는 학교에 다니고 마을에 사는 사람들과 사랑을 하고 결혼을 한다. 죽어서도 마을에 있는 공동묘지에 같이 묻힌다. 젊은 사람들도 마을을 무척 좋아해서 고등학교를 졸업하고 90프로가 마을에 정착한다. 타지에 있는 대학으로 진학을 해도 졸업 후에는 마을로 다시 돌아온다.[195] 마을의 아침은 신문 배달과 우유 배달로 시작한다.[196] 아침이면 엄마들은 아침을 차리고 아이들을 학교에 보내려는 준비로 분주하다. 마을 사람들은 하루 한 번씩은 식료품점과 생필품과 약을 팔며 카페도 있는 드럭 스토어에 들르며 평범하고 일상적으

186) Wilder, 2003, p. 26.
187) Wilder, 2003, p. 37.
188) Wilder, 2003, p. 17.
189) Wilder, 2003, p. 13, 37.
190) Wilder, 2003, p. 37.
191) Wilder, 2003, p. 22.
192) Wilder, 2003, p. 42.
193) Wilder, 2003, p. 18.
194) Wilder, 2003, p. 45.
195) Wilder, 2003, p. 24.
196) Wilder, 2003, pp. 8-12.

로 생활한다.[197]

특별하게 위대한 인물이 태어난 적은 없지만 마을은 역사가 오래되고 유서가 깊다. 공동묘지는 마을에 있는 산의 높은 곳에 있다. 가장 오래된 비석은 1670년대나 1680년대에 세워진 비석들이다. 묘지의 주인공들은 그로버스 씨, 카트라이트 씨, 깁스 씨, 허어시 씨 등으로 지금 살고 있는 사람들과 같은 집안의 사람들이다.[198] 그만큼 마을 사람들의 동네에 대한 애착이 깊다는 것을 나타낸다. 타지에서 죽어도 마을의 공동묘지에 묻힌다.[199] 대부분의 마을 사람들은 조합교회에 다니고 결혼도 거기서 한다. 깁스 씨네 부부도 그렇고 조지와 에밀리도 그렇다.

마을 사람의 대부분은 중하 계층이지만 전문직도 조금 있고 문맹률은 10프로 가량 된다.[200] 이 동네에는 잘 사는 사람과 못 사는 사람 사이의 계급 차별이 거의 없다. 의사인 깁스 씨는 신문 배달부 소년과 우유 배달부 아저씨와도 스스럼없이 대화하고 허세를 부리지 않는다.

이 시기에는 자본주의가 발전되지 않아 계급의 불평등이 심각하지 않던 시기이다. 평등에 대한 개념이 매우 자유주의적으로 현대의 평등이나 복지 개념하고는 거리가 멀다. 마을 신문의 편집장인 웹 씨는 근면하고 양식있는 사람은 꼭대기로 올라가고, 게으르고 싸우기만 하는 사람은 바닥으로 떨어지기 마련이라고 생각한다. 한편 자립할 수 없는 사람들은 마을 사람들이 할 수 있는 한 최선으로 힘껏 돕고 있다고 말한다.[201]

그러나 꼭 그렇지만도 않은 것 같다. 성가대 지휘자인 사이먼 스팀슨은 술독에 빠져 사는데 깁스 부인은 우리는 모른 척해야 한다고 한다. 깁스 부인의 친구 솜즈 부인은 자립할 수 없는 이웃에 대한 동정심이 강해서 사이먼 스팀슨의 술버릇이 더 나빠지는데 어떻게 동네 사람들이

197) Wilder, 2003, p. 5.
198) Wilder, 2003, p. 6.
199) Wilder, 2003, p. 7.
200) Wilder, 2003, p. 24.
201) Wilder, 2003, pp. 25–26.

모른 척 할 수 있냐고 반문한다.[202] 조지의 아버지이며 의사인 깁스 씨는 성가대 지휘자인 스팀슨 씨가 어떤 사람인지 마을에서 누구보다도 잘 안다. 그 사람은 작은 마을에 안 맞는 사람이고 그 사람의 종말이 걱정되지만 우리가 할 수 있는 일이 없으니 그냥 내버려 둘 수밖에 없다고 한다.[203] 스팀슨 씨는 결국 자살로 끝을 맺는다.[204] 마을 사람들의 정치적 성향은 보수적이다. 마을 사람들의 86프로가 공화당이고 민주당이 6프로, 사회당이 4프로이며 나머지는 정치에 무관심하다.[205]

희곡의 처음 시작인 1막은 동트기 전 이른 아침에 시작해 사람들이 잠드는 밤까지 하루의 일상생활 전체를 다루고 있다.[206] 극의 첫 부분이 동트기 전으로 시작하는 것은 사람에게 있어 인생이 처음 시작하는 단계와 같기 때문이다. 그래서 1막의 첫 부분은 폴란드 사람들이 살고 있는 마을에서 쌍둥이가 태어나는 장면으로 시작한다.[207] 이것은 미국이 이민자들의 나라이며 이민자들의 출산과 증가에 의해 성장했다는 점을 암시한다.

새벽에 동네에서 제일 일찍 일어나는 사람들은 신문 배달하는 청년과 우유 배달하는 아저씨와 엄마들이다.[208] 엄마들은 아침에 아이들이 학교에 늦을까 봐 일찍 일어나서 아침을 차리고 아이들을 닦달해서 깨워 아침을 먹여 학교에 보낸다.

낮이 되면 엄마들은 아이들을 학교에 다 보낸 후에도 쉴 수가 없다. 아이들이 학교 간 사이에 짬을 내서 정원에서 채소를 가꾸어야 한다. 가끔 이웃집 여자와 수다를 떨 뿐이다.[209] 방과 후 아이들은 학교에서 돌아오지만 엄마 일을 거들기는커녕 자기들 할 일 하느라 바쁘다.

저녁에는 여자들이 교회에서 성가대 연습한다는 핑계로 외출하여 수

202) Wilder, 2003, p. 40.
203) Wilder, 2003, p. 41.
204) Wilder, 2003, p. 91.
205) Wilder, 2003, p. 24.
206) Wilder 2003, pp. 3-46.
207) Wilder, 2003, p. 8.
208) Wilder 2003, pp. 8-12.
209) Wilder, 2003, pp. 17-21.

다를 떠는 게 낙이다.[210] 행여 노래 연습이 늦게 끝나 조금이라도 늦게 들어오면 남편들은 저녁 8시 반만 되도 자기네들처럼 여자들도 춤바람이 난 줄 안다.[211] 달 밝은 밤에는 엄마들도 잠도 자지 않고 달 구경도 하고 싶지만 자식이 늦게까지 안 잘까 봐 걱정이되 집 밖에 오래 머물지도 못하고 서둘러 집으로 돌아간다.[212] 밤이 되면 마을 사람들은 모두 잠이 든다. 도시화된 사회가 아니므로 잠도 일찍 자서 저녁 9시 반 경이면 대부분 잠이 든다.[213] 물론 젊은이들은 달빛을 보며 사랑을 꿈꾸고 가슴이 두근거려 잠을 못 이룬다.[214] 이 시기에는 모든 것이 다 아름답기만 하다.

마을에서는 하루 종일 매일 같이 반복되는 평범한 삶의 일상이 지속된다. 아무 일도 일어나지 않고 평온하다. 언뜻 보면 마을 사람들의 삶이 시시해 보일 수도 있으나 뒤집어 생각하면 큰 사건이 일어나지 않는다는 것은 얼마나 다행한 일인가? 그러나 사람들은 일상이 주는 평화에 감사할 줄 모른다. 현실을 보잘 것 없게 여기고 과거 좋았던 날을 추억하고 미래의 확신할 수 없는 이상사회를 바란다. 날마다 큰 사건이 터져야 하는가? 누구나 다 위인이 되어야 하는가?

2막은 평범한 일상생활이 아닌 인생에서 가장 행복한 과정인 결혼식과 결혼으로 이르게 하는 젊은 남녀들의 사랑 이야기이다. 희곡의 주인공인 의사 깁스 씨의 아들 조지와 마을 신문 편집장인 웹 씨의 딸 에밀리는 옆집에 산다.[215] 이층에 있는 조지의 방에서는 에밀리의 모습이 보인다.[216] 조지는 에밀리보다 공부를 못 한다. 수학의 대수 문제가 어려워 잘 풀리지 않을 때 에밀리에게 문제 푸는 힌트를 달라고 한다. 조지는 남자라고 자존심을 세우느라 에밀리에게 답을 가르쳐 달라는 게 아니라 힌트만 달라고 한다. 영리한 에밀리는 조지의 자존심을 살려주기 위해 힌트는 얼

210) Wilder, 2003, p. 38.
211) Wilder, 2003, p. 40.
212) Wilder 2003, pp. 38-40.
213) Wilder, 2003, p. 43.
214) Wilder, 2003, p. 45.
215) Wilder, 2003, p. 56.
216) Wilder, 2003, p. 28.

마든지 알려 줄 수 있다며 대수 문제를 풀다가 막히면 휘파람을 불라고 가르쳐 준다.[217] 이제 사춘기에 있는 청소년기 아이들 사이에 공부를 핑계로 사랑이 싹트기 시작한다.

조지는 야구에 관심이 많고[218] 고등학교를 졸업하면 외삼촌의 농장에 가서 농부가 되고 싶어 한다.[219] 에밀리는 조지와 같은 나이로 같은 학교에 다닌다. 에밀리는 얼굴도 예쁘고[220] 공부도 잘하고 건강하다. 에밀리는 사실 동급생 중에 가장 영리한 학생이고 기억력도 비상하다.[221]

조지와 에밀리는 학교도 같이 다니고 방과 후에는 드럭 스토어에 들러 음식도 같이 먹으며 사랑의 감정을 느끼게 된다. 에밀리는 사랑에 빠져 외모에도 신경을 쓴다.[222] 밤에는 달빛이 너무 예뻐서, 조지 네 꽃향기에 취해 공부가 잘 안 되고 잠도 잘 못 잔다.[223]

자연nature가 많은 젊은이들이 사랑을 하고 결혼을 하고[224] 새로운 가정을 이루게 하듯이 조지와 에밀리에게도 사랑을 하고 결혼을 하는 행복한 일이 일어난다. 혼자 사는 것은 자연적이지 않아서 일생 동안 둘씩 둘씩 살아가게 되어 있다.[225] 거의 누구나 다 결혼을 해서 기혼자로 임종을 맞는다.

시간이 지나 아이들이 성장하면서 마을에도 조금씩 산업화의 물결이 찾아온다. 말이 125마리로 증가했고 자동차도 마을에 들어올 거라고 한다.[226] 그러나 제일 중요한 것은 사람들의 생활이 거의 변하지 않고 예전과 비슷하다는 점이다.

희곡의 배경이 되는 20세기 초의 아이들은 고등학교를 졸업하면

217) Wilder, 2003, p. 29.
218) Wilder, 2003, p. 13.
219) Wilder, 2003, p. 29.
220) Wilder, 2003, p. 31.
221) Wilder, 2003, p. 15.
222) Wilder, 2003, p. 31.
223) Wilder, 2003, p. 35, 45.
224) Wilder, 2003, p. 47.
225) Wilder, 2003, p. 54, 75.
226) Wilder, 2003, p. 68.

갑자기 성장해서 결혼을 한다. 조지와 에밀리도 예외는 아니다. 그들도 당시의 관행대로 고등학교를 졸업하고 결혼을 하게 된다. 그러나 행복한 결혼을 하기 전에 딱딱하고 어려운 기하와 키케로 연설법을 졸업시험으로 통과해야 한다.[227] 마치 인생에서 행복한 일을 마주하기 위해 어려운 과정을 거쳐야 하는 것처럼 말이다.

자식을 결혼시키면서 부모들은 자기들이 젊어서 결혼할 때 즐거웠던 추억도 되새겨 본다. 부인이 새삼스레 예뻐 보인다.[228] 부부로 오래 살아오는 동안 대화도 끊기지 않고[229] 잘 살아온 과정에 대해 감사하기도 한다. 부모들은 어린 자식이 결혼하고 부모 곁을 떠나면 어린 배우자가 자기 자식을 부모처럼 잘 돌봐주지 않을까 봐 영 미덥지가 않다. 막상 자식을 떠나 보내려니 섭섭해서 눈물이 나기도 한다.[230]

결혼식같이 특별한 날인데도 하루의 시작은 똑같다. 동이 트기 전에 신문 배달하는 소년은 여전히 신문을 배달하고 우유 배달하는 아저씨는 똑같이 우유를 배달한다. 결혼식 날인데도 엄마들은 평일 날과 똑같이 아침에 일찍 일어나 아침을 준비해야 한다. 식구들이 약간 사정을 봐준다 해도 프렌치 토스트 정도는 아침으로 준비해야 한다.[231] 옛날이나 지금이나 엄마들은 몇십 년 동안 하루도 쉬지 못하고 매일같이 하루에 세 번씩 식사 준비하고 빨래하고 청소를 해야 한다. 휴가도 없이 매일같이 재미도 없고 단순한 일을 반복한다. 그런데도 몇십 년 동안 신경쇠약 한 번 걸리지 않고[232] 불평도 없이 해냈는지. 이것이야말로 기적이다.

조그만 마을에서 젊은이들의 연애 장소는 약도 팔고 음식도 파는 마을의 드럭 스토어다.[233] 그래도 사랑에 빠진 젊은이들은 좋기만 하다. 조지

227) Wilder, 2003, p. 48.
228) Wilder, 2003, p. 53.
229) Wilder, 2003, p. 55.
230) Wilder, 2003, p. 53, 76.
231) Wilder, 2003, p. 54.
232) Wilder, 2003, p. 49.
233) Wilder 2003, pp. 63-73.

는 드럭 스토어에서 에밀리와 사랑을 확인한 후 농과 대학으로 진학하려던 계획을 바꾸고 빨리 결혼하고 싶어 대학에 가지 않기로 한다.[234] 사랑은 한 남자의 진로도 바꿀 수 있는 위대한 힘일까? 조지는 사랑이 대학보다 더 중요하다고 생각한다.

조지는 결혼식 날 아침, 신부인 에밀리가 보고 싶어 에밀리의 집으로 간다. 그러나 결혼식 날 신랑은 식장에서나 신부를 봐야 한다는 장모의 말에 신부를 보지 못한다.[235] 이 미신은 실제로 손톤 와일더가 형의 결혼식 날 형의 장모로부터 들은 말인데 와일더는 이 미신을 자신의 희곡에 직접 포함시켰다.[236]

드디어 조지와 에밀리의 결혼식 날. 신랑 신부인 조지와 에밀리는 서로를 사랑하지만 결혼식 날 막상 식장에 가려 하니 왠지 모르게 결혼에 대한 두려움이 엄습한다. 둘 다 결혼을 취소하고 싶은 마음이 생긴다. 결혼식 날 아침, 조지는 몇 시간 후면 결혼하는데 결혼하면 죽게 생겼다며 멱 따는 시늉을 한다.[237] 결혼식장에서도 조지는 하객들을 보니 갑자기 두려움이 몰려와 식장에서 빠져나가려고 한다.[238] 에밀리도 결혼식장에 들어서니 갑자기 결혼을 하기가 무서워지고 외로워진다. 에밀리는 살아오면서 결혼식 날만큼 외롭게 느낀 적이 없는 것 같다. 남편이 될 조지의 얼굴을 보니 갑자기 조지의 얼굴이 그렇게 밉상스러울 수가 없다. 결혼을 피하기 위해 차라리 죽었으면 좋겠다는 생각이 든다. 결혼식장에서 도망쳐서 아버지와 평생 같이 살고 싶어진다.[239] 결혼하고 싶어 서둘러 놓고서도 말이다.[240]

결혼에 대한 두려움도 잠깐. 조지와 에밀리는 결혼식을 올리며 영원한 사랑을 맹세한다.[241] 결혼식은 누구에게나 인생의 가장 행복한 순간인지

234) Wilder, 2003, p. 71.
235) Wilder, 2003, p. 57.
236) Wilder 2003, p. 116, 132.
237) Wilder, 2003, p. 56.
238) Wilder, 2003, p. 77.
239) Wilder, 2003, p. 79.
240) Wilder, 2003, p. 76.
241) Wilder, 2003, p. 80.

쏨즈 부인은 남의 결혼식을 봐도 감격해 언제나 눈물이 난다.[242] 쏨즈 부인은 조지와 에밀리가 행복하게 잘 살기를 기원한다. 결혼의 목표는 행복하게 사는 것이다. 아니, 행복은 결혼뿐 아니라 인생에 있어서도 제일 중요한 것이다.[243]

결혼은 행복하기만 할까? 사람들은 결혼을 그렇게 원했으면서도 막상 결혼식 날이 되면 왜 두려워할까? 결혼이 배우자에게 구속되는 것을 의미하고 독신으로서의 자유를 영영 빼앗기 때문일까? 아니면 배우자와 자식들에 대한 책임 의식에서 벗어날 수 없기 때문일까? 그래도 젊은이들은 처음 사랑에 빠졌을 때 몽유병에 걸린 사람처럼 어느 거리를 걷는지도 모르고 무슨 얘기를 들었는지도 모르게 된다. 약간 정신이 나간 사람 같이 되어[244] 결혼을 한다.

인생은 한 남자와 한 여자가 만나 결혼을 한다. 또 그렇게 수백만의 많은 사람들이 결혼을 한다. 오두막에서 아이를 낳아 유모차에 태우고 다니고 일요일 오후에는 포드 차를 타고 드라이브를 나간다. 나이가 들면서 첫 번째 류마티스에 걸리고 손주들이 생기고, 두 번째 류마티스에 걸리고, 임종이 오고 유서 낭독이 있다. 인생은 괴로워 두 사람이 살다 보면 즐거운 일은 천 번에 한 번씩 찾아올까 말까이다. 그래도 사람들은 결혼식 날 행복해서 어느 결혼식에서든 결혼식의 끝은 멘델스존의 결혼 행진곡으로 끝난다.[245] 이것이 모든 사람에게 해당되는 삶의 싸이클이다. 그래도 일상생활만큼 중요한 것은 없다

사람들은 결혼하고 행복하게 잘 살 것 같지만 손톤 와일더의 다음 막은 매우 충격적으로 행복한 결혼과 대비되는 죽음으로 시작한다. 이 얼마나 인생의 아이러니인가?

작가는 마을 사람들이 죽으면 묻히는 공동묘지가 마을에서 아주

242) Wilder, 2003, p. 81.
243) Wilder, 2003, p. 82.
244) Wilder, 2003, p. 63.
245) Wilder, 2003, p. 82.

중요한 장소라고 한다. 공동묘지는 살아있는 사람들이 사는 마을의 낮은 지대와 떨어진 산꼭대기에 있다. 마치 삶과 죽음이 공존할 수 없다는 것을 나타내는 것 같다. 인생을 살아가며 희로애락이 있듯이 공동묘지도 변덕스러운 인생을 반영하듯 푸른 하늘이 보일 때도 있고 구름으로 흐릴 때도 있다. 태양이 밝게 빛날 때도 있고 어둠의 상징인 달과 별이 빛날 때도 있다.[246]

보통 사람들은 삶을 충분히 살고 늙어 공동묘지로 오지만 가끔은 젊은 사람들도 주어진 삶을 다 누리지 못하고 이곳으로 올 때가 있다. 남북전쟁1861-1865 때 전사한 젊은 군인들처럼 말이다. 뉴 햄프셔의 이 작은 마을 밖으로 50마일도 나가 보지 못한 청년들이다.[247] 이들 젊은이들은 미합중국이란 이름이 무엇을 의미하는지도 모르면서 오로지 의미도 모르는 이념을 위해 전쟁에 나아갔다가 허무하게 죽음을 맞이하였다. 생을 다 살아보지도 못하고 젊은 나이에 아깝게 죽은 이들의 무덤에는 쇠로 만든 깃발[248]만이 펄럭이고 있다.

시집간 딸을 보기 위해 오하이오로 갔다가 그만 폐렴으로 죽은 깁스 부인도 타지에서 유해를 가져와 마을의 공동묘지에 묻혀 있다. 아들 조지를 결혼시킨 지 몇 년도 안되서이다. 마을 사람들 대부분이 다니는 조합교회의 오르간 주자이며 성가대 지휘자인 사이먼 스팀슨 씨의 묘지도 여기 있다.[249] 그는 깁스 씨가 말한 대로 재능이 뛰어나 이런 작은 마을에는 어울리지 않았다. 그래서인지 술주정뱅이가 되어 매일 술에 절어 살았다. 하나님을 믿는 사람이었으나 다락방에서 목을 매어 자살을 하였다. 자신의 삶을 요약해 나타내려는 듯이 자살하기 전에 묘지에 적힐 비문을 자기가 정했는데 평생의 직으로 삼았던 음악의 악보를 비문으로 하였다.[250] 결혼식 때면 그렇게 좋아하던 쏨즈 부인도 묻혀 있다.[251] 여자 주인공 에밀리의

246) Wilder, 2003, p. 86.
247) Wilder, 2003, p. 87.
248) Wilder, 2003, p. 87.
249) Wilder, 2003, p. 87.
250) Wilder, 2003, p. 91.

남동생인 월리도 보이 스카웃에 가입하여 노스 콘웨이로 캠핑을 갔다가 갑자기 맹장이 터져 어린 나이에 죽어 여기에 묻혀 있다.[252]

이 산 위의 공동묘지에는 혈육을 묻으며 슬픔에 몸부림치는 수많은 사람들의 비탄이 맺혀 있다. 우리 모두 그런 슬픔을 당하기에 공동묘지에 올라올 때의 심정이 어떤지 다 공감한다. 그러나 영원히 못 잊을 것 같은 슬픈 기억도 시간이 지나면 차차 흐려진다. 이 공동묘지에도 햇빛이 쪼이고 비가 오고 눈이 온다. 사람들은 이제 슬픔을 잊고 사랑하는 사람들이 이처럼 아름다운 곳에 묻혀 다행이라고 생각하게 된다. 언젠가는 우리도 인생이 끝날 때 한 번은 이곳으로 와야 한다.[253] 죽음은 누구나 다 거쳐야 하니까.

사람의 삶이 결혼에서 죽음으로 변하듯이 사람들이 모여 사는 마을도 조금씩 변하기 시작했다. 말은 거의 사라졌고 농부들은 포드 자동차를 타고 다닌다. 아직 도둑이 든 적은 없지만 사람들은 밤이 되면 모두 대문을 잠근다. 그러나 이 마을은 마을 이름이 나타내듯 구석진 곳이라 그런지 전체적으로는 놀랄 만큼 변화가 없다. 사람들이 살아가는 모습은 예나 지금이나 똑같다. 시간이 흘러도 변하지 않고 매일매일 반복되는 일상이 제일 가치가 있기 때문에 일상의 삶은 변하지 않고 계속된다. 엄마들은 아침이 되면 하루 세끼 밥을 차리고 아이들이 행여 학교에 늦을까 깨우느라 안달이다. 사람들은 사랑을 하고 결혼을 하고 늙으면 죽는다.

조지와 에밀리가 결혼식을 치른 지 9년이 지났다.[254] 그 사이 조지와 에밀리는 농장도 현대식으로 개조하고 아들도 낳았다. 결혼 후 모든 일이 순풍을 달고 잘 나가는 것만 같았는데 에밀리는 둘째 아이를 낳다가 새파랗게 젊은 나이인 26살에 요절한다. 에밀리는 결혼식 때 조지에게 영원한 사랑을 요구했지만[255] 영원은 덧없는 것인지 두 사람이 10년도 채 행복하

---

251) Wilder, 2003, p. 87.
252) Wilder, 2003, p. 87, 107.
253) Wilder, 2003, p. 87.
254) Wilder, 2003, p. 85.
255) Wilder, 2003, p. 80.

게 살지 못하고 죽는다. 영원한 이상사회, 변하지 않는 절대적인 이상사회가 무슨 소용이 있는가?

에밀리는 고등학교 졸업식 때 시를 아주 잘 읽었고 교장 선생님도 여태껏 이 마을에서 고등학교를 졸업한 여학생들 중 제일 똑똑하다고 할 정도로 머리가 좋았다.[256] 공부 잘하고 대수 문제도 잘 풀고 그렇게 똑똑하던 에밀리도 20세기 초라 그런지 재능을 살리지 못하고 평범한 가정주부가 된다. 에밀리는 아이를 낳다 젊은 나이에 죽어 사랑하는 남편과 네 살짜리 어린 아들을 남겨 두고 공동묘지로 온다. 결혼 후 조지와 합심해서 농장도 잘 꾸며 놓고 포드 자동차도 샀는데 그 모든 것을 두고 죽는다.[257]

에밀리는 시어머니인 깁스 부인이 남겨준 350달러로 농장에 축사도 새로 짓고 가축들이 물을 먹을 수 있게 시멘트로 만든 기다란 급수대도 설치하였다.[258] 그 당시로 볼 때 그렇게 큰 돈은 조지 어머니인 깁스 부인이 할머니로부터 물려받은 장롱을 보스톤에서 온 골동품상에게 팔고 받은 돈이다.[259] 깁스 부인은 그 돈으로 평생 소원이던 파리 구경을 하려고 마음을 먹었으나[260] 아들 내외가 농장을 더 잘 운영할 수 있도록 주고 만다.[261] 평생을 자식만을 생각하는 어머니여.

사랑하는 남편 조지와 아들을 두고 일찍 죽어 버린 에밀리는 삶에 대한 그리움이 너무 커서 살았을 때로 돌아가고 싶어 한다.[262] 에밀리는 남편 조지와 함께 농장을 최신식으로 수리하고 자동차도 있고 행복하게 살았는데. 에밀리는 죽어서도 행복하게 살았던 현생의 삶을 잊지 못하고 그리워한다. 죽어 보니 살아있다는 것이 얼마나 행복한 일인데 왜 살아있는 사람들은 아침부터 저녁까지 하루 종일 괴로운 일만 생각하며 어두움 속에서

256) Wilder, 2003, p. 93.
257) Wilder, 2003, pp. 95–96.
258) Wilder, 2003, p. 95.
259) Wilder, 2003, pp. 18–19.
260) Wilder, 2003, p. 19.
261) Wilder, 2003, p. 96.
262) Wilder, 2003, p. 98.

사는가?[263] 사람들은 어리석게도 죽고 나서야 살아있다는 것이 얼마나 소중한지 깨닫는다.

그러나 죽은 사람들은 에밀리에게 생의 세계로 돌아가지 말라고 권유한다.[264] 돌아가 보았자 살아있는 사람들은 삶의 소중함과 가치를 절대 모르고 사는 것을 볼 것이기 때문이다. 인생은 한 번밖에 없으므로 다시는 돌아올 수 없는 시간을 소중히 보내야 한다는 진리를 살아 있는 사람들은 절대로 깨닫지 못한다. 그러나 에밀리는 슬펐던 날 말고 기뻤던 날을 고르면 된다고 우기며 조지와 둘이 드럭 스토어에서 사랑을 확인하던 날[265]로 되돌아가고 싶어 한다. 기뻤던 날로 돌아가면 살아있을 때 삶을 가치있고 기쁘게 지냈을 거라고 주장하면서 말이다

에밀리의 시어머니인 깁스 부인은 살아있던 시간으로 돌아가고 싶다면 행복했던 날이 아니라 평범한 날, 아니 평범한 날 중에서도 제일 의미가 없었던 날을 고르라고 충고한다.[266] 죽음의 세계로 돌아오기 힘들까봐 그렇게 충고하는 것일까? 아니면 사람들이 소중한 삶의 시간을 낭비하는 것에 실망할까 봐 말리는 걸까? 에밀리는 평범한 날을 고르려면 결혼 후는 안 되고 아이를 낳은 후도 안 된다며 열두 번째 생일날을 고른다. 죽은 사람들은 생일날 중 특별히 몇 시간을 정하라고 한다. 하지만 에밀리는 생일날 하루 종일로 돌아가겠다고 고집한다.[267] 되도록이면 생의 시간을 늘리고 싶은 것이다. 인생을 살아가면서 결혼 후의 생활은 다 행복하고 아이를 낳으면 다 행복할까? 결혼 생활이 짧아 에밀리에게 그렇게 느껴지는 걸까?

에밀리의 소원은 마침내 허락되어 평범하지만 기쁜 날인 열두 번째 생일날 하루 종일로 돌아간다. 희곡이 시작할 때의 첫 부분과 마찬

263) Wilder, 2003, p. 97.
264) Wilder, 2003, p. 98.
265) Wilder, 2003, p. 98.
266) Wilder, 2003, p. 100.
267) Wilder, 2003, p. 100.

가지로 에밀리는 동트는 마을의 아침으로 돌아간다. 1899년 2월 11일, 미국 동부의 뉴햄프셔는 겨울에 눈이 많이 오고 날씨가 매섭게 추워 우유 배달부 하우이 아저씨의 집 창고는 섭씨 영하 23도이다. 그럼에도 불구하고 에밀리는 살아서 동네로 돌아오니 행복하다. 즐겁게 살던 동네는 그대로 있다. 조지와 사랑을 확인하던 약국도 그대로 있다. 그 당시는 몰랐는데 엄마는 매우 젊고 아름다우셨는데 그렇게 늙다니.[268] 그래, 엄마에게도 예쁘고 젊은 시절이 있었던 것이다.

그러나 에밀리가 돌아온 현실은 생각했던 것처럼 즐겁지가 않다. 살아 있는 순간이 가장 중요한데도 사람들은 서로의 얼굴 한 번 쳐다보지도 않고 순간순간을 허비해 버린다. 에밀리의 생일날인데도 가족들은 각자 자기의 할 일을 하느라 바빠 서로 얼굴도 쳐다보지 못하고[269] 의미 없이 바쁘게 시간이 흘러간다. 엄마는 딸의 생일상을 차리느라고,[270] 아이들이 학교에 늦지 않게 깨우려고,[271] 딸이 커서 12살이 되니 할머니가 입던 옷을 다락방에서 미리 찾아 다 커버린 딸에게 주려고.[272]

에밀리는 그제야 사람들이 살아있을 때 소중한 시간을 사랑한다는 말 한 마디 못하고 낭비하며 사는 것을 깨닫는다. 에밀리는 "아, 엄마, 잠깐이라도 제 얼굴을 좀 보세요... 우리는 다시 시간이 허락되어 아주 짧게 모인 거예요. 다시 행복할 수 있는 시간이 아주 짧게 허락된 거예요. 제발 서로 쳐다 보아요"라고 절규한다.[273] 그러나 엄마는 에밀리의 생일상을 차리느라 바빠 에밀리의 얼굴을 보지 못한다. 에밀리는 엄마에게 동생 월리가 소년단원으로 캠핑을 갔다 맹장이 터져 죽은 것을 일깨운다. 에밀리는 또 자기의 생일날 사랑했던 조지가 선물로 갖다 놓은 우표책도 보게 된다.

---

268) Wilder, 2003, pp. 100-103.
269) Wilder, 2003, p. 107.
270) Wilder, 2003, p. 101.
271) Wilder, 2003, p. 102.
272) Wilder, 2003, p. 107.
273) Wilder, 2003, p. 107.

에밀리는 살아있을 때 과거의 한 시점으로 되돌아감으로써 삶이 얼마나 아름다운지, 현재가 얼마나 아름다운지 이제야 깨닫게 된다. 그러나 살아있을 때는 몰랐다. 그 누구도 그것을 깨닫지 못한다. 마치 작은 상자 속에 갇혀 있는 것과 같아서 삶의 진실을 깨닫지 못한다.[274] 살아있을 때는 무심히 지나치는 작은 일 하나하나에도 기쁨이 있는데 사람들은 그걸 모른다. 어머니, 아버지도 항상 늘 우리 곁에 있을 줄 안다.

에밀리는 살아있을 때 인생을 허비한 것을 깨닫고 마을의 공동묘지에 묻혀 있는 마을 사람들에게 더 이상은 이생에서의 삶을 못 보겠다며 죽음의 세계로 돌아가겠다고 말한다. 에밀리는 삶을 떠나기 전 마지막으로 현실 세계를 돌아본다. "안녕, 이생이여, 안녕, 사랑하는 우리 동네 그로버즈 코너스, 안녕, 엄마, 아빠. 째깍거리는 시계도, 엄마가 정원에서 키우던 해바라기도, 맛있는 음식과 커피도, 엄마가 다려주던 새 옷도, 따뜻한 목욕도, 잠자고 깨는 것도. 아! 일상의 사소한 것들이 이렇게 아름다울 줄이야. 살아 있을 때는 미처 몰랐구나. 현실의 삶은 얼마나 아름다운데, 생이 얼마나 소중한데 사람들은 이것을 깨닫지 못하는구나." 에밀리는 하염없이 눈물을 흘리며 "아, 지구여, 너는 너무 아름다워 아무도 깨닫지 못하는구나" 하고 다시 공동묘지로 돌아간다.[275]

죽은 다음에야 비로소 에밀리는 사람들이 살아있을 때 자기의 삶이 지니고 있는 의미를 제대로 이해하지 못한다는 것을 깨닫는다. 사람들은 다 장님이다.[276] 에밀리는 살아 있을 때로 다시 돌아가 봐야 똑같은 실수를 저지른다는 것을 알고 죽음의 세계로 다시 돌아간다.

성가대 지휘자였던 싸이먼 스팀슨도 죽어서야 비로소 삶의 의미를 깨닫는다고 가르쳐 준다. 산다는 것은 무지의 구름 속을 헤매는 것이라고. 괜히 다른 사람들의 감정이나 짓밟고 다니며 백만 년이나 살 것처럼 시간을

---

274) Wilder, 2003, p. 96.
275) Wilder, 2003, p. 108; Bruce Bawer, "An Impersonal Passion: Thornton Wilder," *Hudson Review*, 61:3, Autumn 2008, p. 507.
276) Wilder, 2003, p. 109.

낭비하고 항상 자기 중심의 이기적인 정열에 사로잡히는 것이라고. 무지와 맹목의 세계라고.[277] 그렇다고 스팀슨 씨처럼 자살을 해야 하나?

에밀리는 삶으로 돌아갔다 실망하고 다시 죽음의 세계로 돌아오지만 사람들에겐 예전처럼 매일매일의 삶이 계속될 것이다. 아침이 되면 엄마들은 또 일찍 일어나 아침 준비를 하며 아이들을 학교에 보낼 준비를 할 것이다. 아이들은 자라서 사랑하고 결혼하고 밤이 되면 잠이 들고 죽어서 공동묘지로 올 것이다. 그래도 지구의 사람들은 뭔가 해보려고 항상 긴장을 하며 열심히 살아간다. 그러나 너무 긴장을 하고 살아 열여섯 시간마다 한 번씩은 누워서 잠을 자야 한다.[278] 그러나 하루하루 일상의 삶은 과거에 그랬던 것처럼, 현재에 그런 것처럼, 미래에도 또 계속될 것이다. 사람들의 평범한 삶이 제일 중요하기 때문에 영원히 계속될 것이다. 혁명이 일어난다 해도, 개혁이 일어난다 해도...

3) 현실에 충실하라

손톤 와일더의 위대한 점은 다른 사람들과 달리 이상사회를 추구하는 것보다 현실에 충실하는 것이 더 중요하다고 강조한다는 점이다. 사람은 누구나 똑같이 단 한 번의 삶을 살 뿐이다. 이상사회나 미래를 추구하다가 현재 머무르고 있는 삶을 놓쳐 버린다면 그것보다 어리석은 일은 없을 것이다. 그러나 대부분의 사람들은 삶이 무한한 것처럼 생각해서 가장 가까운 가족 사이에도 사랑한다는 말 한번 표현하지 못하고 미워하고 화를 내다가 인생을 마친다. 손톤 와일더는 살아 있는 동안에 일상의 순간순간을 소중히 여기라고 우리에게 충고한다. 매일 일어나는 사소한 부분이 다른 모든 것보다 더 중요하다는 것이다. 와일더가 1957년 『우리 읍내』의 서문에 쓴 이 글은 실제로 이 희곡이 공연될 때마다 프로그램에 제일 많이 인용되는 문장이다.[279] 이 문장이 바로 와일더

277) Wilder, 2003, p. 109.
278) Wilder, 2003, p. 111.
279) Wilder 2003, p. 171.

가 『우리 읍내』에서 나타내고 싶은 주제인 것이다.

손톤 와일더는 왜 극의 처음을 일상생활로 시작했을까? 어떤 평론가가 말한 대로 『우리 읍내』에는 소설이나 연극이 되기 위해 필요한 극적인 장면이 없다.[280] 그러나 1막의 마지막 부분에 나오는 조지의 여동생 레베카의 대사를 보면 와일더의 의도를 짐작할 수 있다. "제인이 아플 때 목사님이 편지를 보냈는데 편지 봉투에 주소가 제인 크로프트, 크로프트 농장, 그로버즈 코너스 읍, 서튼 군, 뉴 햄프셔 주, 미합중국, 북미 대륙, 서반구, 지구, 태양계, 우주, 하나님의 마음이라고 쓰여 있었다."[281]

봉투 주소에서 알 수 있듯이 작은 마을에 살고 있는 한 개인과 거기서 일어나는 우리의 소소한 하루 일상이 사실은 보편적으로 인류 전체와 나아가 하나님의 뜻까지 연결된다는 의미이다. 작은 마을의 특수한 개인에서 시작해 온 인류까지 연결되고 작은 마을의 한 개인의 삶을 모든 인류가 공통적으로 소유하는 것은 하나님의 의사가 반영된 것이므로 이것보다 더 중요한 것은 없다는 뜻이다. 거창한 미래 이상사회보다 현실에서 일어나는 우리의 소소한 삶이 하나님의 뜻이 반영된 중요한 순간이라는 것이다.

와일더는 미국 중산층 가정에서[282] 일어나는 매일매일의 삶을 미국에 그치지 않고 세계 모든 사람들의 보편적 삶으로 연결시켰다. 특수한 삶을 전 지구적 삶으로, 평범한 일상을 우주로 변환시킨 것이다.[283]

와일더는 미래의 이상사회보다 더 중요한 것이 현실이라는 점을 강조하기 위해, 미래에 확실한 것은 이상사회의 도래보다 죽음이라는 것을 깨우쳐 주기 위해, 『우리 읍내』에서 극 중 인물들이 미래에 어떻게 될지를 현 시점에서 미리 알려준다. 바로 이런 구성이 이 희곡의 또 하나의 특이한 점이다.

희곡의 1막은 1901년에 시작하는데 남자 주인공 조지의 아버지인

280) Wilder 2003, p. 114.
281) Wilder, 2003, p. 46.
282) Bert Cardullo, "WHOSE TOWN IS IT, ANYWAY? A RECONSIDERATION OF THORTON WILDER'S OUR TOWN," *CLA Journal*, 42:1, September. 1998, p. 85.
283) Wilder, 2003, pp. 126－127, 177－178.

의사 깁스 선생이 1930년에 작고할 것이라는 점을 미리 알려준다. 조지의 어머니인 깁스 씨 부인은 남편보다 먼저 죽는데 보험 사원한테 시집간 딸 레베카를 만나러 오하이오 주 캔톤에 갔다가 거기서 폐렴으로 죽을 것이다. 깁스 부인은 타지에서 죽었지만 마을의 다른 사람들처럼 역시 마을로 옮겨와 마을 공동묘지에 있는 깁스와 허어시 문중 무덤들 사이에 묻힐 것이다. 왜냐하면 조합교회에서 의사인 깁스 선생과 결혼하기 전에는 줄리아 허어시였기 때문이다.[284]

신문 배달을 하던 성실한 학생 조 크로웰은 매우 총명하고 전도유망한 청년이었다. 마을의 고등학교를 수석으로 졸업해 장학금을 받고 MIT 공대에 입학할 것이다. 수재들만 모이는 그 대학에서도 수석으로 졸업할 것이다. 그 당시 MIT공대가 있는 보스톤 신문에 그에 대한 기사가 크게 날 것이다. 훌륭한 엔지니어가 될 수 있었던 인재였다. 그런데 그만 전쟁이 터져 프랑스에서 전사하였다.[285] 열심히 했던 모든 공부와 그의 꿈이 허사가 된 것이다.

젊은 에밀리는 결혼한 지 9년밖에 안 되었는데 둘째 아이를 낳다가 죽었다. 이제 겨우 네 살밖에 안 된 어린 아들을 남겨 두고서 말이다. 사랑하는 조지가 에밀리에게 사랑의 징표로 생일 선물을 들고 오지만 영원할 것 같은 사랑하는 사람과의 시간도 언제 끝날지 모른다. 젊었을 때 사랑하는 사람과 함께 꿈꾸었던 미래도 언제 없어질지 모른다. 에밀리의 남동생 월리도 청소년 때 보이 스카웃 캠핑에 갔다가 맹장이 터져 갑자기 죽었다. 한 치 앞을 알 수 없는 게 사람의 삶인데 인간의 미래를 누가 알겠는가? 이상이 무슨 소용이 있겠는가?

미국 북동부의 구석진 마을에 살던 전도유망한 젊은이가 아무 상관도 없는 먼 세계에서 일어나는 1차 세계대전에 참전해서 내용도 모르는 이념을 위해 싸우다 허망하게 죽는다. 학교에서 공부를 제일 잘하고 연설도

284) Wilder, 2003, p. 7.
285) Wilder, 2003, p. 9.

잘해 평생 연설을 하고 살겠다는 원대한 포부를 가졌던 여성이 시대를 잘못 만난 불운 때문인지 어릴 때의 꿈과 이상을 실현해 보지도 못하고 평범한 주부가 되었다가 일찍 죽는다. 보이 스카웃에 가입해서 미래를 위해 정신과 신체를 단련하려고 캠핑을 간 젊은이가 갑자기 죽는다. 아무리 유한한 삶이라 하더라도 그렇게 짧게 끝날지 누가 상상이나 할 수 있겠는가?

작가인 손톤 와일더는 인간의 삶은 언제 어디서 무슨 일이 일어날지 모른다고 깨우쳐준다. 그러므로 유한한 짧은 시간을 허락받은 사람은 미래 이상사회를 위해 현재를 경시하지 말고 살아가는 순간순간 현실을 충실하고 즐겁게, 삶의 의미를 누리며 살아야 한다는 점을 역설하고 있다.

2003년 발간된 손톤 와일더의 『우리 읍내』 책에 서문을 쓴 예일대학교 교수 도날드 마굴리스Donald Margulies는 와일더가 극의 첫 부분에서 현재에 살고 있는 작중 인물들의 미래를 동시에 알려 주는 이유는 삶과 죽음, 과거와 현재, 미래가 동시성을 갖고 있기 때문이라고 해석한다.[286] 연극이 시작되자마자 죽음이 주위에서 어슬렁거리고 있기 때문에 극에서 일어나는 살아있는 사람들의 매일매일의 일상이 더욱 더 소중한 의미를 갖게 된다. 우리의 일상이 소소하지만 커다란 사건이 일어나지 않는다고 해서, 위대한 인물이 되지 않는다고 해서 누가 감히 우리의 평범한 삶을 언제 도달할지 모르는 먼 미래의 이상을 위해 희생하라고 할 수 있는가? 그러므로 언제 없어질지 모르는 매일매일의 삶이 미래의 거창한 삶보다, 현실의 모순을 없앤다는 환상의 이상사회보다 더 소중하고 가치 있는 셈이다.

누가 감히 언제 올지도 모르고 영원히 오지 않을지도 모르는 미래 이상사회를 위해 지금 생명을 가진 주체로 소중하게 살아가고 있는 현재를 무시하라고 하는가? 아무리 폐단이 많고 부족한 점이 많다고 해도 말이다. 현재는 이 시간이 지나면 다시는 돌아오지 않는데 말이다. 위대한 사람들도 아침에 일어나서 학교 갈 준비하고 밥 먹고 결혼하고 죽는데 말이다.

286) Wilder, 2003, p. xvii.

사람들은 영원한 것이 없다는 것을 알면서도 그것을 추구한다. 그러나 작가는 위대한 인간들이 인간 누구에게나 영원한 무엇이 있는 것처럼 속였다고 냉소적으로 비꼰다. 작가는 영원한 것은 없다고 말한다. 공동묘지에서도 사람들이 영원히 묻히는 게 아니라 육신이 썩어 사라지는 동안 잠시 머무르는 단계라고 본다. 뭔가 중요하고 위대한 것이, 자신의 영원한 뭔가가 분명해지기를, 영원한 것을 발견하기를 기다리지만 그런 것은 없다는 것이다. 여기서 작가의 중심 사상을 엿볼 수 있다.[287]

와일더는 왜 이상을 추구하지 않고 현실을 소중하게 생각했을까? 어느 사람이나 그의 인생관, 가치관, 사상 등은 그가 살았던 시대의 영향을 많이 받는다. 와일더도 역시 예외는 아니었다. 와일더는 아버지가 홍콩과 상하이에서 총영사로 재직한 덕분에 유년 시절을 중국에서 보냈다. 1906년과 1910년에서 1912년까지, 그의 나이 9세와 13세부터 15세 때까지의 기간이다. 어린 시절에 겪었던 특별한 경험은 성인이 되어서도 더욱 선명하게 기억에 남는 법이다.

이 시기 중국은 청조가 멸망하는 시기로 대외적으로는 서양 열강과 일본의 침략으로, 대내적으로는 군벌들의 난립으로 그야말로 혼란 상황에 처해 있던 시기였다. 점점 악화되어 가는 중국의 정치 상황에서 유년 시절을 보낸 와일더가 현실의 모순을 극복하고 미래에 살기 좋은 이상사회가 도래할 거라고 믿을 수 있었을까?

구체적으로 『우리 읍내』에 대한 와일더의 구상은 1923년까지 거슬러 올라가고[288] 집필의 완성은 1937년 11월이나 돼서야 이루어졌다.[289] 오랜 기간에 걸쳐 집필을 하여 재미있는 에피소드가 적지 않다. 원래 극의 제목은 『Our Village』였고 여주인공의 이름도 Amy였다.[290] 이 시기는 미국에서 대공황의 그림자가 드리워져 있던 시기였다. 실업자는 양산되고 회사는

287) Wilder, 2003, pp. 86-87.
288) Wilder, 2003, p. 117.
289) Wilder, 2003, p. 120.
290) Wilder, 2003, p. 117-118.

파산하고 양복 입은 거지가 길거리에 돌아다니고 모두 하루하루를 살아내기가 힘든 시대에 살고 있었다. 중국의 혼란과 미국의 대공황을 겪은 와일더가 살기 좋은 이상사회가 미래에 도달하리라고 꿈꾸기는 어렵지 않았을까? 언제 올지 모르는, 아니 어쩌면 영원히 오지 않을 수도 있는 이상사회를 무작정 기다리기보다 당장 인간이 처해 있는 현실의 삶을 가치 있게 보내려는 생각이 더 현실적이지 않았을까? 사무엘 베케트의 『고도를 기다리며』가 시사하듯이 고도는 언제 올지도 모르고 영원히 오지 않을 수도 있는데 말이다.

이상사회보다 현실을 더 중시하는 손톤 와일더의 사상은 그가 대학을 마치고 이탈리아에서 고고학을 연구할 때의 경험에서도 우러나왔다고 할 수 있다. 와일더는 예일대학교를 졸업한 후 1920년부터 1921년까지 이탈리아에서 고고학을 연구하였다. 발굴 과정에서 와일더는 1세기경에 살았던 아우렐리우스 가문의 무덤을 발견하였다. 그 무덤은 로마 중심부 근처 거리 아래에 묻혀 있었다. 고대 로마 사람들의 유적과 사랑과 관습과 경건 위에 현재의 전차가 다니고 있었던 것이었다.[291] 이를 통해 와일더는 과거, 현재, 미래를 관통하는 시간의 의미에 대해, 고대로부터 현재까지 이어오는 매일매일의 삶의 연속성에 대해 발견하게 되었을 것이다.

이상사회보다 매일매일 진행되는 삶의 중요성, 통 시대적인 일상생활이 갖는 중요성에 대한 와일더의 사상은 우리 읍내의 1막에서 극명하게 드러난다. 동네 최고 부자인 카트라이트 씨가 새로 짓는 은행 초석 밑에 천 년 후에나 꺼내 볼 물건으로 평범한 삶의 소중함을 그린 『우리 읍내』의 대본을 넣겠다고 한다.[292] 와일더는 중요하게 생각되지 않는 매일매일의 세부적 일상생활이 모여 사회 전체의 역사와 종교적 관념 등을 구성한다는 점이 이 희곡에서 나타내고 싶은 주제라고 직접 말하고 있다.[293]

『우리 읍내』가 처음 공연된 시기는 1938년 2월이다. 이 시기는 1929

291) Wilder, 2003, pp. 157-158.
292) Wilder, 2003, p. 33.
293) Wilder, 2003, p. 154.

년 시작된 대공황, 1933년 루즈벨트 대통령 당선, 1939년부터 시작된 제2차 세계대전의 전운이 감돌던 정치적인 시기였다. 미국은 물론 전 세계적으로 정치적인 소용돌이 시대에 와일더의 『우리 읍내』는 정치적 상황을 무시한 작품이라는 비판을 받기도 한다. 그러나 와일더는 정치보다 더 어렵고 중요한 시간, 사랑, 죽음이라는 무거운 철학적 주제를 다루고 있다는 점에서 가치가 있다고 할 수 있다.[294]

관객들도 이 연극을 보고 작가의 사상을 이해하였는지 1938년 뉴욕 브로드웨이 초연 때 연극이 끝나자 눈물과 콧물을 흘리며 기립박수를 하였다.[295] 와일더의 사상은 충실하게 응답되어 적어도 미국 어디에선가는 매일 밤 한 번은 『우리 읍내』가 공연된다는 말이 나오게 되었다.[296]

플라톤은 고대 기원전 5세기 때 시간이 지나도 영원히 변하지 않는 절대적 진리, 계급을 불문하고 모든 사람이 동의하는 절대적 이상 국가의 모습을 추구하였다. 대조적으로 와일더는 플라톤이 찾는 영원한 것은 없다고 일깨워 준다. 유한한 하루하루의 삶도 제대로 살지 못하는 사람들이 무슨 영원한 것을 찾는가? 매일매일 일어나는 사소한 일상의 삶은 영원히 변하지 않고 계속되므로 그것이 바로 영원한 진리이며 절대적 진리라고 가르쳐 준다. 일상의 삶이 소중하다는 것을 깨닫고 일상을 잘 지내는 것이 바로 이상사회의 실재임을 시사한다.

고대 플라톤 이래로 루소, 막스에 이르기까지 위대한 사상가들은 거의 이상사회의 실현을 추구하였다. 반대로 아리스토텔레스로부터 마키아벨리, 칼 포퍼, 와일더에 이르는 사상가들은 드물게 현실의 삶의 중요성

---

294) Lori Wright, "70 Years Later, 'Our Town' Remains Timeless," UNH Media Relations, January 15, 2008, p. 2. http://www.unh.edu/delete/news/cj_nr/2008/jan/lw15ourtown.cfm.html 검색일 2022. 3. 2.

295) Wilder 2003, p. 113; 뉴욕 브로드웨이 첫 공연은 1938년 2월 4일 열렸다. https://www.playbill.com/article/paul-newman-co-welcome-broadway-to-our-town-beginning-nov-22-com-109726 검색일 2022. 3. 22. 정식 공연 전에 열린 첫 시사회는 1938년 1월 22일 뉴 저지 주, 프린스턴에서 열렸다. Kliment, 검색일 2022. 3. 18.

296) Wilder 2003, p. 125.

을 설파한다. 우리는 살아있을 때 무엇을 추구하며 살아야 하는가? 정말로 어려운 문제이고 답을 찾을 수 없는 문제일지도 모른다.

Chapter 06

인류 역사의 발전:
이상과 현실의 조화

Chapter 06

인류 역사의 발전: 이상과 현실의 조화

정치사상은 현실이 모순으로 가득 차 있으므로 살기 좋은 이상사회를 구현해야 한다고 인식한 노고의 산물이다. 서양 정치사상의 출발은 고대 그리스 로마 신화의 휴머니즘이다. 신화의 시대가 끝나고 플라톤은 철학적 논리를 바탕으로 철인 왕 사상을 제시하였다. 플라톤의 사상은 그의 제자인 아리스토텔레스의 민주주의 사상에 의해 부정된다. 고대 그리스 도시국가를 바탕으로 한 고대 사상은 마케도니아의 그리스 정복으로 끝을 맺게 된다. 고대가 끝나고 새로운 시대가 시작되면서 고대를 지배했던 사상, 정치체제는 부정되고 새로운 형태의 사상이 나타난다. 철학적으로는 스토아주의, 종교적으로는 기독교가 지배하는 중세가 출현한다. 중세의 정치 단위는 고대 도시 국가가 아니라 코스모폴리스이다.

인간 이성의 발달과 과학의 발전으로 중세의 신 중심 사상 역시 종말을 맞고 고대 그리스의 중심 사상이었던 휴머니즘이 부활한다. 휴머니즘은 상업과 금융업으로 번영을 누리던 피렌체 등 이탈리아 자치도시를 중심으로 발전한다. 근대 정치사상의 서막을 알리는 마키아벨리는 피렌체 출신이다. 마키아벨리는 기독교의 이상사회론을 부정하고 세속적 현실정치에서 살기 좋은 국가를 만드는 것으로 정치사상의 중심을 옮겨놓는다.

그리스에서 출발하여 이탈리아를 거친 서양 정치사상의 중심 무대는 종교개혁과 민족국가의 출현을 거치며 영국으로 옮겨간다. 마키아벨리의 현실 정치사상에 영향을 받은 영국 정치사상가들의 화두는 왕의 절대적 권위를 무너뜨리는 것이었다. 경험적 시각에서 정치적 권위의 기원을 연구함으로써 신으로부터 유래한 왕권신수설의 정당성을 타파하고 정치적 권위에 대해 새롭고 근본적인 성찰을 시작한다. 대표적 학자는 사회계약론자인 홉스와 록크이다.

홉스는 군주의 권위가 거역할 수 없는 신의 절대적 명령에 의해서가 아니라 국민 동의에 의한 계약에 의해 형성되었다는 사회계약론을 창시하였다. 그러나 홉스는 중세와 근대를 매개하는 인물로 왕의 권리의 기원은 국민의 동의에 기초하지만 국가를 안정시키기 위해 군주의 권위를 리바이어던처럼 절대화하여 중세와 근대 중간에 위치한 입장을 취한다. 홉스의 절대 군주론은 그 시기 영국의 내란으로 인한 국가적 불안정을 반영한다. 사회계약론에 기초하여 왕의 권리를 제한하는 진정한 사회계약론은 록크에 의해 완성된다.

영국의 사회계약론은 프랑스로 건너가 루소의 사회계약론을 탄생시킨다. 루소는 홉스와 록크의 온건한 사회계약론에서 한 걸음 더 나아가 왕이 국민의 의사에 반하여 통치하면 왕을 끌어내릴 수 있다는 급진적 사회계약론을 발전시켰다. 루소의 급진적 사회계약론에 영향을 받고 1789년 프랑스 혁명이 발발하였다. 프랑스 혁명에 의해 고대 아테네 멸망 후 사라졌던 민주주의는 다시 인류의 중심 사상으로 등장한다.

19세기 말 자본주의가 가져온 빈부 격차와 계급의 불평등에 충격을 받은 칼 막스에 의해 공산주의 사상이 출현한다. 공산주의 사상이 제시하는 이상사회의 모습은 현존하는 어떤 정치사상보다도 더 완전해 보이는 장미빛 사회이다. 공산주의는 빈부 차와 계급의 불평등이 없고 지배 복종의 불평등 관계인 국가도 소멸되는 단계, 인류 역사 발전의 마지막 단계로 이보다 더 나은 이상사회는 출현하지 않는다고 주장한다. 공산주의 사상은 파급력이 큰 사상으로 순식간에 많은 사람들을 매료시켜 아시아, 유럽, 아프리카 등 전 세계로 공산주의 혁명이 전파되었다. 그러나 인류의 눈앞에 이상사회를 바로 가져다 줄 것 같던 공산주의 사상도 70여 년간의 실험을 마치고 막을 내렸다.[1]

혼란한 세상을 살아 내야 하는 인간은 명백한 이분법에 열광하곤 한다. 시대에 따라 변화하는 정치사상도 그 시대를 대표하는 두 명의 정치사상가로 분류된다. 고대의 정치사상가는 플라톤과 아리스토텔레스이다. 플라톤은 철인 왕 사상가이고 아리스토텔레스는 민주주의 사상가이다. 중세를 대표하는 사상가는 중세 초기의 어거스틴과 중세 후기의 아퀴나스이다. 어거스틴은 신학 중심이고 아퀴나스는 신학과 철학을 접합시킨다. 인간의 이성이 재발견된 근대는 인간 이성에 대한 찬사의 시기였는지 두 명이 아니라 여러 명으로 대표된다. 근대 사상의 효시인 마키아벨리와 사회계약론자인 홉스, 록크, 루소이다. 현대에 들어 다시 두 명의 사상가로 분류된다. 두 사람은 모두 독일 출신으로 칼 막스와 막스 베버이다. 막스는 생산 중심으로 계급이론을 발전시키고 베버는 소비 중심으로 계층이론을 발전시킨다.

정치사상가도 일반인과 마찬가지로 그들이 살아가는 시대를 초월하여 존재하지 않는다. 정치사상가는 그들이 살았던 시대의 모순으로 인해 인간이 겪는 고통과 불행을 공감하고 살기 좋은 이상사회 실현을 위해 노력하는 인간이다. 시대가 변하면 시대의 문제점도 변하고 따라서 정치사상의 내용도 변한다. 정치사상이 변하면 역으로 정치사상의 영향을 받아 시대의 모습도 변한다. 정치사상의 변화가 축적되어 인류의 역사가 된다.

인류 역사에서 보듯이 완전한 사상은 없다. 민주주의 사상에 공감하여

---

1) 레닌의 공산주의 혁명에 의해 제정 러시아가 붕괴되고 소련이 창설된 1917년부터 고르바초프 때 소련이 붕괴된 1991년까지의 약 70여 년을 말한다.

프랑스 혁명이 일어났으나 로베스피에르의 독재로 변질되었다. 공산주의 사상에 심취하여 러시아 혁명과 중국 혁명이 일어났으나 스탈린의 독재와 모택동의 독재로 끝을 맺었다. 그럼에도 불구하고 현실이 완전하지 않는 한 사람들은 계속해서 이상사회를 추구하는 노력을 멈추지 않을 것이다.

어떻게 하면 이상사회를 이룩할 수 있을까? 인류가 시험해온 방법은 급진적 방법인 혁명과 점진적 방법인 개혁이다. 급진적 혁명 사상의 원조는 플라톤, 루소, 막스이다. 그러나 혁명은 프랑스 혁명과 러시아 혁명, 중국 혁명에서 보듯이 혁명 전의 구 체제보다 더 심한 독재로 귀결을 맺었다.

대부분의 정치학자들은 혁명보다 개혁에 더 우호적인 시각을 보낸다. 프랑스 혁명 이후 영국의 에드먼드 버크Edmund Burke는 프랑스 혁명의 급진적 성격이 실패를 가져왔다며 온건한 개혁에 찬성한다. 버크는 『프랑스 혁명의 고찰』이라는 책에서 다음과 같이 쓰고 있다. "분노와 광란은 신중과 심사숙고와 선견지명이 수백 년에 걸쳐 건설한 모든 것을 파괴하였다. 구 제도의 실수와 결함은 눈에 쉽게 보인다. 구 제도의 실수를 지적하는 데는 능력이 별로 필요 없다. 혁명가에게 절대적 권력이 주어지면 구 제도와 그것이 가져온 악을 파괴하는데 한 마디면 충분하다."[2] "혁명가들은 악을 너무 혐오한 나머지 인간을 전혀 사랑하지 않는다."[3]

이와 비슷한 사상가로 칼 포퍼Karl Popper를 들 수 있다. 오스트리아에서 태어나 영국에서 주로 활동한 포퍼는 『열린 사회와 그의 적들The Open Society and Its Enemies』에서 이상사회를 이루기 위한 급진적 방법에 반대하며 점진적 사회 개량주의를 내세운다.[4] 이런 점에서 포퍼는 막스를 매장한 사람으로 평가받는다.[5] 점진적 방법은 현존하는 제도를 인정한다. 이런 이

---

2) Edmund Burke, *Reflections on the Revolution in France*, edited with an introduction by Conor Cruise O'Brien, New York: Penguin Books, 1982, pp. 279－280.

3) Burke, 1982, p. 283.

4) Karl Popper, *The Open Society and Its Enemies*, 1, 2, Princeton: Princeton University Press, 1971,

5) Economist, "The man who buried Marx and Freud," September 24, 1994.

유로 점진적 방법은 기성세대를 위하는 사상이라고 비난받기도 한다.

어떠한 사상도 완벽한 사상은 없다. 어떠한 사회도 완전한 이상사회는 아니다. 이상과 현실이 조화하고 급진적 혁명과 점진적 개혁이 조화를 이루며 인류 역사는 발전한다. 이상인가, 현실인가? 각자 개인의 선택에 달려 있다. 현실은 이상이 아니므로 완벽하지 않다. 그러나 인간은 인간이기에 완벽을 추구하며 실현 불가능한 꿈을 꾼다. 인류의 역사가 지속하는 한 인간은 꿈을 꾸며 이상사회를 현실에 구현하려고 끊임없이 시도할 것이다. 꿈을 꿀 수 없으면 죽을 수밖에 없는 것이 인간의 운명일지도 모른다.

참고문헌

『성경』, 서울: 아가페, 2005.

소포클레스·아이스킬로스, 천병희 옮김, 『오이디푸스왕·안티고네 외』, 서울: 문예출판사, 2016.

안한숙, "성과 뇌," 『현대사회의 여성과 남성』, 수원: 아주대학교 출판부, 1992.

이문열, 『영웅시대』, 서울: 민음사, 1984.

이윤기, 『이윤기의 그리스 로마 신화』, 1, 2, 3, 4, 5권, 서울: 웅진 지식하우스, 2015.

조용헌, 『조용헌의 명문가』, 서울: 랜덤하우스, 2009.

조지프 캠벨, 『신의 가면 III 서양 신화』 , 정영목 옮김, 서울: 까치, 2014.

진미경, "남녀 불평등 이론의 재조명과 페미니즘," 이범준 외, 『21세기 정치와 여성』, 서울: 나남, 1998.

진승록, 『민법총론』, 서울: 대성출판사, 1949.

Arendt, Hannah, *The Human Condition*, Chicago: University of Chicago Press, 1958.

Arendt, Hannah, "Philosophy and Politics," *Social Research*, 57:1, Spring 1990.

Aristotle, *The Politics of Aristotle*, edited and translated by Ernest Barker, London: Oxford University Press, 1958.

Auick, Laura, "Dream Accounts in the Hebrew Bible and Ancient Jewish Literature," *Currents in Biblical Research*, 17:1, October 2018.

Bak, John S., " "Love to you and Mother": An Unpublished Letter of Tennessee Williams to his Father, Cornelius Coffin Williams, 1945," *Mississippi Quarterly*, 69:3, Summer 2016, p. 1.

Barlag, Phillip, *The Leadership Genius of Julius Caesar: Modern Lesseons from the Man Who Built an Empire*, Oakland, Cal.: Berrett-Koehler, 2016.

Bawer, Bruce, "An Impersonal Passion: Thornton Wilder," *Hudson Review*, 61:3, Autumn 2008.

Benner, Erica, *Machiavelli's Prince: A New Reading*, Oxford: Oxford University

Press, 2013.

Bowra, C. M., *The Greek Experience*, New York: New American Library, 1957.

Bremmer, Jan, *Greek Religion and Culture, the Bible and the Ancient Near East*, Boston: Brill, 2009.

Bulfinch, Thomas, *Bulfinch's Mythology: The Age of Fable or Stories of Gods and Heroes*, New York: Doubleday & Company, 1948.

Bulfinch, Thomas, *Bulfinch's Mythology*, includes The Age of Fable, The Age of Chivalry, and Legends of Charlemagne, New York: Modern Library, 1998.

Burke, Edmund, *Reflections on the Revolution in France*, edited with an introduction by Conor Cruise O'Brien, New York: Penguin Books, 1982.

Camus, Albert, *The Myth of Sisyphus and other essays*, translated by Justin O'Brien, New York: Vintage International, 1991.

Cardullo, Bert, "WHOSE TOWN IS IT, ANYWAY? A RECONSIDERATION OF THORNTON WILDER'S OUR TOWN," *CLA Journal*, 42:1, September. 1998.

Carter, T.L., "The Irony of Romans 13," *Novum Testamentum*, 46:3, July 2004.

Cassidy, Canon Dr. Ron, "The Politicization of Paul: Romans 13:1−7 in Recent Discussion," *Expository Times*, 121:8, May 2010.

Collins, Vicki, "Table, Bottle, and Bed: The Insatiable Southern Appetite of Tennesse Williams," *Journal of the Georgia Philological Association*, 8, 2018−2019.

Corey, Judith, "Dreaming of Droughts: Genesis 37:1−11 in Dialogue with Contemporary Science," *Journal for the Study of the Old Testament*, 38:4, May 2014.

Cowley, Jason, "The road to revolution," *New Statesman*, December 11, 2020.

Curran, Stuart, "The Political Prometheus," *Studies in Romanticism*, 25:3, Fall 1986.

Das Gupta, Jyotindra, "A Seasons of Caesars," *Asian Survey*, v. 18:4, April 1978.

Djilas, Milovan, *The New Class*, New York: Harcourt Brace Jovanovich, 1957.

Djilas, Milovan, *The Unperfect Society*, tr. by Dorian Cooke, New York: Harcourt, Brace & World, 1969.

Djilas, Milovan, "A Revolutionary Democratic Vision of Europe," *International Affairs*, 66:2, April 1990.

Elshtain, Jean B., *Public Man, Private Woman: Women in Social and Political*

Thought, Princeton: Princeton University Press, 2020.

Euripides, *The Trojan Women*, Digireads.com Publishing, 2012,

Figgis, John Neville, *The Divine Right of Kings*, Cambridge: Cambridge University Press, 1922.

Finley, M. I., "Athenian Demagogues," *Past and Present*, 21:1, April 1962.

Fleck, Robert K. and Andrew Hanssen, "Engineering the Rule of Law in Ancient Athens," *Journal of Legal Studies*, 48:2, June 2019.

Forrest, W. G., *The Emergence of Greek Democracy*, London: World University Library, 1966.

Gaventa, Beverly Roberts, "Reading Romans 13 with Simone Weil: Toward a More Generous Hermeneutic," *Journal of Biblical Literature*, 36:1, January 2017.

Germino, Dante, *From Machiavelli to Marx*, Chicago: University of Chicago Press, 1972.

Gordon, Jeffrey, "The Triumph of Sisyphus," *Philosophy and Literature*, 32:1. April 2008.

Graaf, Jan De, "Outgrowing the Cold War: Cross−Continental Perspectives on Early Post−War European Social Democracy," *Contemporary European History*, 22:2, April 2013.

Gramsci, Antonio, *Prison Notebooks*, New York: Internaitonal Publishers, 1971.

Griffith, R. Drew, "The Mind is Its Own Place: Pindar, Olympian 1.57f," *Greek, Roman and Byzantine Studies*, 27:1, Spring 1986.

Hall, Jonathan, "Politics and Greek myth," *The Cambridge Companion to Greek Mythology*, Roger D. Woodard, ed., Cambridge: Cambridge University Press, 2008.

Harries, Martin, *Forgetting Lot's Wife: On Destructive Spectatorship*, New York: Fordham University Press, 2007.

Harris, J. S. Randolph, "John 11:28−37," *Interpretation*, 63:4, October 2009.

Hobbes, Thomas, *Leviathan*, edited by Michael Oakeshott, New York: Collier Books, 1962.

The Holy Bible, English Standard Version, London: Collins, 2002.

Hulsman, John C., *To Dare More Boldly: The Audacious Story of Political Risk*,

Princeton: Princeton University Press, 2018.

Huntington, Samuel P., *Political Order in Changing Societies*, New Haven: Yale University Press, 1968.

Jayamanne, Laleen, *Poetic Cinema and the Spirit of the Gift in the Films of Pabst, Parajanov, Kubrick and Ruiz*, Amsterdam: Amsterdam University Press, 2021.

Johnson, Chalmers, "What's Wrong with Chinese Political Studies?" *Asian Survey*, 22:10, October 1982.

Johnson, Robert A., *She: Understanding Feminine Psychology*, New York: HarperPerennial, 2020.

Jonker, Geredien "Naming the West: productions of Europe in and beyond textbooks," *Journal of Educational Media, Memory, and Society*, 1:2, Autumn 2009.

Jurdjevic, Mark, "Virtue, Fortune, and Blame in Machiavelli's Life and The Prince," *Social Research*, 81:1, Spring 2014.

Kant, Immanuel, *Perpetual Peace*, translated by Mary Campbell Smith, New York: Cosimo, 2010.

Keohane, Robert and Joseph Nye, *Power and Interdependence*, Boston: Little & Brown, 1977.

Kliment, Bud, "The birth and life of an American classic: 'Our Town'," pulitzer.org/article/birth-and-life-american-classic-our-town

Klosko, George, *The Development of Plato's Political Theory*, London: Oxford University Press, 2007.

Kolin, Philip C., and Jurgen Wolter, "Williams' A STREETCAR NAMED DESIRE," *Explicator*, 49:4, Summer 1991.

Kolin, Philip C., "The First Critical Assessments of A Streetcar Named Desire: The Streetcar Tryouts and the Reviewers," *Journal of Dramatic Theory and Criticism*, 6:1, Fall 1991.

Lampe, Kurt, "Camus and the Myth of Sisyphus," Vanda Zajko and Helena Hoyle, ed., *A Handbook to the Reception of Classical Mythology*, Hoboken, New Jersey: John Wiley & Sons, 2017.

Laurian, Lucie, "This is what direct democracy looks like: how Athens in the 5th century BC resolved the question of power," *Town Planning Review*, 83:4, July–August 2012.

Lazenby, J. F. and David Whitehead, "The myth of the hoplite's 'hoplon.' (shield)," *Classical Quarterly*, 46:1, January–June 1996.

Lesser, Rachel H. "The Pandareids and Pandora: Defining Penelope's Subjectivity in the Odyssey," *Helios*, 44:2, September 2017.

Lintott, Andrew, "Aristotle and Democracy," *Classical Quarterly*, 42:1, May 1992.

Lipset, Seymour Martin, *Political Man*, Baltimore: Johns Hopkins University Press, 1981.

Liveley, Genevieve, "Orpheus and Eurydice," Vanda Zajko and Helena Hoyle, ed., *A Handbook to the Reception of Classical Mythology*, Hoboken, New Jersey: John Wiley & Sons, 2017.

Locke, John, *Second Treatise of Government*, Cambridge: Hackett Publishing Company, Inc., 1980.

Lukes, Timothy J., "Lionizing Machiavelli," *American Political Science Review*, 95:3, September 2001.

Machiavelli, Niccolo, *The Prince*, tr. with an introduction by George Bull, New York: Penguin Books, 1980.

Maher, Matthew, "Fall of Troy VII: New Archaeological Interpretations and Considerations," *Totem*, 11, 2002–2003.

Marx, Karl, "Critique of the Gotha Program," *The Marx–Engels Reader*, ed. by Robert C. Tucker, New York: W. W. Norton & Company, 1978.

McAnnally–Linz, Ryan, "Resistence and Romans 13 in Samuel Rutherford's Lex, Rex," *Scottish Journal of Theology*, 66:2, April 2013.

Merriam Webster's Encyclopedia of Literature, Springfield: Merriam–Webster, 1995.

Mill, John Stuart, *The Subjection of Women*, Cambridge: MIT Press, 1985.

Miller, Arthur, *Death of a Salesman*, New York: Viking, 1949.

Mobrly, R. W. L., "The Mark Of Cain–Revealed At Last?," *Harvard Theological Review*, 100:1, January 2007.

Morgenthau, Hans, *Politics among Nations*, New York: Knopf, 1961.

Muravchik, Joshua, "The Intellectual Odyssey of Milovan Djilas," *World Affairs*, 145:4, March 1983.

Nagy. Gregory, 2021.04.10. "Envisioning Aphrodite inside the living wood of a myrtle tree." *Classical Inquiries*. http://nrs.harvard.edu/urn-3:hul.eresource:Classical_Inquiries

Najemy, John M., "Machiavelli and Cesare Borgia: A Reconsideration of Chapter 7 of The Prince," *Review of Politics*, 75:4, October 2013.

Nardo, Don, *The Greenhaven Encyclopedia of Greek and Roman Mythology*, New York: Greenhaven, 2002.

O'Neill, Eugene G. *Long Day's Journey into Night*, New Haven: Yale University Press, 1956.

Orwell, George, "Telling People what they don't want to hear: the original preface to 'Animal Farm'," *Dissent*, 43:1, January 1996.

Orwell, George, *Animal Farm*, New York: Penguin Books, 1999.

Orwell, George, "WHY I WRITE," Michael Marland, ed., *Ideas, Insights and Arguments: A Non-fiction Collection*, Cambridge: Cambridge University Press, 2008.

Paglia, Camille, "Erich Neumann: Theorist of the Great Mother," https://www.bu.edu/arion/files/2010/03/Paglia-Great-Mother1.pdf

Panagopoulos, Nic, "Utopian/Dystopian Visions: Plato, Huxley, Orwell," *International Journal of Comparative Literature & Translation Studies*, 8:2, April 2020.

Patapan, Haig, "On Populists and Demagogues," *Canadian Journal of Political Science*, 52:4, Published online by Cambridge University Press: August 27, 2019.

Plato, *The Republic of Plato*, translated with introduction and notes by Francis MacDonald Conford, London: Oxford University Press, 1941.

Popper, Karl, *The Open Society and Its Enemies*, 1, 2, Princeton: Princeton University Press, 1971.

Pritchard, David M., "Democracy and War in Ancient Athens and Today," *Greece & Rome*, 62:2, October 2015.

Reddy, Albert, F., "Till We Have Faces: "An Epistle to the Greeks", " *Scholarly Journal*, 13:3, Spring 1980.

Reeve, C. D. C., "Plato," Robert L. Arrington ed., *The World's Great Philosophers*, Malden, MA.: Blackwell, 2003.

Renger, Almut-Barbara, "Tracing the Line of Europa: Migration, Genealogy, and the Power of Holy Origins in Ancient Greek Narrative Knowledge and Cultural Memory," *History and Anthropology*, 25:3, June 2014.

Roberts, Susan C., "Still Working on Psyche's Last Task: A Second-Wave Feminist Looks Back on Her Past in Light of the #MeToo Movement," *Psychological Perspectives*, 62:1, January 2019.

Rev. Robertson, Anne, "John 11: 1-53," *Interpretation*, 58:2, April 2004.

Rodden, John, "Introduction, or Orwell Into the Twenty-First Century," *Midwest Quarterly*, 56:1, September 2014.

Rosen, Stanley, *Plato's Republic: A Study*, New Haven: Yale University Press, 2005.

Rousseau, Jean Jacque, *On the Social Contract*, edited by R. D. Masters, New York: St. Martin's Press, 1978.

Sabine, George H., *A History of Political Theory*, revised by Thomas Landon Thorson, Illinois: Dryden Press, 1973.

Sandys, John Edwin, *A History of Classical Scholarship(Volume III): The Eighteenth Century in Germany, and the Nineteenth Century in Europe and the United States of America*, Cambridge: Cambridge University Press, 1908.

Saxonhouse, Arlene W., "Public Man/Private Woman in Context," *Politics & Gender*, 11:3, September 2015.

Senn, Samantha, "All Propaganda is Dangerous, but Some are More Dangerous than Others: George Orwell and the Use of Literature as Propaganda," *Journal of Strategic Security*, 8:5, Fall 2015.

Shakespeare, William, *Julius Caesar*, edited by J. H. Walter, London: Heinemann Education Books, 1962.

Sills, David L. and Robert K. Merton, eds., *International Encyclopedia of Social Sciences*, "Rousseau, Jean Jacques," New York: Macmillan, 1968.

Smith, Adam, *The Wealth of Nations*, New York: Penguin Books, 1982.

Soll, Jacob, "The Rerception of the Prince 1513-1700, or Why We Understand Machiavelli the Way We Do," *Social Research*, 81:1, Spring 2014.

Sowerwine, Charles, "Woman's Brain, Man's Brain: feminism and anthropology in late nineteenth-century France," *Women's History Review*, 12:2, 2003.

Stauffer, Dana Jalbert, "Aristotle's Account of the Subjection of Women," *Journal of Politics*, 70:4, October 2008.

Strauss, Leo, *Thoughts on Machiavelli*, Chicago: University of Chicago Press, 1958.

Styrt, Philip Goldfarb, " "Continual Factions": Politics, Friendship, and History in *Julius Caesar*," *Shakespeare Quarterly*, 66:3, Fall 2015.

Thomieres, Daniel, "Tennessee Williams and the Two Streetcars," *Midwest Quarterly*, 53:4, Summer 2012.

Thucydides, *The Peloponnesian War*, the unabridged Crawley translation with an introduction by John H. Finley. Jr., New York: Modern Library, 1951,

Tong, Rosemary, *Feminist Thought: A Comprehensive Introduction*, Boulder: Westview Press, 1989.

Vergil, *The Aeneid of Virgil*, A verse translated by Rolfe Humphries, New York: Charles Scribner's Sons, 1951.

Waltz, Kenneth, *Man, the State and War*, New York: Columbia University Press, 1954.

Weales, Gerald, "A Writer to the End," *Sewanee Review*," 118:1, Winter 2010.

Wilder, Thornton, *Our Town: A Play in Three Acts*, New York: Harper Collins, 2003.

Williams, Tennessee, *A Streetcar Named Desire*, New York: The New American Library, 1951.

Williams, Tennessee, *Memoirs*, Taipei: Imperial Book, 1975.

Wright, Lori, "70 Years Later, 'Our Town' Remains Timeless," UNH Media Relations, January 15, 2008, p. 2, hhttp://www.unh.edu/delete/news/cj_nr/2008/jan/lw15our town.cfm.html

Economist, "The man who buried Marx and Freud," September 24, 1994.

New York Times, 2016. 12. 18.

https://alchetron.com/Heinrich-Schliemann

http://www.ancient.eu/Polis/

http://classics.uc.edu/troy/coins/

https://www.collinsdictionary.com/dictionary/english/dominus

https://www.collinsdictionary.com/dictionary/english/peloponnesus

http://dictionary.reverso.net/italian-english/anno

https://deardigitaldramaturg.wordpress.com/2019/02/22/the-men-who-became-the-inspiration-for-stanley-kowalski/ 검색일 2022. 9. 3.

https://www.greekmythology.com/Myths/Mortals/Tantalus/tantalus.html

https://www.history.com/this-day-in-history/a-streetcar-named-desire-opens-on-broadway

https://www.playbill.com/article/paul-newman-co-welcome-broadway-to-our-town-beginning-nov-22-com-109726

https://www.theguardian.com/world/2001/sep/21/september11.usa11

http://www.twildersociety.org/biography/life-and-family/

http://www.unh.edu/delete/news/cj_nr/2008/jan/lw15ourtown.cfm.html

Pulitzer.org/prize-winners.by-category/218

찾아보기

저자 소개

진 미경(陳 美卿)

서울 출생
이화여자고등학교 졸업
이화여자대학교 영문학과 졸업
미국 버클리대학교 정치학박사
아주대학교 교수 역임
현재 한국외국어대학교 초빙교수
한국 정치학회 부회장 역임
한국 국제정치학회 부회장 역임

저서: 『한국의 자유 민주주의』(공저)
East Asia in the Millenium: The Challenge of Change (공저)
Democracy and the Status of Women in East Asia (공저)

논문: 현대 민주주의와 정당성 이론
녹색정치와 녹색 정치운동
Japan's Foreign Policy toward North Korea in the Post−Cold War Era
Reflections on Women's Empowerment through Local Repre-sentation in South Korea

제2판
신화, 성경, 문학과 서양 정치사상

초판발행 2017년 8월 7일
제2판발행 2023년 2월 28일

지은이 진미경
펴낸이 안종만 · 안상준

편 집 배근하
기획/마케팅 손준호
표지디자인 이소연
제 작 우인도 · 고철민

펴낸곳 (주) 박영사
서울특별시 금천구 가산디지털2로 53, 210호(가산동, 한라시그마밸리)
등록 1959. 3. 11. 제300-1959-1호(倫)
전 화 02)733-6771
f a x 02)736-4818
e-mail pys@pybook.co.kr
homepage www.pybook.co.kr
ISBN 979-11-303-1665-9 93340

정 가 15,000원